Hermann Robolsky

Politische Generale am preussischen Hofe seit 1848

Hermann Robolsky

Politische Generale am preussischen Hofe seit 1848

ISBN/EAN: 9783743385979

Hergestellt in Europa, USA, Kanada, Australien, Japan

Cover: Foto ©ninafisch / pixelio.de

Manufactured and distributed by brebook publishing software (www.brebook.com)

Hermann Robolsky

Politische Generale am preussischen Hofe seit 1848

Politische Generale

am preußischen Hofe

seit 1848

von

* * *

Berlin 1897.

Oswald Seehagen's Verlag

(Martin Hoefer).

Vorrede.

Der Preßsturm, der in Deutschland im Verlaufe des letzten Sommers gegen unverantwortliche Ratgeber der Krone, namentlich gegen die politischen Militärs, getobt hat, ist wiederholt von Rückblicken auf die Vergangenheit begleitet gewesen, in der ähnliche Erscheinungen wie in der Gegenwart hervorgetreten sind oder hervorgetreten sein sollen. Es gab viel Unruhe seit der letzten Woche des Monats April. Die Militärstrafprozeß-Reform sollte gefährdet sein. Gouvernementale Blätter erhoben schwere Anklagen namentlich gegen das Militärkabinett, das angeblich das Ohr des Kaisers mehr für sich habe, als der verantwortliche Kriegsminister. Niemals sind bei uns die Geister der Gerlach, Dohna, Gröben, Rauch, jener Militärs, durch welche Friedrich Wilhelm IV. in entscheidenden Momenten wirksamer als durch das Ministerium beraten wurde, so lebhaft zitiert worden, als in unserer Zeit. Ja, man hat mit Recht dem vielen Gerede von Nebenregierung, Kamarilla u. dgl. gegenüber gefragt, ob nicht am Ende die frische Erinnerung an die Zeit Friedrich Wilhelms IV., die kurz zuvor durch die Veröffentlichung von Gerlachs Denkwürdigkeiten und Briefwechsel neu belebt war, den Hauptanteil an den Phantasiegebilden — wofür sie viele halten — hatten, welche uns von heutigen politischen Generalen und Flügeladjutanten entworfen wurden. Wie von selbst stellte sich die durch die gleichzeitige Publikation von Roons hinterlassenen Memoiren und Briefen gebotene Parallele Manteuffels und Hahnkes ein, eine Parallele, die dadurch nur noch pikanter erschien, daß der Ausgang des Konfliktes beider mit ihren zeitgenössischen Kriegsministern ein diametral entgegengesetzter war. Manteuffel unterlag dem verantwortlichen Minister, Bronsart dem unverantwortlichen Chef des Militärkabinetts. Der Versuch, der im vergangenen Sommer gemacht wurde, die vollständige Harmlosigkeit des Militärkabinetts zu beweisen, fiel auf dornigen Boden und mußte als um so ge-

wagter betrachtet werden, als für das Gegenteil aus der Ver=
gangenheit klassische Zeugen vorgeführt werden konnten. Nach
Manteuffel war es aus mit den politischen Generalen. Berühmt
ist der Ausspruch Wilhelms I. geworden: „Ich brauche keinen
Witleben." Welche Rolle haben die Tresckow und Albedyll als
Chefs des Militärkabinetts gespielt, ja selbst der Generalstabschef
Waldersee, der vielgefürchtete „kommende Mann", einem Bismarck
gegenüber! Über ihnen allen schwebte der Geist Moltkes, der sein
Urteil in der Luxemburger Frage gegenüber dem Könige mit den
Worten zurückhielt: „Zu Ratschlägen ist nur der verantwortliche
Staatsmann berufen." Die Witleben sind erst wieder später
gekommen.

Bedarf ein Buch, das aus der Kampagne des letzten Sommers,
wo um verantwortliche und unverantwortliche Ratgeber so heiße
Schlachten geschlagen sind, das aus den in eben diesem Feldzuge auf=
gefrischten Erinnerungen an frühere Zeiten, aus den Parallelen von
jetzt und früher, aus den klassischen Zeugnissen der Geschichte hervor=
gegangen ist, einer besonderen Rechtfertigung? Der Gedanke, unsere
Zeit aus der Vergangenheit zu erklären, hier durch den Kontrast,
dort durch die Kongruenz, ergab sich für den, der gewohnt ist, mit
einiger Gründlichkeit den politischen Dingen zu folgen, von selber.
Der Verfasser ist auch überzeugt, daß er dem Interesse Vieler,
denen schon durch den Mangel an Zeit versagt ist, den mancherlei
Quellen nachzugehen, aus denen sich ein Bild des Anteils der
politischen Militärs an unserer jüngsten Geschichte konstatieren läßt,
entgegenkommt, selbst wenn mit diesem Interesse sich nicht ein
wichtiges staatsrechtliches verbände. Es wird wenig Deutsche geben,
die nicht gern auf die große Zeit Wilhelms I. und seines Bismarck
zurückblicken, und die diese Zeit nicht auch gern einmal unter einem
besonderen Gesichtspunkt betrachten wollen, wie ihn das vorliegende
Buch darbietet.

*   *   *

Inhalt.

Gerlach und Radowitz.

Der Vater der viel bekannten Brüder Wilhelm, Leopold, Ludwig und Otto von Gerlach war neumärkischer und später kurmärkischer Kammerpräsident. Leopold, 1790 geboren, trat beim Ausbruch des Krieges von 1806 in die Armee ein. Während des Feldzuges von 1813 blieb er im Hauptquartier von Blücher, 1814 wurde er Adjutant beim General Müffling, zwischen den beiden Kriegen blieb er im Hauptquartier des Grafen Kleist-Nollendorf, 1815 wurde er von Wien aus zum Generalstabs-Offizier der 12. Brigade ernannt. Nach Beendigung des Krieges kehrte Gerlach nach Berlin zurück und wurde in den großen Generalstab versetzt, wo anfangs sein Schwager Grolmann, dann Müffling sein Vorgesetzter war. 1819 verheiratete er sich mit der Gräfin Johanna Küssow und wurde in den Generalstab des 3. Armeekorps versetzt, welches Tauentzien befehligte. Als 1824 Prinz Wilhelm von Preußen das Armeekorps erhielt, kam er in dessen Gefolge. Der Prinz zeichnete ihn sehr aus und machte ihn 1826 zu seinem persönlichen Adjutanten. Als solcher begleitete er den Prinzen auf allen seinen Reisen nach Wien, Petersburg, Weimar, wo der Prinz sich verlobte (1829). Im Frühjahr 1838 wurde Gerlach zum Chef des Generalstabes des 3. Armeekorps ernannt und folgte dem Generalkommando nach

Politische Generale.

Frankfurt a. O. Als Friedrich Wilhelm III. gestorben, wurde
Gerlach, der erst von Frankfurt nach Berlin berufen war und mit
dem damaligen Kronprinzen sehr vertraut wurde, als Kommandeur
der Landwehr-Brigade nach Berlin versetzt und blieb in der nächsten
Umgebung des neuen Königs. Im April 1850 wurde Gerlach
zum General-Lieutenant und General-Adjutanten ernannt. Er stand
nun im Mittelpunkte des politischen Lebens der Hauptstadt. Sein
erst vor wenigen Jahren erschienenes Memoirenwerk, dem noch sein
Briefwechsel mit Herrn von Bismarck gefolgt ist, giebt uns einen
Aufschluß über jene Zeit, in welche die Erschütterung von 1848
mit allen ihren Folgen fiel, der frühere Darstellungen in den
wesentlichsten Punkten berichtigt und ergänzt. Die Haltung des
Verfassers zu den damaligen Ereignissen ist wesentlich beherrscht
durch die Eindrücke seiner Jugend, wo er als Offizier im Blücherschen Hauptquartier den Feldzügen der Freiheitskriege beiwohnte.
„Bonaparte", wie Napoleon III. ebensowohl wie Napoleon I. im
Stile des Blücherschen Hauptquartiers ausschließlich bezeichnet wird,
bildet die Inkarnation des revolutionären Gedankens in Europa und
seine Bekämpfung ist allen übrigen politischen Beziehungen Preußens
übergeordnet. So oft der General auf seinen Kummer über die
preußenfeindliche Perfidie der österreichischen Politik des Grafen
Buol-Schauenstein und über die verletzenden Anmaßungen der damaligen englischen Regierung und Lord Clarendons Ausdruck giebt,
so tritt dies doch stets in den Hintergrund gegen das Bedürfnis,
Bonaparte und in ihm die Revolution zu bekämpfen und die Hoffnung neu zu beleben, daß Österreich und England mit Preußen
zu einem Dreibunde gegen Frankreich vermocht werden können,
einem Bunde, von dem zugleich die Rückführung Rußlands in die
Wege der heiligen Allianz erwartet wurde. Gleichwohl ist im Lichte
der Gerlachschen Aufzeichnungen nichts irriger, als die bis heute
wiederholte Behauptung, daß der Verfasser ein Schleppenträger Rußlands gewesen sei. Er könnte eher dessen Feind genannt werden.
Es sind uns sehr wenig Urteile preußischer Staatsmänner und
Militärs bekannt, die in jenen Zeiten so unsympathisch für Ruß-

land lauteten als das, was man im Tagebuche fast auf jeder
Seite lesen kann. Doch davon mögen später einige Beispiele mit=
geteilt, hier soll nur darauf aufmerksam gemacht werden, daß Gerlach
eben einen großen Unterschied zu machen verstand zwischen einem
alliierten Rußland und einem dominierenden Rußland. Das letztere
war für den General ein Gegenstand des größten Schmerzes und
lebhafter Zornesausbrüche. Wenn Herr v. Sybel so glücklich ge=
wesen wäre, die Aufzeichnungen Gerlachs zu kennen, so würde er
ohne Zweifel über den Einfluß Rußlands ganz anders haben
urteilen können, als er in seiner bekannten Weise zu thun pflegte;
denn davon wird wohl künftig keine Rede sein dürfen, daß Ruß=
land in den 40 er Jahren nicht geradezu unverschämte Pressionen
auf den preußischen Hof ausübte, und das wird man von nun an
hinzufügen müssen, daß niemand über diese Übergriffe des Kaisers
Nikolaus in Berlin bekümmerter war als General von Gerlach.
Damals indessen, als er den Prinzen Wilhelm nach Petersburg
begleitete, hatte man freilich in dem Zarenreich wenig Grund zum
Übermut späterer Tage.

Die Memoiren vervollständigen die Geschichte der „Kamarilla",
durch welche Friedrich Wilhelm IV. in entscheidenden Fragen wirk=
samer als durch das verantwortliche Ministerium Manteuffel be=
raten wurde. Diese Kabinettsberatung war wesentlich in den Händen
des Generals von Gerlach, des Kabinettsrates Niebuhr, des Grafen
von Dohna, des Grafen v. d. Gröben, nachdem der General
von Rauch inzwischen gestorben war, des Oberkammerherrn Grafen
Stolberg und des Flügeladjutanten von Manteuffel, des späteren
Statthalters der Reichslande. Neben dieser Kamarilla hatte aber
der König ein Bedürfnis des persönlichen Verkehrs und der poli=
tischen Fühlung mit Personen, die der Neigung des geistreichen
Monarchen nach Meinungsaustausch mit geistvollen Männern ent=
sprachen, ohne daß in deren Auffassung die kühlen Erwägungen
politischer Zweckmäßigkeit das ausschlaggebende Moment gebildet
hätten. Es waren dies Persönlichkeiten, zum Teil geistreiche, welche
diese ihre Eigenschaft beim König geltend zu machen wußten, indem

1*

sie den hohen Herrn gleichzeitig zum Bewußtsein seiner eignen Begabung brachten, im Gegensatz zu der Trockenheit des verkörperten gesunden Menschenverstandes, wie ihn der wissenschaftlich weniger gebildete verstorbene General von Rauch vertreten hatte. Radowitz, Humboldt, Bunsen, Usedom und andere dii minores auf diesem Gebiete machten als politische Dilettanten der konservativen Kamarilla bei dem König Konkurrenz, gelegentlich im Bunde mit praktischen und strebsamen Diplomaten, wie Graf Albert Pourtalès und Graf Robert v. d. Goltz. Es ist von hohem Interesse, wie diese Einflüsse auf den König sich bekämpften und kreuzten, wie der König, ohne die stetige Folgerichtigkeit seines nach ihm regierenden Bruders zu haben, doch allen diesen Einflüssen gegenüber die Entscheidung, man kann sagen mit absolutistischer Sicherheit in der Hand behielt, und wie die amtliche Politik schließlich auch den wechselnden und einander widersprechenden Entschließungen des Monarchen gemäß ausfiel, wie deshalb der Kampf aller der heterogenen Elemente und namentlich auch die Arbeiten der verantwortlichen Minister sich hauptsächlich um die Frage drehten, wer schließlich die Stimmung des Königs entscheidend beeinflussen und seine Unterschrift gewinnen werde.

Erst jetzt, nach dem Erscheinen der Gerlachschen Aufzeichnungen, wird die Persönlichkeit Friedrich Wilhelms IV., so viel auch schon über sie geschrieben worden ist, geschichtstreu zu schildern möglich sein. Zu diesem Zwecke muß man sich vor allem das Verhältnis zwischen Herrn und Diener vergegenwärtigen, welches das merkwürdigste von der Welt gewesen und geblieben ist. Man gestatte zwei Stellen aus dem Tagebuch herauszuheben.

Nachdem Gerlach die im Weißen Saal des Berliner Schlosses am 3. Oktober 1840 stattgefundene Huldigungsfeier geschildert hat, fährt er in seiner Aufzeichnung jenes Tages fort: „Hier muß ich eine Geschichte erzählen. Als an dem Huldigungstage die Ritterschaft an der Treppe der Tribüne stand, regnete es bekanntlich sehr stark. Wir kamen zum großen Teil durchnäßt in die Zimmer des Schlosses, die zu dem großen Appartement gehörten. Ich fand in einem

Kabinett einen Kamin, in dem ein Feuer brannte, um die Räucherkolben glühend zu machen. Mit einem solchen plätteten wir unsere
Uniformen, so daß sie anfingen zu dunsten, was uns sehr viel
Spaß machte. Das Feuer zog immer mehr Durchnäßte an, unter
anderen meinen Schwager Grolmann und Boyen. Ich, in einer
Art von Begeisterung über die Reden des Königs, sage Grolmann,
an seinen alten Gegensatz gegen den Kronprinzen denkend, in das
Ohr: Du magst denken, was Du willst, der König ist ein sehr
guter Mann. Grolmann, ohne sich zu besinnen, sagte ganz laut,
so daß namentlich Boyen, der dies auch mit einem Lächeln markierte, es hörte: Das ist er auch, und alles, was er Schlechtes
an sich hat, verdankt er Dir und Deinesgleichen. Ich weiß nicht,
ob mich diese Rede mehr amüsierte oder frappierte; sein lautes
Sprechen verwunderte mich einigermaßen. Was hat Grolmann
mit dem „alles Schlechte" gemeint? Er selbst würde sagen,
damit meine ich den Pietismus, das Mittelaltertum, den Aristokratismus, Feudalismus, Hallerianismus u. s. w., in dem Ihr den
Kronprinzen bestärkt habt. Fragte man ihn nach dem Guten, was
er anerkannt, so antwortete er: damit meine ich seinen Patriotismus, seinen Liberalismus, obschon derselbe, sowie er praktisch wird,
nicht zusagen dürfte."

Die heitere Anekdote führt uns in unübertrefflicher Zeichnung
die Gegensätze vor, die den König bei seiner Thronbesteigung
empfingen. Was diejenigen hofften und erwarteten, die der
General Grolmann zu den Pietisten und Hallerianern rechnete,
sagte Gerlach selbst an derselben Stelle einige Zeilen weiter:
„... Hier gilt es, den Gegensatz von Konstitutionalismus und
Absolutismus zu zerstören und, damit dies gelinge, nach der konstitutionellen Seite hin Opfer zu bringen, d. h. Generalstände."
In Wahrheit waren es die Freunde Gerlachs, nicht die Grolmanns, welche den König zum Verlassen des Absolutismus drängten.
Hier war nun freilich die Frage entstanden, was dann? Sucht
man hierauf in Gerlachs Tagebuch die Antwort, so zeigt die Regierung des Königs eine immer weiterschreitende Entfernung von

Gerlachs Anschauungen und Erwartungen. Überschlägt man zehn Jahre des Tagebuchs, so trifft man auf folgende kurze, einfache und wahrhaft imposante Stelle: „Mich hält der König für ein Rindvieh." Es wäre indessen falsch, wenn man diese Worte nicht unter dem Gesichtspunkte des Humors und der heitern Lebensweisheit auffassen würde, welche die Aufzeichnungen des Generals von Gerlach von Anfang bis zu Ende durchziehen.

Im April 1847 trat der Vereinigte Landtag zusammen. Die Eröffnungsrede des Königs verursachte bei den Liberalen viel Aufregung. Die Preußen und Rheinländer waren anfangs geneigt abzureisen. Der König stellte in seiner Rede die Stände in ihrer historischen Gliederung den Repräsentanten, den Konstitutionellen, der Volkssouveränität, dem Zeitgeist entgegen. „Wer steht ihm bei?" bemerkt Gerlach. „Von seinen Ministern verstehen ihn die wenigsten. Von den Ständen (man berechnet drei Fünftel Liberale, zwei Fünftel Gutgesinnte) verabscheuen die meisten diese Theorie, auch viele der sogenannten Gutgesinnten. Die Liberalen sind gegen ihn, die Juristen, der Masse nach, auch." — Bei den Verhandlungen auf dem Landtage erfolgte für die Regierung Niederlage auf Niederlage. Gerlach sagt: „Eine Schrift über den Landtag müßte mit der Darstellung der Notwendigkeit des Zusammenrufens anfangen und diese anerkennen, da auf eine solche Maßregel seit langer Zeit hingedeutet worden. Man mußte dem Konstitutionalismus etwas Lebendiges, Positives entgegensetzen, einen echten Provinzialismus, eine politische Antikodifikation, ein ständisches selfgovernment bis in die untersten Stadien der Gesellschaft, eine echte Freiheit. Man mußte dies alles thun, ohne von der konzentrierten Macht des Königs etwas aufzugeben, das Offiziantentum bekämpfen u. s. w. Die Rheinländer und Herr von Vincke und Konsorten erklären geradezu, daß sie das Gouvernement zu zweijährigen Landtagen zwingen wollen. Was mag Bodelschwingh wohl für einen ferneren Operationsplan haben! Kanitz sagte, an ajournieren sei nicht zu denken, auch wäre dies das allerschlechteste. Der verlorenen Schlachten ungeachtet, hoffe ich, daß am Ende der

Landtag auf viele Leute einen guten Eindruck machen wird, indem sie das gute Gewissen und die bonne foi der Minister anerkennen müssen, im Gegensatz der rabbulistischen Deputierten, qui vivra verra." Und an einer anderen Stelle: „Wenn ich den Landtag im ganzen betrachte, so ist er besser abgelaufen, als ich erwartete. Erstens ist das ständische Prinzip des Königs anerkannt worden, von einer Veränderung der Repräsentation hat niemand gesprochen, keine Opposition gegen die Herren-Kurie. Zweitens keine Beschwerde über die Administration, keine Anklage eines hohen Beamten, keine Klage über die Armee. Zuletzt eine große Majorität bereit zum Wählen u. s. w. Aber freilich auf der anderen Seite ein Abweisen aller königlichen Propositionen. Wenn nicht Parteiansichten mich zu etwas anderem bewögen, so wäre ich auch gegen Eisenbahn-Anleihen und Einkommensteuer gewesen." Die Preßangelegenheiten standen ebenfalls im Vordergrunde der Beratungen. Radowitz machte dazu dem Könige den Vorschlag, Preßfreiheit zu gewähren, aber staatliche Redakteure anzustellen. Gerlach bemerkt dazu: „Das knallt, aber nützt wenig."

Charakteristisch ist die Schilderung, welche Gerlach von der Revolution in Berlin und dem Rückzugsbefehl für die Truppen entwirft. Sein persönlicher Standpunkt tritt darin natürlich scharf hervor:

„Den Abend, als alles vorbei war, ging ich nach der Halle, wo ich den bekannten Landtags-Deputierten Vincke in Reisekleidern auf den König wartend fand. Der General Thile hatte ihn eingeführt und geäußert, es müsse gut stehen, da man Redner schicke, statt weiter zu fechten. Ich sah Vincke hier zum ersten Male. Als der König kam, hielt er ihm eine wohlgesetzte Rede. Die Zustände der Stadt wären schrecklich, die Truppen erschöpft, entmutigt u. s. w.; das Schießen hätte auf ihn einen unangenehmen Eindruck gemacht. Ich und einige Offiziere lachten über diese Rede. Darüber empört, wandte sich Vincke zu uns und sagte, den anderen Tag würden wir nicht lachen. Er behielt leider Recht, weil man sich nach seinen schlechten Ratschlägen richtete. Der König nahm ihn beiseite und hat ihm gesagt, was dann aber werden sollte, wenn die

Truppen zurückgezogen würden, worauf Vincke mit seiner elenden Klopffechter-Dialektik, vom Vereinigten Landtage her bekannt, geantwortet: „Was soll dann aber werden, wenn das Volk siegt?" Der König weist den Einfluß Vinckes auf die Proklamation „An meine lieben Berliner" ab. Nach Vincke hat, wie Rauch sagt, den König niemand mehr gesprochen, Prittwitz wohl unmittelbar vor seinem Heranskommen, um Vinckes Rede anzuhören. Ich ging am Abend spät vom Schloß nach Hause. Überall standen Truppen; Unter den Linden hielt Waldersee. General Prittwitz befahl am Abend den Generalen, in ihren Stellungen ruhig zu bleiben; es sei nicht seine Absicht, weiter vorzugehen. Dann stattete er dem Könige Bericht ab. Heute und morgen und auch noch einen Tag, sagte er, glaubte er die Sache noch sehr gut halten zu können; sollte sich der Aufruhr noch länger hinziehen, so wäre er der Meinung, mit dem König und den Truppen die Stadt zu verlassen und sich, außer derselben blockierend, aufzustellen. Diese Ansicht von der Lage der Dinge hat General Prittwitz auch noch am Sonntag Morgen gegen Minutoli ausgesprochen. Auf diese Rede, die mir Prittwitz selbst erzählt, hat sich Bodelschwingh bezogen, als er behauptet, Prittwitz habe ja auch erklärt, die Sache nicht länger halten zu können. In seiner gedruckten Schrift vom 22. Oktober erzählt General Prittwitz, daß nach einer gehaltenen Beratung diese seine Ansicht, stehen zu bleiben, gebilligt worden sei. Diese Maßregel hatte auch zur Folge, daß die Truppen sich von dem Pöbel sonderten und daß die Nacht verhältnismäßig ruhig verlief. Ein Teil der Kavallerie erhielt den Befehl, mit Tagesanbruch die Stadt zu verlassen und eine Stellung zu nehmen, die eine eventuelle Cernierung möglich machte. — Dem Könige war furchtbar zugesetzt worden durch Deputationen und schlechte Ratschläge. Die Königin war ganz fest und sagte: „Wenn nur der König nicht nachgibt." Ich hielt damals das Nachgeben noch für unmöglich. In der Nacht um 3 Uhr schrieb der König die Proklamation: „An meine lieben Berliner."

Am 19., morgens, wollte General von Prittwitz gerade die Straßen absperren lassen, als ihm ein Exemplar der Königlichen Proklamation übergeben wurde, von der er bis dahin nicht das mindeste erfahren hatte. Jede Maßregel unterblieb nun.

Der König hatte die von ihm eigenhändig aufgesetzte Proklamation in der Nacht noch an den Minister Bodelschwingh mit dem Auftrage geschickt, sie zu prüfen, zurückzuhalten, zu ändern oder sie drucken zu lassen. Bodelschwingh, ohne mit irgend jemand Rücksprache zu nehmen, ließ sie unverändert abdrucken. Der Geheimrat Matthis, welcher in dem Ministerium des Innern die Polizei-Abteilung dirigierte, ist am Morgen vor 8 Uhr zu Bodelschwingh gegangen und ihm mit einem Pack Proklamationen begegnet, die er selbst an die, welche sie verlangten, verteilte.

Er hat Matthis gefragt, ob er die Proklamation bedenklich fände, und hat, als dieser es verneint, gesagt, wie der König ihm anheimgegeben habe, sie zurückzuhalten oder sie zu verändern, daß er aber beides nicht geglaubt habe, auf sich nehmen zu können. Dann hat er mit Bewunderung von dem Militär gesprochen, der König müsse sofort sich zu Pferde setzen und die Truppen sehen; so wie er denn überhaupt im Gefühl des Sieges gewesen ist. Auf dem Schloß erschienen wiederum mehrere Deputationen nacheinander. Zuerst war Rellstab schon um 8 Uhr auf dem Schloß gewesen, dann kamen andere Deputationen vom Magistrat, von den Stadt-verordneten u. s. w. Bei einer dieser Deputationen war auch der Bürgermeister Naunyn. Derselbe hatte sich vorher an den General Prittwitz gewandt und ihn beschworen, bei der großen Gefahr für die Stadt, für das Land und den König mit ihm nach dem Schlosse zu kommen. Es wurde erst in dem Zimmer der Königin, dann in dem Roten Eckzimmer eine Art Kriegsrat gehalten, in dem man, wie der Prinz von Preußen erzählt, zu dem Beschluß kam, daß die Proklamation in der Art ausgeführt werden sollte, daß da, wo eine Barrikade von den Bürgern eingebaut werden würde, man ihr gegenüber auch die Truppen zurückziehen würde. Mit dieser Antwort schienen die Deputationen zufrieden und entfernten

sich großenteils. Hierauf trat eine andere Deputation ein mit der
Anzeige, daß jenseit der Königsstraße drei Barrikaden vom Volk
eingeebnet würden. (Diese Meldung, die von den Friedliebenden
als eine Art von Triumph aufgenommen wurde, erwies sich später-
hin als völlig unwahr.) Der Prinz von Preußen schlug vor, diese
Anzeige durch Offiziere konstatieren zu lassen, was aber die Nach-
giebigen mit Berufung auf den Gehorsam, den die Befehle des
Königs ja schon gefunden hätten, verwarfen. Mit einemmale
trat der Minister Bodelschwingh in das Zimmer, wo alles ver-
sammelt war und die letzte Deputation wartete. Er erklärte laut:
„Da die Barrikaden verschwinden, so befehlen Seine Majestät, daß
die Truppen von allen Straßen und Plätzen zurückgezogen werden
sollen." Vergeblich stellte ihm der Prinz vor, dies stehe im Widerspruche mit der Königlichen Proklamation, vergeblich erklärte der
General Prittwitz, ein solches Verschwinden der Truppen von den
Straßen und Plätzen sei ganz unmöglich, weil dann nur übrig
bliebe, die fremden Truppen nach den Kantonnierungen, die ein-
heimischen nach den Kasernen abrücken zu lassen, damit aber gehe
sofort die Verbindung unter den einzelnen Truppenteilen verloren,
die Besatzung des Schlosses und des Zeughauses könne dann nicht
mehr unterstützt werden und die Truppen sähen sich dem Gegner
mit gebundenen Händen übergeben. Der Minister donnerte dem
Prinzen und dem General nochmals entgegen: „An den Worten
des Königs darf nichts gedreht noch gedeutet werden." Der
Prinz fragte nochmals, ob unter allen Plätzen auch die Schloß-
plätze zu verstehen seien, da dies doch die einzigen waren, wo die
rückkehrenden Truppen sich aufstellen könnten. Der Minister
donnerte noch einmal dieselben Worte entgegen. Sogar ein Mitglied der Deputation bemerkte: „Es versteht sich doch wohl, daß
der Schloßplatz ausgenommen ist", worauf der Bürgermeister
Naunyn erwiderte: „alle". — Der Minister wandte sich nun an
die gegenwärtigen Offiziere und sagte: „Nun laufen und reiten
Sie, meine Herren, die Befehle des Königs zu überbringen. Die
Truppen sollen mit klingendem Spiel abmarschieren." Der Flügel-

adjutant General Prittwitz übernahm die weiteren Bestellungen und ging, nachdem eine andere im Empfangszimmer der Königin ge= haltene Beratung ohne Erfolg blieb, mit der Deputation ab. Der König nahm keinen Teil an dieser Beratung, wie General Prittwitz erzählt. — Der Prinz von Preußen hatte sofort den König in seinem Kabinett aufgesucht und nicht gefunden, in dem roten Zimmer trafen sie zusammen. Der König sah die allgemeine Konsternation. Der Prinz erzählte ihm den Auftritt mit Bodel= schwingh, worauf der König erklärte, er hätte keinen andern Auf= trag, keinen andern Befehl gegeben als den, der in der Proklamation enthalten ist, und es müßte das sofort geändert werden. — Eine Abänderung war unmöglich, da die Truppen schon im vollen Ab= marsch waren, denn das Volk stürzte überall nach. — Der Befehl des Königs, die Lange Brücke zu besetzen, konnte auch nicht mehr ausgeführt werden. — Der König selbst sah am 2. Juli, als ich ihn darüber sprach, diese Sache so an: Prittwitz hätte die Truppen keinenfalls vor Räumung der gegenüberstehenden Barrikaden zurück= ziehen und namentlich die Gefangennehmung Möllendorfs sofort durch einen Angriff auf die nächste Barrikade erwidern sollen. An dieser Versäumnis des Generals Prittwitz sei Bodelschwingh unschuldig, nicht so an dem Rückzug und an der Räumung des Schlosses. „Ich habe keine rancune gegen Prittwitz, aber so ver= hält sich die Sache, was aus der Proklamation hervorgeht." Während dieser entscheidenden Krisis saß der Graf Arnim und komponierte sein Ministerium. Der Prinz von Preußen traf ihn dabei und sagte, als er die Namen Auerswald und Schwerin las: Das ist ja ganz wie in Paris, warten Sie doch damit noch. „Nein", war die Antwort, „es ist die höchste Zeit."

Um die Situation der Märztage in Berlin völlig begreifen zu können, darf man keinen Augenblick außer acht lassen, daß schon seit dem Anfang des Jahres in der Führung der Geschäfte eine Doppelströmung herrschte; eine obere, die sich mehr im Anschluß an die Fragen, die im vereinigten Landtage hervorgetreten waren, bewegte, und eine untere, die auf die auswärtigen Angelegenheiten und in erster Linie auf die deutsche Bundesreform gerichtet war. Der König steckte tief in den letzteren Angelegenheiten, von denen Gerlach und seine Freunde nicht den richtigen Begriff und nicht die Erkenntnis ihrer Bedeutung hatten. Sie gaben die Beratung des Königs in einer Sache, die ihm besonders am Herzen lag, ganz und gar aus den Händen. So blieben Radowitz und Hein= rich Arnim die Männer des Tages, während Rauch und Gerlach beiseite standen und stehen mußten, wie Leute, die sich für die kommenden Dinge ja doch nicht interessierten. Der König sagte sich, Deutschland hat in dem Programm meiner sonst so lieben Freunde keinen Raum, ich werde in diesen großen auswärtigen Angelegenheiten die Herren nicht gebrauchen können, ich muß mich also an Radowitz und Arnim halten. General von Gerlach da= gegen schimpfte auf Radowitz, den er sonst freundschaftlich umarmte, als Politiker wie auf einen Narren und Phantasten. Da er aber in der Sache gar nichts Besseres zu sagen wußte, und die deutsche Politik doch nicht stille stand, so war es erklärlich, daß die Kon= fusion um den König den höchsten Grad erreichte. Dies war der Augenblick, in welchem die Februar=Revolution alle bestehenden Zustände in Frage gestellt hatte und die Bewegung in Italien einen österreichischen Krieg mehr als wahrscheinlich machte. In den meisten Darstellungen der Revolution des Jahres 1848 pflegt vergessen zu werden, daß es eine der letzten Thaten Metternichs war, mit dem Versuche von Bundesreformen hervorzutreten. Es war der Notschrei des sinkenden Steuermanns des österreichischen Staatschiffes. Gerlach und seine Freunde hörten diesen Notschrei nicht oder verstanden ihn nicht. Der König war dagegen durch Radowitz allerdings vorbereitet, mit kühner Hand nach jenem Steuer zu greifen. Vielleicht wäre manches anders gekommen, wenn Friedrich Wilhelm IV. hier der Unterstützung seiner konser= vativen Freunde sicher gewesen wäre und nicht nötig gehabt hätte, sich mit Männern von so zweifelhafter Erfahrung einzulassen, wie dies thatsächlich der Fall war.

Unter dem Ministerium Manteuffel handelte es sich um die

Revision der Verfassung. Die Gespräche, die der König hierüber mit Gerlach führte, gehören unzweifelhaft zu den charakteristischsten und merkwürdigsten, die das Tagebuch bietet. Der König schrieb damals: „Ich werde meinen Eid halten und werde nichts thun, diesen Wisch zu verbessern, aber wohl Verbesserungen, um die man mich bitten wird, genehmigen und ebenso auch die ganze Verfassung zu beseitigen, wenn die Kammern bei mir darauf antragen. Dann werde ich meinem Volke einen Freibrief geben, einen Ausfluß der Königlichen Macht, der mehr Freiheiten enthalten wird, als diese Verfassung, und so das, was ich immer gewollt habe: ‚Freie Fürsten und freie Völker‘ in Wahrheit realisieren.“ — Bezeichnend fügt Gerlach diesen Worten hinzu: „Welche Fülle nicht klarer Ideen, nicht klarer historischer Auffassungen, denen aber überall doch wieder Treffliches zu Grunde liegt, aber auf der anderen Seite auch ein Übersehen des Balkens im eigenen Auge.“

Man muß sich bei solchen Bemerkungen des Tagebuches erinnern, daß der König zu den Persönlichkeiten gehörte, die nicht nur die Meinung anderer hören konnten, sondern auch wollten. Es gab eine Anzahl Personen, an deren Spitze die Königin stand, denen alles zu sagen erlaubt war. Hierbei waren politische Überzeugungen viel weniger entscheidend, als persönliche Sympathie. Reizend ist es im Tagebuch erzählt, wie die Königin dem alten General einmal ein Billet des Königs zeigt, worin Gerlach als der „Geliebte“ des Königs bezeichnet wird, ein Spitzname, den die Gegner am Hofe aufgebracht hatten, den der König jedoch acceptierte. Der Geliebte durfte denn auch wirklich gerader und offener mit dem Könige reden, als dies vielleicht an irgend einem Hofe der Welt jemals vorgekommen ist. Und in der That! Es wäre recht nützlich, wenn doch nur heutzutage recht viele Diener das Tagebuch lesen würden, um sich den Mut und die Rückhaltlosigkeit Gerlachs zu einem Muster nehmen zu können, und wenn andererseits die Herren und Fürsten sich doch an Friedrich Wilhelm ein Beispiel nehmen wollten, fremde Überzeugungen zu hören. Denn bei aller Verlästerung dieses Königs muß man es doch

ausjprechen, wenn er auch kein großer Herrjcher und König gewejen
ist, jo war er doch ein innerlich geistig und herzlich großer Menjch.

Gerade in dieser Richtung jchildert das Tagebuch oft Szenen
der köstlichsten Art. Bei einer gewissen Gelegenheit jagte der
König, Gerlach könne über die Dinge, die eben zur Erwägung
standen, ja gar nicht mitreden. „Ich könne über diese Dinge
nicht urteilen, da ich jelbst in das Parteiwesen verstrickt jei, und
der König könne von mir verlangen, daß ich als jein Generaladjutant mich hierin änderte. Der König jagte mir das in Gegenwart Niebuhrs, worauf ich nach der Kirche einen Brief an Seine
Majestät jchrieb des Inhaltes: Ich wäre ihm, als er mich zu
jeiner Person kommandiert hätte, jeit 20 Jahren genau bekannt
gewejen, jowohl in Beziehung meiner politijchen Grundjätze als
meiner politijchen Freunde. Ich könnte mich nicht darin ändern,
wie er das heute früh von mir verlangt hätte; das verhinderte
mein Alter, meine Vorfahren, meine Brüder und mein Name.
Ich müßte daher Seiner Majestät anheim geben, mir den Abjchied
zu erteilen. Diejen Brief gab ich dem Könige jelbst, worauf dann
ein langes Gejpräch begann, in dem ich Seiner Majestät alle die
Dinge vorhielt, die er mir Schuld gegeben, und die ungerechte
Bejchuldigung jeiner treuesten Diener und Unterthanen u. j. w.
Der König jagte, der Adel, der nach der unglücklichen Zeit alle
Herzen gewonnen hätte, jei jetzt wieder verhaßter als je."

Wie man jieht, war diesmal die Bataille rajch im Sande
verlaufen, aber nicht immer war dies der Fall; manchmal dauerte
der Verdruß ziemlich lange und der Rücktritt des tapfern Generals
bildet oft durch Wochen den Gegenstand der geheimen Tagebuch-
wünjche. Manchmal jedoch endigen jich die Streitigkeiten des
Königs und jeines Generaladjutanten ganz dramatijch, und nicht
ohne Bewegung liest man, wie der alte treue Soldat jeinem Könige
die Hand küßt, und dann die alte Herzenseinheit wieder zu voller
Freudigkeit erhoben ist.

Am 21. Oktober 1848 war General Graf Brandenburg
aus Breslau nach Potsdam berufen. Mit ihm trat ein Herr

von Bismarck, simpler Abgeordneter, als Ratgeber des Königs in
Aktion. Er hatte die Aufmerksamkeit des letzteren auf den General
als Retter aus der Revolution gelenkt. Brandenburg war kein
Fanatiker der Reaktion, sondern bei unerschütterlicher Entschlossenheit in der Bekämpfung der Anarchie ein Mann von gemäßigter
Gesinnung, nicht von schöpferischer Genialität, aber klarem Verstande, unbedingter Zuverlässigkeit und nicht zu beirrendem Ehr-
gefühl. Ihm kündigte in Potsdam Herr von Bismarck, damals
noch wie gesagt Privatmann, an, daß der König ihn zum Ministerpräsidenten bestimmt habe.

Als Graf Brandenburg erklärte, er wisse dies hohe Vertrauen
zu würdigen, aber er sei kein Staatsmann und unerfahren in
politischen Geschäften, erläuterte ihm Herr von Bismarck, es handle
sich zunächst um keine verwickelten Fragen, sondern einfach um die
Herstellung der Ordnung und Gesetzlichkeit.

Der Graf erwiderte nun: „Wenn ich der Elefant sein soll,
welcher die Revolution zertritt, so bin ich bereit, dann aber muß
ich einen Konak haben, der in politischen Dingen Bescheid weiß,
sonst geht die Sache nicht gut."

Herr von Bismarck fragte, wen er dazu im Sinne habe?
Der Graf sagte: „Der einzige von den Herren, die ich persönlich
kenne, ist der Ministerialdirektor von Manteuffel."

Der König war einverstanden und Bismarck überbrachte
Herrn von Manteuffel die Botschaft nach Berlin. Hier setzte es
anfangs schwere Bedenken; Manteuffel meinte, das Volk würde
ihn zerreißen, wenn er als Minister in der Nationalversammlung
erschiene, indessen gelang es Bismarck, ihn zu beschwichtigen und
zur Annahme zu bestimmen.

Über den zur Übernahme des Kriegsministeriums berufenen
Herrn von Strotha wird berichtet:

Der Mann war ruhig in Frankfurt Kommandant der
Bundesgarnison; da trifft ihn ein Telegramm des damaligen
Ministerpräsidenten Grafen von Brandenburg, sofort nach Berlin
zu kommen und sich im Ministerium einzufinden. Strotha

fährt über Hals und Kopf nach Berlin und hier sofort zu Brandenburg.

„Ich habe Eure Excellenz rufen lassen, um Sie zu bitten, das Ministerium des Krieges zu übernehmen."

„Mich? Um Gottes Willen, was fällt Euer Excellenz ein? Ich bin dazu ja in gar keiner Weise geeignet."

„Ja, das hilft alles nichts, lesen Sie hier diese Kabinettsorder Seiner Majestät des Königs, der Sie zum Kriegsminister wünscht."

Strotha liest mit großer Bestürzung und sagt: „Ja, wenn Seine Majestät befiehlt, muß ich freilich gehorchen."

„Nun, lieber Kollege," fährt Brandenburg fort, „nun müssen Sie aber auch heute um zehn Uhr in der Kammer erscheinen."

„O bewahre."

„Ja, das hilft Ihnen nichts; sehen Sie hier ein anderes Schreiben Seiner Majestät, welches ausdrücklich verlangt, daß Sie das Kriegsministerium der Kammer gegenüber vertreten."

„Dann muß ich freilich gehorchen," sagte der neue Kriegsminister mit einem langen Seufzer.

Er will sich eben entfernen, um wenigstens noch etwas zu memorieren für seine mutmaßliche Jungfernrede, da sagt Brandenburg:

„Das wissen Sie wohl, Kollege, daß Sie in Zivil in der Kammer erscheinen müssen?"

Strotha stand sprachlos vor Entsetzen.

„Ich habe gar keins," stotterte er endlich.

„Ja, da müssen Sie sich bis zehn Uhr einen Anzug besorgen, der König will es so."

„Dann muß ich freilich gehorchen," erwidert Strotha, beklommen sich hinausschleichend. Aber er wußte sich zu helfen. Er nahm sich eine Droschke und fuhr zum Mühlendamm, wo die Trödler wohnten. Um zehn Uhr aber sah man in der Kammer einen Mann am Ministertisch sitzen, mit unendlich hohem Kragen, Frackärmeln, die ihm bis über die Hände reichten — kurz, einen wundervollen neuen Kriegsminister.

Das Ministerium der „rettenden That" übernahm am 8. November 1848 die Geschäfte.

Otto von Manteuffel war am 3. Februar 1805 zu Lübben in der Niederlausitz geboren, als Sohn eines höheren Verwaltungsbeamten; wie der Vater, durchlief auch der Sohn die büreaukratische Karriere, in welcher er es bis 1847, als durch die Berufung des vereinigten Landtages die konstitutionelle Periode in Preußen begann, zum Direktor im Ministerium des Innern gebracht hatte. Auf dem vereinigten Landtag vertrat er die Regierung, indem er die streng büreaukratische Auffassung des Staates den liberalen Forderungen entgegensetzte; dadurch erschien er, als nach den vielfachen Ministerwechseln des Jahres 1848 im November das Ministerium Brandenburg gebildet wurde, qualifiziert zum Minister des Innern in diesem; als solcher nahm er Teil an der Vertagung, Verlegung und Auflösung der Nationalversammlung und an der Octroyierung der Verfassung; und die sonstigen Octroyierungen jener Zeit vor den Kammern zu vertreten, war die erste Aufgabe Manteuffels. Nach dem Tode des Grafen Brandenburg, der die Demütigung Preußens vor Rußland und Österreich nicht überleben konnte, wurde Manteuffel zuerst provisorisch Minister der auswärtigen Angelegenheiten, bald, im November 1850, auch definitiv und zugleich Ministerpräsident; Herr von Westphalen ersetzte ihn als Minister des Innern.

Die neue Kammer nahm die Frankfurter Verfassung mit 175 gegen 159 Stimmen an und wurde am 27. April 1849 aufgelöst. Am Tage darauf erfolgte die förmliche und unbedingte Ablehnung der von dem Frankfurter Parlament dargebotenen Kaiserkrone seitens Preußens. Die nächste Kammer sollte abermals sich mit der deutschen Frage beschäftigen. Diese war inzwischen in das Stadium der Radowitzschen Unionsbestrebungen gerückt. Preußen machte Anstalt, dem deutschen Volke für das Scheitern der vom Frankfurter Parlament beratenen Reichsverfassung einen Ersatz zu bieten. Es knüpfte Verhandlungen mit den deutschen Mittelstaaten an. Die Seele derselben und ihr Ver=

treter in der Kammer war der redegewandte General von Rado-
witz; erst als Regierungsbevollmächtigter, später kurze Zeit als
Minister des Äußern, nachdem Herr von Schleinitz vor dem mit
Österreich drohenden Kriege sich zurückzog.

Joseph Maria von Radowitz war 1797 in Blankenburg geboren, erst in kurhessischen, seit 1823 in preußischen Diensten,
1836 preußischer Bevollmächtigter am Bundesrat, Friedrich Wilhelms IV. engster Vertrauter, 1848 in Frankfurt Führer der
äußersten Rechten, war trotzdem als Minister des Äußern die Seele
der Partei, die, um sich in der Unionspolitik Preußens nicht stören
zu lassen, bereit war, auf Österreich loszuschlagen und der Einmischung Rußlands zu trotzen. Die Kamarilla nannte ihn den
Säbelraßler, dessen Sturz sie auch bereits nach zwei Monaten durchsetzte. H. Wagener in seinem Buche „Erlebtes" schreibt über ihn:

„Daß wir den Herren von Radowitz und von Willisen niemals Schmeicheleien gesagt, sondern dieselben energisch und konse-
quent angegriffen haben, und zwar mit der ausgesprochenen Absicht,
sie zu Falle zu bringen, räume ich gern ein, doch geschah dies
nicht auf russische Bestellung, sondern weil wir selbst Verstand
genug hatten, um das Phantastische und Unheilvolle der politischen
Thätigkeit jener Männer zu erkennen, eine Erkenntnis, die im
Laufe unserer Entwicklung ihre volle Bestätigung fand. Daß
Herr von Radowitz Sr. Majestät dem hochseligen Könige Friedrich
Wilhelm IV. eine Zeitlang sehr nahe stand, ist mir ebenfalls nicht
unbekannt und habe ich persönlich nicht unwesentlich darunter gelitten, daß ich dessenungeachtet dabei beharrte, die Polemik gegen
denselben fortzusetzen. In meiner kleinen Schrift über Friedrich
Wilhelm IV. bin ich hierüber um deswillen mit Stillschweigen
hinweggegangen, weil ich es nicht angezeigt hielt, die frühere Kritik
wieder aufzufrischen und die Art und Weise des Einflusses des
Herrn von Radowitz auf den König eingehender darzulegen. Der
General wußte stets genau, was der König las, und er las dann
dasselbe, wodurch er sich stets in der angenehmen Lage befand,
dem Könige gerade auf dem Gebiete, das diesen augenblicklich

interessierte, als besonders wohlunterrichtet zu erscheinen. Außer=
dem hatte Herr von Radowitz die Gabe, die hingeworfenen Ge=
danken des Königs zu verarbeiten und in eine ansprechende Form
zu bringen, so daß der König wiederholt seine Verwunderung dar=
über aussprach, sich so oft mit dem General in seinen eigensten
Gedanken zu begegnen. Wir machen dem General hieraus keinen
Vorwurf, sondern konstatieren einfach Thatsachen, welche uns aus
besten Quellen zugehen." So milde schrieb H. Wagener im
Jahre 1884. Vierunddreißig Jahre vorher führte er eine trotzi=
gere Sprache.

Eine feine Charakteristik des Königs bietet Gerlach an
einer Stelle, wo er das Verhältnis desselben zu Radowitz be=
leuchtet. Er bemerkt: „Radowitz, arm an Gedanken, deren der
König mehr hat, als er vertragen kann, ergreift einige Gedanken
des Königs, wie er es denn auch nicht verschmäht, dies mit denen
anderer Sterblichen zu thun. Diese Königlichen Gedanken prä=
pariert er mit Mathematik und Logik, zwei Wissenschaften, welche
dem Könige fehlen. Der König sucht das eigene Kind, Fleisch
von seinem Fleisch, Bein von seinem Bein, in diesem neuen Ge=
wand und ist höchlich davon und von seiner Schönheit imponiert,
denn so hätte er es nie ausstaffieren können. Er bewundert es,
bewundert den, der es ihm vorbringt, und hat doch die Befrie=
digung, daß es sein eigen ist. Nun kommt aber die Aufgabe,
dieses Ideal in das Leben einzuführen. Dieses versteht weder der
König noch Radowitz, ersterer versucht es nicht einmal, höchstens
befiehlt er, daß es geschieht, ohne Rücksicht, an wen der Befehl
geht und wie dieser ihn ausführt. Radowitz macht sich an die
Arbeit dieser Verwirklichung; diese fällt so ungeschickt, so trocken
aus ... Der König würde eine solche Arbeit vernichten, wenn
er davon Notiz nähme: das thut er aber höchst oberflächlich und
wiederum unter dem Einflusse von Radowitz, und so wird ihm
auch hier nicht die Gelegenheit geboten, sich über seinen Freund
aufzuklären, obschon dessen Ungeschicktheiten das Land an den
Rand des Verderbens bringen."

2*

General von Radowitz war im September 1850 an die Stelle des Herrn von Schleinitz getreten. Im Oktober wurde Herr von Bismarck vom König Friedrich Wilhelm IV. zur Jagd nach Letzlingen eingeladen.

„Ich bin zur Jagd und sonderbarerweise schon tags zuvor nach Letzlingen befohlen," schrieb Bismarck an H. Wagener unter dem 21. Oktober, „und da ich ohnehin noch ungewiß bin, ob ich von dem Geschworenenwesen in Magdeburg vorher loskomme, so habe ich zugesagt, obschon mich die Sehnsucht nach Frau und Kind fast umbringt.... Irgend etwas außerhalb meiner Jagdpassion liegt wahrscheinlich vor, denn ich gehöre nicht zu den gewöhnlichen Jagdnachbarn und bin nicht, wie diese, für eine Jagd, sondern für die ganze Zeit und den Tag vorher befohlen. Ich habe mich seit Erfurt so gar nicht um die Politik ernsthaft bekümmert, daß ich schlecht bestehen werde, wenn man mich etwa katechisieren sollte. Ich muß mir erst noch Ansichten anschaffen, ehe ich vor hohen Herren von Fach auftreten kann; augenblicklich bin ich harmlos, unwissend und nebelhaft wie ein Krefelder Sammetweber und kann jeden, der mich fragt, nur auf die Leitartikel des Organs einer kleinen, aber mächtigen Partei verweisen, die ich bis dahin noch- mals gründlich durchlesen will für den Fall, daß ich den advo- catus diaboli bezüglich der Kanonisierung des St. Radovitius zu spielen berufen sein sollte. Mir fehlt nur jetzt der nötige Zorn im Leibe, der dem natürlichen und rechtmäßigen Respekt die Wage halten muß, wenn man bei solchen Gelegenheiten sprechen soll, was man in seinem Großvaterstuhl denkt. Ich werde meine Galle vorher aufzuregen suchen.... Bitte, sagen Sie dem „Zuschauer" nichts von Letzlingen, wenn er es nicht anderweit erfährt. Se. Majestät denkt sonst, ich stehe mit diesem bösartigen Blatte in Verbindung."

Um dieselbe Zeit trat die Wendung der preußischen Politik ein. König Friedrich Wilhelm IV., einem Kriege mit Österreich in innerster Seele abgeneigt, rief den Kaiser Nikolaus von Ruß- land zum Schiedsrichter zwischen den beiden Mächten an. Der

Ministerpräsident Graf von Brandenburg begab sich nach Warschau, wo sich der Kaiser von Rußland befand, und wo der Fürst Schwarzenberg gleichfalls eintraf. Es wurden noch einmal Verhandlungen zwischen Preußen und Österreich eingeleitet; inzwischen sollte den Rüstungen auch in Österreich Einhalt gethan werden. Hierauf gestützt und um die neuen Verhandlungen nicht zu stören, widersetzte sich der Graf von Brandenburg nach seiner Rückkehr nach Berlin in Gemeinschaft mit dem Minister von Manteuffel der vom Minister von Radowitz beantragten sofortigen Mobilmachung der preußischen Armee, worauf Radowitz zurücktrat (4. November).

An seiner Stelle übernahm der Minister von Manteuffel nunmehr die Leitung der auswärtigen Angelegenheiten. Graf von Brandenburg starb am 6. November gebrochenen Herzens. Herr von Bismarck schrieb aus Reinfeld am 7. desselben Monats an H. Wagener:

„Ich bin vorgestern Abend bei Lesung Ihres Montagsblattes vor Freude auf meinem Stuhle rund um den Tisch geritten und manche Flasche Sekt ist diesseits des Gollenbergs auf die Gesundheit des Herrn von Radowitz getrunken, zum erstenmal fühlt man Dank gegen ihn und wünscht ihm ohne Groll glückliche Reise. Mir ist das Herz recht frei geworden, und ich fühle ganz mit Ihnen; lassen Sie jetzt Krieg werden, wo und mit wem man will, und alle preußischen Klingen werden hoch und freudig in der Sonne blitzen! Mir ist wie ein Alp vom Herzen gefallen, wenn auch Heydt und Ladenberg, die wir schon glaubten mitverdaut zu haben, mir sauer wieder aufstoßen."

Zu denen, die auf den Sturz des Herrn von Radowitz hingedrängt, gehörte auch der Kriegsminister von Strotha, welcher die kriegerischen Pläne des Herrn von Radowitz auf das entschiedenste desavouierte und den damaligen Herrn von Bismarck bat, seinen ganzen Einfluß dagegen einzusetzen. Es heißt in dieser Beziehung nach Äußerungen des Fürsten Bismarck. „Der Kriegsminister zur Olmützer Zeit (von Strotha) äußerte sich, als ich damals als Abgeordneter und Landwehroffizier einberufen wurde, und mich bei ihm meldete, gegen mich selber dahin: Wir können uns gar nicht schlagen, wir sind gar nicht in der Lage; wir haben erst in vierzehn Tagen 70 000 Mann zwischen Oder und Elbe, wir können die Österreicher gar nicht hindern, Berlin zu besetzen, wir müssen mobilisieren in zwei getrennten Lagern, das eine in Königsberg, das andere in Koblenz, von da müssen wir unser Land und die Hauptstadt wieder erobern; also ich muß Sie bitten, wenn Sie Einfluß auf Ihre Kollegen haben, wiegeln Sie ab, was Sie können, wir können mit der Landwehr heute nicht schlagen, wir haben Cadres von 150 000 Mann in Baden stehen und haben sie nicht zusammen.“

Ein Gegner des Herrn von Radowitz war ferner der General von Rauch, von dem Herr Wagener sagt: „Derselbe war ein Ehrenmann und preußischer Patriot im höchsten Sinne des Wortes, der sich für sein Vaterland und seinen König ohne Zaudern in Stücke hauen ließ und der sich deshalb auch des größten Vertrauens des Königs erfreute. Allerdings war er kein Phantast und Schwätzer, sondern ein preußischer Soldat von der alten Art, ähnlich wie der Kriegsminister von Strotha.“ Nach Radowitz ging es bald nach Olmütz, wo die Berliner „Kamarilla“ ihren Triumph feierte. Unter dem Drucke Rußlands kam die österreichisch-preußische Punktation zustande, die noch lange Jahre als die „Schmach von Olmütz“ bezeichnet wurde. Prinz Wilhelm von Preußen war seit 1849 Generalgouverneur von Rheinland und Westfalen. Die Mißhelligkeiten, welche ihn und den König trennten, datierten von der Einsetzung des Ministeriums Manteuffel. Prinz Wilhelm teilte vollständig die Richtung derjenigen Kreise, die den Gang Manteuffels nach Olmütz im November 1850 als eine Schmach empfanden und vor Begierde brannten, einen solchen Flecken wieder auszulöschen. Als General von Natzmer unter dem 19. März 1851 dem Prinzen zu dessen bevorstehendem Geburtstage (22. März) gratulierte, fügte er die Worte bei: „Mit patriotischem Stolze sah ich im November vorigen Jahres zum zweitenmale die Begeisterung und Erhebung unseres Vaterlandes, wie im Jahre 1813. Aber leider wurde mein Stolz sehr bald gedemütigt, und ich mußte auf das Jahr 1805 (wo bekanntlich die Politik des Haugwitz und Lombard Preußen in eine so ungünstige Lage brachte, daß dadurch die Katastrophe von Jena 1806 herbeigeführt ward) zurückgehen, um das Preußen von heute wiederzuerkennen. Von der Politik verstehe ich wenig und kann am wenigsten die des Herrn von Manteuffel begreifen; aber das weiß ich, daß ich von dieser Politik sehr wenig, dagegen von dem Schwerte Ew. Königlichen Hoheit alles erwartet habe und noch erwarte." Darauf antwortete der Prinz am 4. April: „Jawohl! Es war im November ein zweites 1813, nur vielleicht noch erhebender, weil nicht ein siebenjähriger fremdherrlicher Druck diese Erhebung hervorgerufen hatte, es war ein allgemeines Gefühl, daß der Moment gekommen sei, wo Preußen sich die ihm durch die Geschichte angewiesene Stellung erobern sollte! — Es sollte noch nicht sein. Es muß wohl verfrüht gewesen sein und ich glaube, wir sehen die gehoffte Stellung für Preußen nicht mehr. Ich bin gewiß für den Frieden und für ein Handinhandgehen mit Österreich; doch beides muß mit Ehren geschehen, und wir dürfen uns nicht, wie es geschieht, an das Gängelband nehmen lassen. Unser jetziges momentan festeres Auftreten wird sich gewiß auch wieder in Wohlgefallen auflösen. Das Kommando, das mir des Königs Vertrauen im November anwies, war recht gemacht, um zu glauben, daß man die Welt stürmen könnte. Ich sah mit großem Vertrauen den Ereignissen entgegen (obschon ich die Gegner nicht geringschätzte und großen Feldherren entgegen ging), denn in dem Geiste, der unsere Armee belebt, lag das Gefühl der Nachhaltigkeit."

Der König hatte sich im November 1850 nur sehr schweren Herzens vom General von Radowitz getrennt, als gegen den entschiedenen Widerspruch des Prinzen von Preußen, des späteren Kaisers Wilhelm I., der Kriegsminister General von Stockhausen die Armee für unfähig zum Kriege gegen Österreich erklärt hatte.

Damit fiel die von Radowitz befürwortete Aktionspolitik und dieser selbst. Aber der König hatte wohl die Politik von Radowitz, jedoch nicht ihn selbst aufgegeben, und es ward daher den Freunden des letzteren verhältnismäßig leicht, ihn in eine einflußreiche militärische Stellung zu bringen. Am 3. August 1852 erfolgte, ohne Kenntnis der Kamarilla und des Ministeriums, die Ernennung des Generals zum Militärstudiendirektor. Mitte August begleitete General von Gerlach den König nach Rügen und erfuhr erst dort am 20. durch einen Brief des Flügeladjutanten Major von Manteuffel die fast drei Wochen zuvor in Potsdam vollzogene Ernennung. Gerlach erzählt nun: „Der König gab im Badehause ein großes Prediger= diner, wozu Manteuffel (der Ministerpräsident) kam, der außer sich über Radowitz war, aber doch deswegen nicht den Abschied nehmen wird. Ich sagte ihm, er müsse auf Satisfaktion dringen, einen Gedanken, den ich noch mehr ausbilden werde . . . ." Aus den Aufzeichnungen der folgenden Tage geht hervor, wie lebhaft die Angelegenheit die Umgebung des Königs beschäftigte, es werden allerlei Mittel und Wege erwogen, um das Wiedererstarken eines Einflusses von Radowitz zu verhindern. Aus Sanssouci, 4. Sep= tember, verzeichnet Gerlach: „. . . . Ich sagte Manteuffel, ich würde alles thun, um ihn im Amte zu erhalten, glaubte aber, daß es zweckmäßig wäre, wenn er vom König eine Satisfaktion, ein neues Bekenntnis zu ihm verlangte; dieser Ansicht traten Stolberg und Nostitz bei . . ." Weiter: „Berlin, 6. September. Manteuffel, um 6 Uhr bestellt, trägt dem König seine Absicht mit der Ordre vor, die ihm eine Satisfaktion gegen Radowitz gewähren sollte. Der König ist, wie Manteuffel sagt, damit einverstanden." Vier Tage später wird dann diese „Satisfaktionsordre" vollzogen. Gerlach erwähnt sie nicht weiter, sondern notiert nur, was zur Charakteristik der damaligen Verhältnisse hier Platz finden möge: „Sanssouci, 12. Oktober. Der Kaiser von Rußland wirft Stolberg und mir vor, daß wir Radowitz' Anstellung zugegeben, er hält es gewiß für unglaublich, daß wir nichts davon gewußt haben."

Die erwähnte Ordre lautete: „Ich finde es nötig, daß dem

Ministerpräsidenten, mehr als bisher, eine allgemeine Übersicht über die verschiedenen Zweige der inneren Verwaltung und dadurch die Möglichkeit gewährt werde, die notwendige Einheit darin seiner Stellung gemäß aufrecht zu erhalten und Mir über alle wichtigen Verhaltungsmaßregeln auf Mein Erfordern Auskunft zu geben. Zu dem Ende bestimme Ich folgendes: 1. Über alle Verhaltungs=maßregeln von Wichtigkeit, die nicht schon nach den bestehenden Vorschriften einer vorgängigen Beschlußnahme des Staatsministeriums bedürfen, hat sich der betreffende Departementschef vorher, mündlich oder schriftlich, mit dem Ministerpräsidenten zu verständigen. Letzterem steht es frei, nach seinem Ermessen eine Beratung der Sache im Staatsministerium, auch nach Befinden eine Bericht=erstattung darüber an Mich zu veranlassen. 2. Wenn es zu Verwaltungsmaßregeln der angegebenen Art, nach den bestehenden Grundsätzen, Meiner Genehmigung bedarf, so ist der erforderliche Bericht vorher dem Ministerpräsidenten mitzuteilen, welcher denselben mit seinen etwaigen Bemerkungen Mir vorzulegen hat. 3. Wenn ein Verwaltungschef sich bewogen findet, Mir in Angelegenheiten seines Ressorts unmittelbar Vortrag zu halten, so hat er den Ministerpräsidenten davon zeitig vorher in Kenntnis zu setzen, damit derselbe, wenn er es nötig findet, solchen Vorträgen bei=wohnen kann. — Die regelmäßigen Immediatvorträge des Kriegs=ministers bleiben von dieser Bestimmung ausgeschlossen."

Diese Ordre von 1852 ist lediglich der politischen und per=sönlichen Gegnerschaft der damaligen Kamarilla und des Minister=präsidenten gegen den General von Radowitz entsprossen, ein beim General von Gerlach entstandener und „weiter ausgebildeter Gedanke", eine „Satisfaktion" dafür, daß der König dem ihm nahestehenden Radowitz eine Stellung gegeben, die ihn in seine Nähe berief, ohne die Kamarilla zu befragen. Die Ordre, das von Gerlach gewünschte „Bekennen des Königs zu Manteuffel", hatte somit in der Absicht des letzteren zugleich den Zweck, zu verhindern, daß Radowitz durch einen Minister wieder Einfluß im Rate des Königs gewinne. Daß der vortragende Generaladjutant dem Ministerpräsidenten versprechen konnte: „er werde alles thun, um ihn im Amte zu erhalten", ist nicht minder charakteristisch für die damalige Stellung des Ministeriums, welches eigentlich von der Kamarilla geleitet und regiert wurde.

Das Organ, in welchem die politischen Militärs sich ein Rendezvous gaben, war die „Neue Preußische Zeitung". General von Gerlach stand mit dem Chefredakteur Herrn Wagener in dem intimsten Verkehr und unterhielt mit demselben eine umfangreiche Korrespondenz. Wir sind in der Lage, hier einige Proben aus dem Briefwechsel zu geben:

„Lieber Freund! Könnten Sie nicht mit einer Philippika gegen die leichtsinnige Art, wie man in Deutschland die Möglichkeit eines Krieges behandelt, losgehen? Dies geschieht von allen Seiten, ohne daß man bedenkt, daß ein Krieg notwendig der Bund des einen Teils mit der Revolution werden muß, eigentlich beider Teile, was sich schon in der Haltung der Zeitungen vorspiegelt. Dann ist noch aufmerksam zu machen, daß die Schwarzenbergsche Politik schon durch einseitiges Bündnis mit Österreich notwendig zum Rheinbunde führt, an den die Fürsten schon alle denken, und daß es Österreich doch nicht gleichgültig sein kann, die Franzosen mitten in Deutschland zu haben, wenn sie eben über die Alpen gehen und sich mit dem revolutionären Emanuel verbinden, um die Lombardei anzugreifen und Italien von neuem zu revolutionieren. Leo ist fest überzeugt, daß Italien noch einmal ganz der Revolution erliegen muß. Ihre Apologieen der preußischen Politik contra Union und Rad. sind sehr gut. Die Rundschau erkennt aber Österreich viel zu sehr an. Verzeihen Sie meine unverlangten Ratschläge. Die Zeiten sind sehr böse, obschon die jetzige Krisis noch nicht hoffnungslos zu nennen ist. Ihr treuergebener Freund Leopold von Gerlach. Sanssouci, 26. Oktober 1850."

„Verzeihen Sie, wenn ich mich wieder einmal in Ihre Redaktionsangelegenheit mische. Radowitz hat heute seine Entlassung erhalten. Manteuffel übernahm interimistisch das auswärtige Ministerium. Die Dinge haben sich schneller entwickelt,

als ich es erwartete. Diesen Ausgang aber mußten sie nehmen.
Hoffentlich kommen die Parteien nun allmählich in ein richtiges
Geleise. Mein Rat ist zunächst, Radowitz und in ihm den König
zu schonen. Ja, ich gebe anheim, vielleicht noch mehr zu thun.
Wie die Dinge jetzt liegen, giebt es in den politisch = diplomatischen
Regierungskreisen Deutschlands jetzt drei Parteien, nicht zwei, wie
man irrig und der guten Sache nachteilig annimmt: 1. die
Preußische, bisher unionistische, die etwas von diesem unierenden
Charakter notwendig wird beibehalten müssen, obschon ohne Ver=
fassung vom 28. Mai, welche nur dazu gedient hat, den natürlichen
preußischen Einfluß zu zerstören; 2. die Österreichische, auf die
Negative gestellt, stets verhindernd, daß sich in Deutschland etwas
Positives bildet, was einen ihnen unbequemen Einfluß in Österreich
gewinnen könnte; 3. die Rheinbundpartei, die mächtig geworden
ist durch Spaltung von Preußen und Österreich. Sie arbeitet
ganz im Geleise des alten Rheinbundes. Im Innern will sie
die damalige absolutistische Souveränität, im Äußern Vergrößerung
auf Kosten Preußens, wenn es geht, und der kleinen Staaten.
Sie scheut nicht nur nicht, sondern wünscht das Bündnis mit Frank=
reich erneuern zu können. Der Kern dieser Partei ist der alte
Rheinbund: Bayern, Württemberg, Darmstadt, Baden, dazu ge=
hört Sachsen, gar nicht Hannover und Braunschweig. Unser
Freund Hassenpflug hat sich ganz unnatürlicherweise dazu ein=
fangen lassen, so daß er nichts dabei findet, wenn Frankreich in=
folge eines Bundesbeschlusses die Rheinprovinzen besetzte. Solch
ein Bundesbeschluß ist aber gar nicht unmöglich, wenn man die
Teilung Badens (zunächst wegen der Sponheim = Ansprüche) zu
Gunsten von Bayern, Württemberg, Hessen=Darmstadt zugiebt,
Sachsen seine alten Lande wieder zuteilt u. s. w. Österreich kann
und wird mit dieser Partei gehen, bis daß es sich mit Preußen
geeinigt und nicht durch die Revolution in Italien gedrängt wird.
Ein König oder Kaiser in Frankreich führt zur offenen Allianz
mit den alten Rheinbundfürsten, die nur durch den Dualismus in
Deutschland, verbunden mit der Einigkeit Österreichs und Preußens,

niedergehalten wurde. Diese Rheinbundpartei ist das schlechte Element in Deutschland, das rücksichtslos durch die Presse und durch die Politik bekämpft werden muß. Legen Sie diese Notizen an das, was Sie von der deutschen Sache wissen und darüber gedacht haben, so glaube ich, daß wir einig sein werden gegen den Feind, den man angreifen muß. Mit alter Liebe und Verehrung Ihr Leopold von Gerlach. Sanssouci, 3. November 1850, abends."

„Teurer Freund! Ich muß Ihnen wieder, vielleicht unnütz, aber zur eigenen Herzenserleichterung, Notizen und Ratschläge zuschicken. 1. Wenden Sie allen Ihren Einfluß an, daß die Deputierten das Ministerium und namentlich Manteuffel halten. Leider ist es in sich nicht stark. Aber Manteuffel ist offenbar die Hauptperson, sein Fall ist der Sieg der Gothaer. 2. Der Krieg mit Österreich ist unser Unglück, er ist Allianz mit der Revolution, die uns im Innern vernichtet, die Armee spaltet, und zu einem endlichen, vielleicht noch dem besten Ausgang, zu einer russischen Restauration führt. Wie gnädig wäre eine göttliche Fügung, welche uns nötigte, Front gegen das demokratische Frankreich zu machen. Die Franzosen haben die Reserven von 1847 zur Armee berufen, heben 110000 Rekruten aus und ziehen bei Straßburg eine Armee zusammen. Wäre es nicht wichtig, von diesen Maß=regeln laut und viel in der ‚Kreuzzeitung‘ zu sprechen? Die Nachrichten sind zuverlässig. Mit großer Liebe und Verehrung Ihr Leopold von Gerlach. Potsdam, 19. November 1850."

„Anbei, mein verehrter Freund, erhalten Sie zwei Beiträge von dem Wiener Korrespondenten. Der über die Fideikommisse ist schwach, der ungarische Brief aber interessant. Der Korrespondent verdient, wie ich das Ihnen schon gesagt, Rücksicht, er ist ein sehr angesehener unterrichteter Mann und unbedingter Verehrer Ihrer Zeitung. Es wäre sehr an der Zeit, den Herrn von Auerswald, den Alfred, ehemaligen Minister des Innern, etwas zu verarbeiten mit seinen Antecedentien vom Landtage 1847, mit denen er die Revolution gefördert, mit seiner erbärmlichen Unentschlossenheit als Minister und damit, daß er jetzt die Dreistigkeit hat, einer ruhigen Kammer gegenüber sein altes Spiel wieder zu beginnen. Dann möchte ich Ihnen eine kleine Direktive in der so wichtigen deutschen Sache geben. Die Politik vom Grafen Brandenburg ist 1. die Versprechungen des Königs zu erfüllen, weil er glaubt, daß die Nichterfüllung die Macht der Revolution vermehrt; sodann 2. Aufrechterhaltung der Königlichen Autorität unter allen Umständen als höherstehend wie Kammern, Repräsentation u. s. w., daher Zuversicht, den Übergriffen der Kammern entgegentreten zu können, also auch dem Reichstage; 3. Hoffnung, daß bei dieser Politik die öffentliche Meinung ihm bei der Restauration zu Hilfe kommen muß. Daher würde Graf Brandenburg sich über das Nicht= zustandekommen des Reichstages und über das Auseinanderfallen des Dreikönigsbundes trösten, indem dann nach seiner Ansicht der König sein Wort gelöst hätte und nun wieder frei dastände. — Ich will diese Politik nicht unbedingt billigen, sie greift gewisser= maßen in das göttliche Regiment ein und ist in ihrer Anwendung hin und wieder roh und plump; aber Sinn hat sie. — Das Ministerium bildet sich ein, die Wahlen zum Reichstage würden konservativ ausfallen, woran ich und selbst Leute auf dem polizei= lichen Standpunkte zweifeln. Zu einer Verständigung mit Öster= reich habe ich Hoffnung. Ihr treuergebener Leopold von Gerlach."

Zur Zeit des Krimkrieges stand die Kamarilla vollständig auf russischer Seite und erfreute sich der besonderen Gunst des Herrn von Westphalen, der vom Scheitel bis zur Sohle russisch war und nicht aufhörte, den General=Polizeidirektor von Hinckeldey mit Reskripten gegen die Volkszeitung aufzuhetzen, weil sie das befreundete Rußland schmähe und in sehr gefahrvoller Zeit zum Haß aufreize. Hin und wieder hatte der Verleger der Volks= zeitung, Franz Duncker, Gelegenheit, sich über diese, von keinem Gesetz gestützten Verfolgungen bei dem Ministerpräsidenten Herrn von Manteuffel zu beklagen. Aber dieser konnte gegen die Rußen= partei in der That nicht viel ausrichten. Da war Hinckeldey ein anderer Mann. Er war westmächtlich gesinnt und wütend gegen die Kreuzzeitung und ganz besonders gegen seinen Chef, den Minister von Westphalen. Er ließ zuweilen Franz Duncker wissen, daß sich die Volkszeitung für einige Zeit in acht nehmen müsse, weil wieder etwas gegen sie im Werke sei. Eines schönen Tages ließ er ihn sogar durch einen reitenden Schutzmann eiligst holen, zeigte ihm in großer Aufregung ein neues Reskript Westphalens, das ihn anwies, die Volkszeitung zu konfiszieren, die fortdauernd eine befreundete Macht beschimpfe. „Nehmen Sie sich ein paar Tage in acht!" rief er aus; „schimpft mir aber heute die Kreuzzeitung auf die uns befreundeten Westmächte, so laß ich sie wahrhaftig konfiszieren." Und richtig, die Kreuzzeitung ging gerade an diesem Tage in die Falle und wurde konfisziert. Solche Merkmale der inneren Anarchie steigerten sich dermaßen, daß sich im Jahre 1855 der sehr konservative Herr von Gerlach, jüngerer Bruder des Generals, in der Kammer darüber beklagte und eine Rede zu Gunsten der Preßfreiheit hielt.

Als bei einer anderen Gelegenheit die Kreuzzeitung dreimal hintereinander beschlagnahmt und mit Entziehung des Postvertriebes bedroht wurde — denn Hinckeldey war mächtiger als sein vorgesetzter Minister —, da schrieb der einflußreiche Generaladjutant des Königs, Leopold von Gerlach, an den Redakteur: „Verzeihen Sie, wenn ich finde, daß Sie die Beschlagnahme zu wichtig nehmen! Daß Sie darüber empört sind, ist ganz natürlich, ich bin es auch; aber darum dürfen Sie doch nicht sofort vor diesem Angriff eines Polizei-Offizianten das Gewehr strecken; Ihre Zeitung hat dadurch ein offenkundiges Zeugnis ihrer Unabhängigkeit erhalten. Hier ist das Mögliche geschehen und entschieden für Sie Partei genommen worden. Ich bin auch überzeugt, daß man es so leicht nicht noch einmal versuchen wird." Und der Generaladjutant schließt mit der Mahnung: „Geben Sie nicht einen Kampf auf, in dem Sie mehr Erfolg gehabt haben, als Sie und ich nun erst recht erwarteten!" Bei einer ähnlichen Gelegenheit schreibt derselbe General von Gerlach: „Ich bitte Sie, wie können Sie sich wundern, wenn Ihnen als Redakteur der ‚Kreuzzeitung' so etwas begegnet? Als Sie im Juli 1848 die Kreuzzeitung ins Leben riefen, sahen Sie denn da nicht voraus, daß Sie von Ministern und Königen nicht allein im Stich gelassen, sondern verfolgt werden würden? ... Wie können Sie sich wundern, daß der Freund auf Sie schießt, wenn Sie ihn angreifen? ... Saubere Freiheit! Alles darf insultiert werden, aber den Beamten darf man die Wahrheit nicht sagen." Der Generaladjutant des Königs schloß mit den Worten: "Übrigens dürfen wir auch nicht vergessen, lieber Wagener, daß die Beamten ein von Preußen untrennbares Übel sind, und daß wir sie bis zu einem gewissen Grade dulden müssen, ja die Beamten noch immer besser sind als die Eindringlinge à la Hansemann, Wilde und Cie. Ich erinnere an die Zeiten von Rado-witz, die noch schlimmer waren wie die jetzigen, wo Herr v. Hinckel-dey einen erbärmlichen Krieg gegen Sie führt. Die Stunde dieses letzteren wird aber ebenso gut schlagen, wie die von Radowitz, und schon in dem letzten Gefecht gegen ihn haben Sie den Platz be-hauptet. Wenn Sie zu diesem allen noch hinzurechnen, daß uns geboten ist, dem Herrn, auch dem wunderlichen, unterthan zu sein, als wäre es Christo, so verstehe ich wirklich nicht, wie Sie Ihre Vorsätze rechtfertigen wollen. Daß ein Land, wie das unsrige, kaum imstande sein kann, eine freie Presse zu ertragen, das führen Sie selbst in der letzten Nummer Ihrer Zeitung, die ich gelesen, aus, aber dessen ungeachtet ist es Pflicht, das so lange als möglich zu versuchen. Ob der König eine Kreuzzeitung haben will, ist nicht entscheidend, will er es nicht, desto schlimmer; desto größer aber auch die Pflicht, sie ihm aufzudrängen.

Sie haben viel Not, viel Kummer, viel Täuschung in Ihrem schweren Beruf erlebt, aber doch auch viel Trost, viel Ruhm, viel Erfolg. Einen anderen Lohn habe ich nie für Sie erwartet, er war für den, welcher unsere Geschichte von 1815 bis 1848 kennt, sehr unwahrscheinlich.

Verzeihen Sie meine freimütige Expektoration und seien Sie von meiner aufrichtigsten Teilnahme, Liebe und Verehrung über-zeugt, mit der ich stets sein werde Ihr treuergebener."

Der schließliche Eindruck aller der in Gerlachs Denkwürdig-

keiten geschilderten, oft täglich wechselnden Situationen und An=
schauungen ist der, daß Preußen dem westmächtlich = österreichischen
Bunde gegen Rußland im Krimkriege beigetreten sein würde, wenn das
verantwortliche preußische Ministerium die Geschäfte allein und un=
abhängig geführt hätte, daß Preußen vielleicht, und wir müssen sagen:
wahrscheinlich, wenn nicht ein Bündnis, so doch einen wohlwollenden
Neutralitätsvertrag mit Rußland abgeschlossen hätte, wenn die „Ka=
marilla" in specie der das Amt eines Kabinettsmeisters versehende
Generaladjutant von Gerlach allein die Entscheidung in der Hand gehabt
hätte. Daß Preußen während des ganzen Krieges seine Neutralität
durch alle Gefahren, denen sie ausgesetzt war, bewahrt hat, erscheint
wesentlich als ein Ergebnis der persönlichen Politik des Königs,
der dem Bruche mit Rußland ebenso abgeneigt war, wie der Gefahr,
von den Westmächten die Rheinprovinz angegriffen und die preußi=
schen Häfen blockiert zu sehen. Wir glauben, daß der König in
dieser Richtung den Interessen Preußens, dem er die Opfer des
Krieges oder auch nur die der Rüstung ersparte, den besten Dienst
geleistet hat. Wir glauben, daß dieser Eindruck noch allgemeiner
gewürdigt werden würde, wenn Preußen auf seine Zulassung zu
den Wiener Konferenzen, von denen es ausgeschlossen blieb, und
zu den Pariser Friedensverhandlungen, zu denen es in würdeloser
Weise zugelassen wurde, weniger Gewicht gelegt hätte. Es würde
für Preußens weitere Stellung in Europa vielleicht nützlicher ge=
wesen sein, wenn es nicht zu den Mächten gehört hätte, die den
Inhalt des Pariser Friedens mitunterzeichnet und also gleichsam
verbürgt hatten. Preußen hatte an der Gestaltung der orienta=
lischen Dinge nicht das gleiche Interesse wie die übrigen großen
Mächte, und seine Würde als Großmacht beruhte auf seiner mili=
tärischen Leistungsfähigkeit, nicht auf seiner Teilnahme an den
Pariser Verhandlungen, namentlich nicht unter der Bedingung
einer für das preußische Selbstgefühl wenig erhebenden Form der
Zulassung.

Vor drei Jahren ist auch der Briefwechsel des Generals
Leopold von Gerlach mit dem Bundestagsgesandten Otto von Bis=

marck erschienen. Er bildet eine willkommene Ergänzung zu den
Denkwürdigkeiten des Generals. Für die Kenntnis der inneren
Zustände Preußens während der fünfziger Jahre enthält die
Sammlung sehr viele wertvolle Einzelheiten, da das Bild von den
schwankenden Verhältnissen am Hofe Friedrich Wilhelms IV. durch
diesen Briefwechsel wieder neue und bisher unbekannt gebliebene
Züge erhält. Es ist das unablässige Aufbäumen der Gerlachschen
Hofclique und des mit ihr anfangs befreundeten preußischen Bundestagsgesandten Bismarck gegen den Ministerpräsidenten Otto v. Manteuffel, dessen büreaukratischer Liberalismus, wie General v. Gerlach
sich ausdrückt, ihnen ein wahrer Greuel ist. Der General verständigt den Gesandten hinter dem Rücken des leitenden Ministers
von allen Vorgängen am Hofe, im Kabinett, von allen Wand-
lungen in den Anschauungen des Königs, und der Gesandte infor-
miert wieder den General ebenfalls hinter dem Rücken des Ministers über die beste Methode, sich des unbequemen Ministers zu
entledigen. Aus der Poschingerschen Depeschensammlung wissen
wir, daß Manteuffel gegen die damaligen Anmaßungen Österreichs
doch nicht so unempfindlich war, wie die öffentliche Meinung es
dem „Mann von Olmütz" zuschrieb, daß er vielmehr häufig dem
energischen Rate des Herrn von Bismarck folgte. Aber zwischen
seiner büreaukratischen Natur und dem Übermut der Feudalpartei
waren die Konflikte desto heftiger. Über die unheimlichen Gebrüder
Gerlach und den gefährlichen Bismarck flammte der Zorn Manteuffels oft lichterloh auf. Leopold von Gerlach muß eine merkwürdige
Vorstellung von Subordination und von Unterordnung unter die gewöhnliche Verwaltungspraktik gehabt haben, wenn er Berichte, die
eigens für den König bestimmt waren, zur Kenntnisnahme seinem
Freunde nach Frankfurt schickt und dabei um die „vorsichtigste Dis-
kretion für seine eigene Indiskretion bittet". Aber es muß auch davon
etwas bis in das Arbeitskabinett des Ministers durchgesickert sein,
denn der General von Gerlach ist über diesen anscheinend vorliegenden
Vertrauensbruch in heller Verzweiflung. Er fragt Bismarck ganz direkt:
„Woher weiß Manteuffel, daß Sie mir einmal einen Bericht von Luchl

mitgeteilt hatten? Woraus er gegen mich die sonderbare Beschuldigung schöpfte, daß ich Privatkorrespondenzen kontrolliert habe." Gerlach will darüber klipp und klar Antwort haben und er ruft seinem Frankfurter Freunde eine Stelle aus seinem Briefe ins Gedächtnis, worin es heißt: „Lassen Sie sich nur nicht Mißtrauen gegen mich beibringen; gegen den König und gegen Sie bin ich à toute épreuve ehrlich." Das ist eine Art von Seitenstück zu dem späteren geflügelten Worte Bismarcks, daß er „amtlich" nie die Unwahrheit sage. Über diese Geschichte muß es zwischen Gerlach und Manteuffel zu einer harten Szene gekommen sein, denn er schreibt darüber an Bismarck: „Ich bin über diese Dinge mit Manteuffel so aneinander gewesen, daß der entschiedenste Bruch nahe war. Als ich aber sah, daß Sie und noch andere in die Sache verwickelt waren, überlegte ich mir die Situation ruhig und kalt und beschloß besonders auch wegen des Königs, meinen Konflikt mit dem Premier nicht auf die Spitze zu treiben, sondern für den König, meinen Herrn, lieber etwas Schmach auf mir sitzen zu lassen ... Lange aber hält das geflickte hiesige Wesen doch nicht mehr. Manteuffel ist gegen ‚die kleine, aber mächtige Partei' erbittert. Der einzige Kämpe, den er dieser Partei entgegenstellt, ist aber Quehl, wenn es ihm nicht gelingt, noch andere zu finden." Aber Manteuffels Mißtrauen ist nun einmal nicht zu beschwichtigen. Er läßt den verdächtigen Gesandten scharf durch allerhand Hintertreppenleute beaufsichtigen, so daß Bismarck in volle Entrüstung gerät: „.... wenn die Polizei nichts besseres zu thun hat, als über die Gesandten zu spionieren und sich Lügen über deren Treiben aufbürden zu lassen, so hole sie der .... Ich lasse mir das nicht gefallen und werde mich bei Sr. Majestät über Hinckeldey beschweren, mag er dann seinen Gewährsmann nennen oder mir selbst Rede stehen!" Und auf diesen Ausfall gegen Hinckeldey antwortet dann Gerlach umgehend: „Es wäre sehr gut, wenn diesen Polissonnerieen ein Ziel gesteckt würde, denn es wird damit ein unverzeihliches Elend getrieben. Es ist immer ein Zeugnis von Fäulnis »that something is rotten in the state of Den-

mark«, wenn so etwas vorherrscht. Täglich wird der Beweis
geliefert, wie schwach die Polizei ist und täglich wird ihr wieder
unbedingtes Vertrauen geschenkt .... Gern schriebe ich Ihnen
von dem hiesigen Stand der Dinge .... Es scheint aber noch
nicht zur Krisis zu kommen, und darum ist nichts neues darüber
zu sagen. Traurig ist's, daß im Innern des Konseils alles gegen
einander ist. Manteuffel ist gegen die Kamarilla u. s. w." Dieser
Brief ist vom 11. August 1853 datiert.

Inzwischen haben die orientalischen Dinge einen immer be-
drohlicheren Verlauf genommen, und Bismarck hat, entschieden
durch die Entwickelung dieser Angelegenheit beeinflußt, seinen Tag
von Damaskus gefunden. Aus dem Verehrer Österreichs und
seiner Politik ist ein grimmiger Gegner geworden. „Österreich,"
so ruft er seinem Freunde zu, „mißbraucht den Bund und nützt
ihn dadurch ab, er soll Mittel sein, unsere Entschließungen in
Deutschland zu neutralisieren und auf uns selbst malgré nous zu
wirken, nicht deutschen, sondern österreichischen Interessen soll er
dienen, und jede Abwehr und Zurückhaltung Preußens diesem
Streben gegenüber wird mit einem pharisäischen Befremden als
‚Verrat an der deutschen Einheit' stigmatisiert. Die guten Österreicher sind wie der Bruder Zettel im Sommernachtstraum. Sie
haben im Orient ihr Kreuz zu tragen, wollen in Italien die
große Rolle spielen und in Deutschland auch den ‚Löwen' machen
und für die europäische Politik über uns disponieren, ohne uns
in der deutschen ein Gott vergelt's zu sagen. Wir begehen dabei,
wie mir scheint, stets den Fehler eines blöden Jungen, der sich
von seinem an Arroganz und Pfiffigkeit überlegenen Kompagnon
überzeugen läßt, wie unrecht er thut, sich nicht zu opfern. Bei
allen unverschämten Zumutungen sagen wir niemals: das will ich
nicht, weil es mir nicht konveniert, sondern als ob wir kein Recht
auf eigene Meinung, keine eigenen mit Österreich oder anderen
Bundesstaaten kollidierenden Interessen hätten, erklären wir uns
mit allem einverstanden und suchen Hinterthüren, um aus der
Sache mit blauem Auge davonzukommen."

3*

Man sieht hieraus, daß Herr von Bismarck in verhältnis=
mäßig kurzer Zeit seine Wandlung in der Auffassung der öster=
reichischen Politik und des Verhältnisses derselben zu Preußen
durchgemacht hatte. Die Zeit, da er noch Junkerkonspirateur war,
wie Bismarck später von sich spöttelnd aussagte, war schon 1853
unwiederbringlich vorüber.

Wie die Korrespondenz des Herrn von Gerlach und seiner
politischen Freunde überwacht wurde, bezeugt der Depeschen=Dieb=
stahl, über den wir in H. Wagener's „Erlebtes" lesen:

„Um dies seinerzeit höchst sensationelle Ereignis überhaupt
zu verstehen, muß man wissen, daß unsere auswärtige Politik
damals in einer etwas eigentümlichen und abnormen Weise be=
trieben wurde. Ein sehr unterrichteter, hochgestellter Diplomat
sagte mir damals: Unsereiner ist heute in einer sehr prekären
Lage. Des Morgens erhalten wir eine Depesche aus dem Aus=
wärtigen Amt, am Nachmittage vom General=Adjutanten und des
Abends noch von Sr. Majestät selbst, und zwar Depeschen, die
fast niemals untereinander übereinstimmen und häufig sich sogar
widersprechen. Vorsichtige Leute warten deshalb mit ihrer Aktion
immer bis zum Abend und man gewöhnt es sich dabei allmählich
an, auf eigene Hand Politik zu treiben. Leicht begreiflicher Weise
hatte man deshalb im Auswärtigen Amt ebensowohl ein lebhaftes
Interesse, als den relativ berechtigten Wunsch, über den Inhalt
der neben den eigenen hergehenden Depeschen näher unterrichtet zu
werden, und hatte man leider — wie man damals annahm, durch
Vermittelung der Polizei — auch Persönlichkeiten gefunden, welche
sich auf eine nicht näher zu bezeichnende Weise in den Besitz einer
Abschrift der fraglichen Schriftstücke zu setzen wußten. Wie das
nicht weiter befremden kann, suchten die betreffenden Attentäter
ihre nicht ganz ungefährliche Thätigkeit so hoch als möglich zu
verwerten und hatten sich deshalb auch mit dem damaligen franzö=
sischen Botschafter in Verbindung gesetzt und diesem ebenfalls Ab=
schrift der wichtigeren Depeschen offeriert, ein Anerbieten, auf
welches dieser natürlich mit Vergnügen einging. Wie überall, so

wuchs auch hier der Appetit mit dem Essen und man beschränkte
sich bald nicht mehr auf die Depeschen, welche von hier abgingen,
sondern man dehnte seine Industrie auf alles aus, dessen man
habhaft werden konnte. Unter diesen Schriftstücken war natürlich
ein eigenhändiges Schreiben des Kaisers Nikolaus an Se. Majestät
den König Friedrich Wilhelm IV., welches ein Mitglied des Geheimen Zivilkabinetts in schwer entschuldbarer Sorglosigkeit auf
seinem Schreibtische hatte liegen lassen, von besonderem Werte.
In diesem Schreiben machte der russische Kaiser dem Könige eingehende Mitteilungen über die Lage in Sebastopol und bemaß den
Zeitraum, auf wie lange man sich noch werde halten können, —
Mitteilungen, welche den Franzosen um so willkommener waren,
als ihre eigene Lage vor Sebastopol ebenfalls nicht beneidenswert
war und man schon mit dem Gedanken umging, die Belagerung
aufheben zu müssen. Natürlich ward der Kaiser Napoleon sofort
von dem Inhalte dieses Schreibens verständigt, und darf deshalb
die Eroberung von Sebastopol mit Fug auf diesen Depeschendiebstahl zurückgeführt werden." Die Voß'sche berichtet 1896:

„Ein gewisser Techen, ein vornehm aussehender Mann mit
schneeweißem Haar, machte sich mit den Dienern des Generaladjutanten v. Gerlach bekannt, stellte sich ihnen als Kunstliebhaber
vor, der gern die Merkwürdigkeiten und schönen Bilder des
Generals in Augenschein nehmen möchte, spendete freigebig Bier
und Wein und gewann schnell als reicher Sonderling die Gunst
der Lakaien. War der General abwesend, so durfte er die Zimmer
betreten, ein Wachsabdruck vom Schloß des Schreibtisches war
bald abgenommen, und nun hatte Herr Techen auch die geheimen
Briefschaften des Vertrauten des Königs. Zwar wurde er von
dem Diener ertappt, als er das Schreibpult öffnete. Aber da
erklärte er ruhig, im Auftrage hoher Herren zu handeln. Und
die Diener waren schon seine Mitschuldigen. Folglich konnte er
seine staatsrettende Aufgabe unschwer durchführen. Er stahl so
gut bei dem General von Gerlach, wie bei dem Kabinettsrat
Niebuhr, und die Briefe oder Abschriften wanderten erstlich an

den französischen Gesandten und zweitens an den Ministerpräsidenten von Manteuffel."

Wir kennen den Wortlaut der Rechtfertigungsschrift, die der in diese Angelegenheit verwickelte erste Direktor der Oberrechnungskammer, Seiffart, der Regierung eingereicht hat. Daraus geht hervor, „daß Herr Techen im Solde des Herrn von Manteuffel sein Wesen trieb". So heißt es wörtlich in der Eingabe. Herr Seiffart selbst sah Briefe des Grafen Münster, des Generals von Gerlach, des Kabinettsrats Niebuhr und des Redakteurs Lindenberg über den Prinzen von Preußen. Dieser Bericht Lindenbergs enthielt solche „gehässige Verleumdungen" des Prinzen, daß Seiffart den Inhalt dem Geheimrat Borck, dem Sekretär des Prinzen, mitteilte. Der Prinz, der spätere Kaiser Wilhelm 1., war der Rechten längst verdächtig; sie ließ ihn durch den Zuchthäusler Lindenberg überwachen, und Herr Lindenberg sandte seine frechen Berichte an den Generaladjutanten des Königs. Durch die Briefdiebstähle erhielten sowohl Herr von Manteuffel wie der Prinz von diesen Dingen Kenntnis, und der Zorn des Prinzen erzwang die Untersuchung durch den Staatsgerichtshof, der Techen zu zehn Jahren Zuchthaus und Lindenberg zu einem Monat Gefängnis und Verlust der Nationalkokarde verurteilte.

Näher auf diesen Prozeß einzugehen, liegt heute kein Anlaß vor. Es soll auch nicht ausführlich erzählt werden, wie die „Kreuzzeitung" nach wie vor Lindenberg pries und ihm seine Strafe im Gnadenwege erlassen wurde. Nur die Thatsache soll betont werden, daß der Ministerpräsident von Manteuffel sich ein ganzes Jahr lang Papiere hatte zutragen lassen, von denen er wußte, daß sein Spion sie nur auf „bedenkliche Weise" durch Vertrauensbruch, Bestechung und Diebstahl hatte erlangen können.

Daß die Polizei Herrn Techen dem Herrn von Manteuffel empfohlen hatte, ist allerdings nicht richtig. Herr Wagener war auf Herrn von Hinckeldey schlecht zu sprechen, da der allmächtige General-Polizeidirektor nicht immer in das Horn der „Kreuzzeitung" stieß, sondern sie mitunter sogar beschlagnahmen ließ.

Er war vielleicht deshalb geneigt, den Hauptteil der Verantwort=
lichkeit für die Begünstigung der Diebstähle auf Hinckeldey zu
wälzen; thatsächlich hatte Hinckeldey erst lange nach Herrn von
Manteuffel von der Thätigkeit des Herrn Techen erfahren. Das
weiß man heute genau aus den Aufzeichnungen des Polizeidirektors
Stieber, der die polizeiliche Untersuchung gegen Techen geleitet hat.
Techen stahl bei dem Generaladjutanten von Gerlach und dem
Kabinettsrat Niebuhr, was er fand, nahm auch Abschriften von
den sorgfältig geführten Tagebüchern Gerlachs und trug alles
Material Manteuffel zu. Herr Stieber bezeugt, daß der Minister=
präsident durch Techen Kenntnis von der Art des Erwerbes dieser
Schriftstücke erhalten habe; im Zweifel konnte Herr von Manteuffel
ohnehin nicht sein.

Unter den entwendeten Briefen der Herren Niebuhr und
von Gerlach befanden sich auch mehrere, die Schmähungen gegen
Hinckeldey enthielten. Diese benutzte Manteuffel, um sich einen
Bundesgenossen gegen die Kamarilla zu schaffen; er veranlaßte
Techen, die Briefe Hinckeldey zu bringen, ohne ihn merken zu
lassen, daß er von dem Ministerpräsidenten abgeschickt sei; er sollte
scheinbar aus eigenem Antrieb seine Dienste anbieten, um zu ein=
träglichen Geschäften verwandt zu werden. „Dies gelang ihm
auch, und er erstattete stets über seine geschäftlichen Verhandlungen
mit Hinckeldey an den Ministerpräsidenten Bericht." Aber wenn
Herr Techen zweien Herren diente, weshalb nicht dreien? Er
erkannte schnell, daß namentlich die vertraulichen Petersburger
Briefe über den Krimkrieg für Frankreich von unschätzbarem Wert
sein mußten. Er ersuchte den französischen Legationssekretär Rothan
um eine Zusammenkunft in Zehlendorf. Das Zeichen seiner Ein=
willigung sollte eine Anzeige in der „Vossischen Zeitung" sein.
Und am 24. Juli 1855 erschien sie in der „Vossischen Zeitung":
„Ja, am 24. Juli Nachmittag 4 Uhr in Z." In Zehlendorf
aber fand Herr Techen nicht Rothan, sondern den ehemaligen
preußischen Polizeisekretär Hassenkrug, der sich ihm als französischer
Agent vorstellte. Da ihm Techen Mitteilungen verweigerte, kam

Rothan selbst Anfang August; die Zusammenkunft fand im Odeon statt und nun erhielt Techen Summen, wie sie ihm Herr von Manteuffel nie hatte zahlen können. Auf diesem Wege erfuhr Napoleon die schwachen Stellen in den Befestigungen von Sebastopol. Ein eigenhändiger Brief des Zaren Nikolaus an Friedrich Wilhelm IV. über die Lage in der Krim und den Zeitraum, den sich Sebastopol noch halten könne, wurde bei Niebuhr abgeschrieben und Rothan in die Hände gespielt. H. Wagener sagt, daß der Fall von Sebastopol mit Fug auf diesen Depeschendiebstahl zurückzuführen sei. Inzwischen hatte Rothan erfahren, daß sein Agent Hassenkrug auch im Solde der preußischen und der russischen Regierung stehe. Als Rothan in Hassenkrugs Wohnung ihm Geld zu einer Reise nach Paris gab, saß der russische Gesandtschaftssekretär Lukanoff in einem Schrank und hörte die ganze Unterredung an. Rothan warnte Techen, weil er überzeugt war, Hassenkrug werde dessen Beziehungen zu der französischen Gesandtschaft verraten. Also geschah es auch. Hassenkrug aber wußte nicht, daß Rothan seine Beziehungen zu der russischen Gesandtschaft kannte; er nahm von ihm noch einen Auftrag nach Paris an, wo er dann wegen Verrats gegen Frankreich vierzehn Monate eingesperrt wurde. Man muß die Geschichte dieses Treibens bei Stieber selbst nachlesen. Niemand hat die Einzelheiten besser gekannt als er; denn in einer Eingabe an den Minister des Innern vom 17. März 1860 sagt er selbst: „In der Angelegenheit des Potsdamer Depeschendiebstahls habe ich im persönlichen Auftrage Sr. Majestät mannigfache Recherchen sogar gegen den damaligen Ministerpräsidenten und andere hohe Beamte führen müssen...."

Reibereien zwischen der Hofkamarilla und Herrn von Hinckeldey führten zu einer traurigen Katastrophe. Die „Denkwürdigkeiten" des Generals von Gerlach berichten kurz darüber:

„Der König, mit Recht indigniert über das Spielen der Offiziere, befiehlt Hinckeldey, zwei renommierte Spieler aus der Stadt zu schaffen. Mit diesem Befehl entschuldigt Hinckeldey gegen Rochow und den Grafen P. indiskreterweise seine un-

geschickten und willkürlichen Maßregeln gegen den Jokeyklub. Die
beiden Spieler, H. und S., die das erfahren, sind darüber empört
und verlangen Erklärung von Hinckeldey. Dieser leugnet aus
Rücksicht für Sr. Majestät den Befehl ab. Sie gehen nun
Rochow zu Leibe, welcher sich wieder an Hinckeldey hält, diesen
verklagt und ihn so zur Herausforderung nötigt, die Rochow annimmt, obschon eingestandenermaßen nichts damit bezweckt werden
kann, weder eine Genugthuung noch eine Versöhnung. Und nun
der unglückliche Ausgang, den niemand geahnt!"

H. Wagener erzählt in seinem Buche „Erlebtes": Mit der allmählichen Befestigung der inneren Zustände traten leicht begreiflicher
Weise, und wie wir hinzufügen, leider! die früheren preußischen Re-
gierungsmittel, die Büreaukratie und Polizei, wieder mehr in den
Vordergrund, und glauben wir es als den Hauptfehler des Freiherrn
von Manteuffel bezeichnen zu müssen, daß er sich alsbald durch den
Polizeipräsidenten von Hinckeldey überflügeln ließ. Dieser Mann,
ebenso ehrgeizig und rücksichtslos als begabt und energisch, dem es zuerst
gelang, den alten Schlendrian der Berliner Stadtverwaltung zu durch-
brechen, wußte sich bald zu einer maßgebenden Instanz zu erheben,
indem er seinen nächsten Vorgesetzten, den mehr wohlmeinenden als
thatkräftigen Minister von Westphalen, beiseite schob und brüstierte
und zu seiner eigenen Verherrlichung sein eigenes Ressort, die Polizei,
überall in den Vordergrund stellte. Niemals hat die „Kreuzzeitung" dieser Polizeiwirtschaft das Wort geredet, vielmehr haben
wir dem Herrn von Hinckeldey nicht bloß in der Presse, sondern
auch persönlich den entschiedensten Widerstand geleistet, und sind
diese Konflikte, in welche demnächst auch Herr von Manteuffel
durch den Dr. Nino Quehl mit verwickelt wurde, der eigentliche
Grund meines alsbaldigen Rücktritts von der Redaktion der
„Kreuzzeitung" gewesen. Wie weit dies ging, wird man am
besten darnach ermessen, daß eine Zeit lang an meiner Hausthür,
Dessauerstraße 5, zwei Polizeibeamte in Zivil postiert waren, der
eine zur Rechten, der andere zur Linken, von denen mich jedesmal
einer begleitete, wohin ich auch ging. Auf eine betreffende Be-

schwerde erhielt ich nun den Bescheid: Die betreffenden Personen gingen mich gar nichts an, das wäre nur ein Übungskommando. Wir wollten schon damals, was ich auch heute noch will, Wieder=herstellung einer organischen Gliederung des Volksleibes und eine darauf basierte, mit den Lebensbedingungen der preußischen Monarchie in Harmonie zu setzende Selbstregierung. Der tragische Ausgang des Herrn von Hinckeldey selbst ist bekannt, doch hätte derselbe noch lange fortwirtschaften können, wenn er nicht vergessen hätte, daß es in Preußen eine Körperschaft giebt, an welcher sich niemand ungestraft reibt und gegen deren einmütigen Widerstand ihn auch die Gunst des Königs nicht zu schützen vermag — wir meinen das Offizierkorps."

Es mag noch gestattet sein, hier einiges zur Charakteristik der Stellung der Junkerpartei zur damaligen Regierung mit ihren Organen anzuführen. Die Befestigung des napoleonischen Regi=ments in Frankreich und die Art und Weise wie dort regiert wurde, übte auch auf die innere Politik der übrigen europäischen Staaten, insbesondere Deutschlands und Preußens, insofern einen unerwünschten Rückschlag aus, als dadurch die alten absolutistischen Tendenzen neue Nahrung erhielten und die Büreaukratie überall eine fast unüberwindliche Neigung verspürte, die cäsaristische Prä=fektenwirtschaft nachzuahmen und auch anderswo in die Praxis zu übersetzen. „Bekanntlich", sagt Herr Wagener, „fehlt es nirgends an sogenannten politischen Fröschen, d. h. an „Staatsmännern" und Strebern, welche, so lang es schlechtes Wetter ist, sich ruhig unter Wasser halten, bei politischem Sonnenschein und Rückkehr der Sicherheit aber plötzlich auftauchen und nun ihre Stimme um so lauter erheben, um vergessen zu machen, daß man früher nichts von ihnen gehört und gesehen hat. An solchen Amphibien fehlte es denn auch bei uns nicht und es gelang denselben je länger desto mehr, das Ministerium Manteuffel in Bahnen zu drängen, auf denen die Polizeiwirtschaft ihre Triumphe feierte, und die Notwendigkeit ge=sunder Reformen allmählich vergessen wurde. Die Paßplackerei wurde nach und nach eine geradezu unerträgliche und sinnlose, und wir erinnern uns noch eines Vorfalles, wo gelegentlich eines Extrazuges harmloser Sänger nach Eberswalde die Paßrevision auf dem Stettiner Bahnhofe ergab, daß von tausend Personen nur sechs einen Paß hatten, und diese waren bekannte Berliner Taschendiebe. Nichts kann unbegründeter sein, als die Vorwürfe, welche man der „Kreuzzeitung" mit tendenziöser Beharrlichkeit darüber gemacht hat, als ob sie dieser forcierten Polizeiwirtschaft das Wort geredet hätte."

Herr von Westphalen war der „Junkerpartei" schon deswegen unsympathisch, weil er Hinckeldey zu frei schalten ließ. Im übrigen ließ auch er es nicht an Willkürlichkeiten fehlen. Von persönlichem Übelwollen der „Junker" aber war dem Generalpolizeidirektor so wenig als dem Minister gegenüber die Rede. Das Duell Hinckeldey=Rochow hatte mit der Stellung der Partei zur Wirtschaft des Berliner Polizeichefs so wenig zu thun, daß ihm sogar nicht eine Spur von politischem Hintergrunde anhaftete. Aus dem schroffen politischen Gegensatze der „Junkerpartei" zu Herrn von Hinckeldey erklärte sich leicht die langjährige Tradition, welche von einem politischen Morde, den Herr Hans von Rochow begangen habe, von dem Junkertrotze gegen solche obrigkeitlichen Maßregeln, die für bürgerliche Kreise angebracht sein mögen, nicht aber für den Edelmann und seine noblen Passionen, noch heute spricht, eine Tradition, die den Gegner Hinckeldeys sein Leben lang wie eine Furie verfolgt hat, weil er gezwungen war, ein Geheimnis zu wahren, das erst nach seinem Tode bekannt werden sollte.

Prinz Wilhelm, der spätere Kaiser, schrieb über dieselbe Angelegenheit an den General Natzmer: „Die tragische Hinckeldeysche Geschichte ist ungemein traurig. Bei seinen Fehlern war er doch ein seltener Mensch, der viel Übels abgehalten hat, wenn auch nicht alles Übel richtig vermieden. Sein Tod hat ihn populärer gemacht, als er es je bei Lebzeiten war. Der Parteigeist nennt sein tragisches Ende einen politischen Mord. Das ist Unsinn. Der Parteigeist hat es unbedingt zum Duell gebracht, die Kreuzzeitungspartei hatte ihm den Untergang geschworen, weil es wagte, dem König über dieselbe offen zu sprechen; die Animosität, die aus vielen Reibungen zwischen Militär und Polizei entstanden war, hat jene Partei benutzt, um Offiziere und Junkertum gegen Hinckeldey zu hetzen — und hat reussiert. Dies gestattet trübe Blicke in unsere Zukunft!"

Wenn der Prinz in diesen Zeilen den Gedanken an einen politischen Mord einen Unsinn nennt, so glaubt er doch eine gewisse Partei anklagen zu dürfen, daß sie Offiziere und Junkertum gegen Hinckeldey gehetzt habe. Auch das war nicht der Fall. Der Prinz selber kannte den eigentlichen, rein unpolitischen Anlaß des Duells nicht.

Ein Renkontre der „Junker" mit einem subalternen Polizeibeamten gab allerdings den Anlaß zu einem Konflikt mit Hinckeldey, aber das Duell entsprang einem Zwischenfall, der damit nichts zu thun hatte. Bismarck äußerte sich darüber in einem Schreiben an Minister Manteuffel im Monat Juli 1855 aus Frankfurt: „Ich kenne den Vorgang nicht genug, um das Wahre vom Falschen zu unterscheiden. Darüber stimmen aber alle Reisenden überein, daß die Berliner Polizei die gröbste in Europa ist. Ich kann nach meiner eigenen Erfahrung nicht widersprechen. Der Hang zu dienstlicher Arroganz und Grobheit steckt in dem subalternen Teil unserer Büreaukraten. Dergleichen Plackereien sind oft viel bedenklichere Quellen der Verstimmung gegen eine Regierung, als Meinungsverschiedenheiten über Regierungsformen und Budget."

Und im März 1856: „Wie erschütternd ist die Nachricht von Hinckeldeys Tod! Ich weiß über Veranlassung des Duells noch nichts Näheres, wahrscheinlich stammt es wohl von der Jagdklubangelegenheit, obschon ich nicht begreife, wie jene Tölpelei eines subalternen Menschen so ernste Folgen so spät noch hat haben können. In der praktischen Polizei wird Hinckeldey eine fühlbare Lücke lassen; er war, was die Franzosen homme de tête et d'action nennen, und wir haben deren nicht viele."

Wir kommen nun auf Gerlach und seinen Freund Bismarck zurück. Unerquicklich scheint die Stellung des letzteren Ende des

Jahres 1857 dem Hofe gegenüber gewesen zu sein; er schreibt aus Frankfurt vom 19. Dezember 1857:

„In den ersten Jahren meiner hiesigen Stellung war ich eine Art von Günstling, und der Sonnenschein des Königlichen Wohlwollens strahlte mir von den Gesichtern der Hofleute zurück. Das ist anders geworden; entweder hat der König gefunden, daß ich ein ebenso alltäglicher Mensch bin wie alle übrigen, oder er hat Schlechtes von mir gehört, vielleicht Wahres, denn jeder hat seine faulen Stellen unter der Haut; kurz, Se. Majestät hat weniger als früher das Bedürfnis, mich zu sehen, die Hofdamen Ihrer Majestät lächeln mir kühler zu als sonst, die Herren drücken mir matter die Hand, die gute Meinung von meiner Brauchbarkeit ist gesunken, nur der Minister Manteuffel ist freundlicher gegen mich. Das Gefühl davon habe ich seit zwei bis drei Jahren crescendo, ohne mich zu wundern; dergleichen passiert jedem, ändert sich auch wieder."

Die Hofkamarilla hatte angefangen, den Herrn von Bismarck mit anderen Augen anzusehen und ihn beim Könige zu verdächtigen, insbesondere wegen Verleugnung des Legitimitätsprinzips in Bezug auf den Kaiser Napoleon. „Ich bin," so schreibt er an Gerlach, „ein Kind anderer Zeiten als Sie." Die Regentschaftsfrage in Berlin vollendete die Trennung.

Mit Bezug auf die Krankheitsgeschichte Friedrich Wilhelms IV. und auf die Verwandlung der Stellvertretung, während welcher das alte Ministerium Manteuffel beibehalten ward, in die Regentschaft, auf deren Proklamierung alsbald die Entlassung desselben und die Ernennung des liberalen Ministeriums Hohenzollern-Auerswald folgte, ist der Nachweis bemerkenswert, daß man auf Seiten der alten Kamarilla und der reaktionären Partei, bei allem instinktiven Mißtrauen gegen den Prinzen von Preußen, doch über seine Absichten sehr schlecht unterrichtet war; bis kurz vor der Berufung des neuen Ministeriums glaubt Gerlach nicht an ein solches, und Manteuffel samt seinen Kollegen, mit der alleinigen Ausnahme des Ministers des Innern von Westphalen, glaubten ebenfalls, sich

halten zu können, bis der Prinz-Regent sie zur Einreichung des
Entlassungsgesuches direkt aufforderte.

Auch die zweite Verlängerungszeit der Vollmacht des Prinzen,
für den erkrankten Bruder die Regierungsgeschäfte zu führen, nahte
ihrem Ende. Der 13. April stand vor der Thür. Der Streit
in den beiden Parteilagern, ob der jetzige Zustand der Schwebe
fortdauern solle, oder ob eine Regentschaft Platz zu greifen habe,
tobt mit ungehinderter Heftigkeit weiter. Der König erklärt dem
Hofprediger Snethlage, er könne mit einem gebrochenen Geiste
und einem gebrochenen Körper nicht regieren. Doch die Königin
will von der Einsetzung einer Regentschaft, auf welcher der Prinz
unbedingt besteht, nichts wissen. Allenfalls wollte der Prinz in
eine nochmalige Verlängerung der Vollmacht willigen, indessen
unter keinen Umständen auf länger als ein Jahr. Über das,
was später zu geschehen habe, müsse er die Initiative der Minister
erwarten. Gerlach konnte freilich damals nicht wissen, daß der
Prinz Albert, der Gemahl der Königin Victoria, in dieser Richtung bestimmend auf den Prinzen von Preußen eingewirkt hat.
Er wittert nur so etwas Unbestimmtes von dem sich bemerkbar
machenden englischen Einfluß. Er vermutet, die Prinzessin von
Preußen stecke dahinter, „diese merkwürdige Frau, die so vieles
ergreift, aber alles mit Energie und mit einer Leidenschaftlichkeit".
Gerlach geht daher mit sich zu Rate, ob er seine Stellung nicht
lieber aufgeben solle. Andererseits hält er sich in seinem Gewissen
verbunden, bei dem kranken Könige zu bleiben, um alle störenden
Einflüsse von ihm nach Kräften abzuwenden und, wenn Gott will,
daß er wieder hergestellt wird („was ich oder ein anderer darüber
glaubt, gehört nicht hierher," fügt er vorsichtig hinzu), jede Störung, welche ihm die Wiederaufnahme der Regierung erschweren
könnte, zu beseitigen.

Aus der Gerlachschen Denk- und Schreibweise ins Deutsche
übersetzt, heißt das: solange als irgend angänglich sich der Person
des Königs versichert halten, solange als irgend angänglich die
bisherige politische Richtung fortsetzen. Er zählt auch ganz naiv

die ihm verfügbaren Mittel auf, um zu solchem Ziele zu gelangen.
Erstens hängt er mit dem jetzigen Regiment zusammen durch den
Prinzen, der ihn als der Person des Königs „attachiert" aner=
kennt; zweitens durch das Vertrauen der Königin, die mit ihm,
in Gemeinschaft mit dem Prinzen, verhandelt, so daß die Zwecke
beider und ihre Ansichten als identisch gelten können; und drittens
durch seinen allerdings schwachen und teilweise bedingten Einfluß
bei dem Ministerium und namentlich bei den Manteuffels. Dem
Spiele hinter den damaligen politischen Kulissen zu folgen, ge=
währt einen eigenen psychologischen Reiz. Welch' eine unendliche
Menge von juristischem Scharfsinn — die Königin Elisabeth wirft
einmal unwillig die Bemerkung dazwischen „was kümmern mich
ihre (der Minister) Spitzfindigkeiten" — wird in den unaufhör=
lichen Kabinetsberatungen, in den Unterredungen mit Gerlach,
Uhden u. s. w. verthan, um über die unbequemen Bestimmungen in den
Artikeln 56 und 58 der Verfassung hinwegzukommen, welche nur
von einer Regentschaft im dauernden Behinderungsfalle des Königs,
von der sofortigen Einberufung des Landtags, der die Notwendig=
keit der Regentschaft beschließt, und von der Eidesableistung des
Regenten vor den vereinigten Kammern handeln. Das ganze
Interesse der Minister dreht sich um den Punkt, daß die Not=
wendigkeit dieses Eintrittes einer Regentschaft nicht anerkannt
werde, denn nur in diesem Falle können die Minister auf eine
Beibehaltung ihrer Ämter hoffen. Der Prinz sieht diesem ihn
anwidernden Treiben der Minister scheinbar ganz teilnahmlos zu.
Aber jedem, der es hören will, sagt er es rund heraus, daß er
es „anstößig" findet, im Namen des Königs zu regieren.

Wiederum erscheint Otto von Bismarck auf der Bildfläche:
Er ist von dem Prinzen sehr eingenommen. In den Gerlachschen
Kreisen rechnet man sogar schon mit der Möglichkeit seiner Premier=
schaft. Herr von Bismarck hatte, wie wir oben bemerkten, seinen
Weg nach Damaskus bereits gemacht. Er war nicht mehr der
unbedingte Gefolgsmann der Gerlach und der Manteuffel. Er
findet den konstitutionellen Liberalismus nicht bedenklich, wohl

aber den absolutistischen und hält daher das Beschwören der Ver=
fassung für gut.

In einer Art der Verzweiflung über diesen Wandel fügt
Gerlach hinzu: „Ich auch. Dahin sind wir gekommen, daß
wir solch einen Wisch für etwas Gutes halten trotz seines bedenk=
lichen Ursprungs." Für den verbitterten Romantiker ist die
Stellung des Konstitutionalismus zum Prinzen das wichtigste.
Aber dieser Prinz wird den Eid leisten und auf diese Weise die
Giltigkeit des Testaments des Königs vernichten, worin er „seinem
Nachfolger das Verweigern des Eides und das Ausrotten des
Konstitutionalismus zur Pflicht macht". So muß sich der König
bei lebendigem Leibe begraben lassen, klagt Gerlach verzweifelt.
In diesem Sinne schreibt er dann einen ausführlichen Brief an
den Oberteuffel, auf den er ja eingestandenermaßen einigen Einfluß
auszuüben vermag. Mit einer dialektischen Schärfe, die seinem
Verstande die höchste Ehre macht, sucht er es Manteuffel begreiflich
zu machen, daß einzig der schwebende Zustand einer Vollmacht
der richtige sei, weil sich der Landtag in diese Abmachung zwischen
den königlichen Brüdern nicht mischen dürfe, eben weil solch ein
Fall in der Verfassung nicht vorgesehen sei.

Während dessen wartet der Prinz von Preußen eine Woche
um die andere, daß die Minister in ihn wegen Übernahme der
Regentschaft dringen würden. Er läßt ihnen sogar eine nicht
mißzuverstehende Andeutung in diesem Sinne machen. Gerlach
überlegt sich dabei „seine eigene Rolle" und er kommt zu dem
Entschlusse, daß man der Königin nicht zu einem auf die Spitze
gestellten Widerstand gegen den Prinzen raten kann. Sie hatte
es übrigens selbst ausgesprochen. „Ich brouilliere mich keineswegs
mit Wilhelm" und Gerlach findet diese Ansicht natürlich auch ganz
richtig. Der Prinz hatte durch seine unangreifbare Ruhe, durch
seine unerschütterliche „Negative", wie es Gerlach nennt, die
Minister völlig in sich zermürbt. Sie mußten schließlich auf den
Gedanken des Prinzen eingehen. Die Minister haben sich er=
bärmlich benommen, meint Uhden in einer Unterredung mit der

Königin; diese stimmt ihm zu, allein sie erklärt sich außer stande, den Kampf gegen den Prinzen und das Ministerium durchzufechten. Gerlach giebt, wie die Königin gethan, Uhden in seiner Auffassung Recht, aber er billigt auch andererseits den Entschluß der Königin zur Nachgiebigkeit in der Regentschaftsfrage. Es ist beinahe vergnüglich, Herrn von Gerlach so auf der Wippe auf und nieder hüpfen zu sehen. Er hat auch hierfür ein Tröstlein zur Hand: „Dem Könige kann das einerlei sein, er regiert doch nicht wieder; aber das Königtum und der Prinz leiden darunter." Das ist noch allemal der Gerlachschen Weisheit letzter Schluß, sobald er keinen Ausweg aus seinem Irrsale findet. Es ist im übrigen kein Mittel unversucht gelassen, um den Prinzen selber in seiner Auffassung schwankend zu machen. Der „Flügelteuffel" scheint sich bei dem Prinzen sehr befestigt zu haben. Dieser Umstand wird nun sofort von der Partei der Königin, deren Interesse ja ganz „identisch" ist mit dem Gerlachs, eifrigst ausgenutzt. Edwin Manteuffel berät mit dem Ministerpräsidenten, Gerlach unterrichtet in einem Briefe die Königin über die augenblickliche Stimmung des Prinzen. Uhden fordert Edwin Manteuffel auf, an den Prinzen zu schreiben. Gerlach stürmt auf den Ministerpräsidenten Manteuffel ein, um ihn zu vermögen, alles aufzuwenden, damit es bei der Vollmacht für den Prinzen bleibe. Er erinnert ihn an die Tage von Olmütz! Eine beängstigende Hintertreppenthätigkeit macht sich in jenen Hofkreisen geltend. Gerlach tröstet sich, daß noch einige Hoffnung vorhanden ist, es werde bei der Vollmacht bleiben. Im Herzen ist er an dieser Angelegenheit, wie er versichert, nicht so interessiert wie andere; er betreibt die Sache überhaupt nur aus Pflichtgefühl. Aber das Frohlocken der Gruppe Gerlach-Manteuffel war ohne Grund. Der Prinz blieb fest. Entweder Regentschaft und Anerkennung der Verfassungsbestimmungen oder Rückgabe der Regierung an den König. Gerlach ist ganz fassungslos. „Die Minister lassen sich vom Prinzen zu Meinungen einschüchtern, anstatt ihm treuen und festen Rat zu erteilen, der Prinz aber wird gedrängt, drängt sich selbst und

bildet sich ein, daß er durch das Wort Regent sich stärken wird."
Alle noch so raffiniert ausgetüftelten „Spitzfindigkeiten", wie
Königin Elisabeth sagte, bleiben gegenüber der unerschütterlichen
Festigkeit des Prinzen wirkungslos. Die politische Seite der
Frage wird in dem Sinne des Prinzen ebenso, nach vielem
Mühen und „Feilschen", die Hausangelegenheiten, geordnet. Es
wird über die großen Hofchargen, Hofkavaliere, Kammerherren,
Kammerjunker, über den Marstall, über die Etats des Hofmarschall=
amtes alles genau vorbestimmt. „Die Schatulle verbleibt dem
Könige, die Wohlthaten gehen fort." Über den Kronfideikommiß
disponiert der König bei außerordentlichen Reisen. Diese letzte
Abmachung ist deshalb nicht ohne ein gewisses Interesse, weil ja
solch eine außerordentliche Reise des Königs unmittelbar bevorstand.
Endlich sind die Verhandlungen zum Abschluß gelangt; der König
hatte die Ordre am 7. Oktober 1858 vollzogen. Er hörte der
Vorlesung derselben aufmerksam zu, sagte kein Wort, auch nicht,
als Königin Elisabeth ihn daran erinnerte, sich alles genau zu
überlegen. Er unterzeichnete ohne jede Bemerkung, hielt sich
hernach die Hände vor das Gesicht und weinte. Gerlach fügte
sofort die Bemerkung hinzu: „der Kirche drohen Gefahren von
Seiten des neuen Regimentes, nach einer Verordnung sollen die
äußersten Konfessionellen nicht in die höheren Kirchenämter".

Während der Krankheit des Königs Friedrich Wilhelm IV.
fand die Vermählung des Prinzen Friedrich Wilhelm mit der
Prinzessin Victoria von England statt. Bismarck hatte über die
Verlobung an Gerlach geschrieben:

„Sie fragen mich in Ihrem Briefe, was ich zu der englischen
Heirat sage. Ich muß beide Worte trennen, um meine Meinung
zu sagen: Das Englische darin gefällt mir nicht, die Heirat aber
mag ganz gut sein, denn die Prinzessin hat das Lob einer Dame
von Geist und Herz, und eine der ersten Bedingungen, um seine
Schuldigkeit in der Welt thun zu können, sei es als König, sei
es als Unterthan, ist die, in seiner Häuslichkeit von alledem frei
zu sein, was das Gegenteil von Geist und Herz bei der Frau

bildet und was die Folgen dieses Gegenteils notwendig sind. Gelingt es daher der Prinzessin, die Engländerin zu Hause zu lassen und Preußin zu werden, so wird sie ein Segen für das Land sein. Fürstliche Heiraten geben im allgemeinen dem Hause, aus dem die Braut kommt, Einfluß in dem andern, in welches sie tritt, nicht umgekehrt. Es ist dies um so mehr der Fall, wenn das Vaterland der Frau mächtiger und in seinem National= gefühl entwickelter ist als das des Mannes. Bleibt also unsere künftige Königin auf dem preußischen Throne nur einigermaßen Engländerin, so sehe ich unseren Hof von englischen Einfluß= bestrebungen umgeben, ohne daß wir und die mannigfachen anderen zukünftigen Schwiegersöhne of her gracious Majesty irgend welche Beachtung in England finden, außer wenn die Opposition in Presse und Parlament unsere Königsfamilie und unser Land schlecht macht. Bei uns dagegen wird britischer Einfluß in der servilen Bewun= derung des deutschen Michels für Lords und Gemeine in der Anglomanie von Kammern und Zeitungen, Sportsmen, Land= wirten und Gerichtspräsidenten den fruchtbarsten Boden finden. Jeder Berliner fühlt sich jetzt schon gehoben, wenn ein wirklicher englischer Jockei ihn anredet und ihm Gelegenheit giebt, the Queen's Englisch zu radebrechen. Wie wird das erst werden, wenn die erste Frau im Lande eine Engländerin ist ...."

Diese Gedanken Bismarcks über die englische Heirat waren die der gesamten konservativen Partei. Man würdigte auf dieser Seite vollständig, was die Vermählung des künftigen Kronprinzen mit der Prinzessin Victoria zu bedeuten hatte. Kein Mittel wurde unversucht gelassen, um die Heirat zu hintertreiben. Als Prinz Wilhelm mit Gemahlin und Sohn 1851 zur Weltausstellung nach London reiste, wo die erste Anregung zur Verbindung des jungen Paares erfolgen sollte, eilten die Minister hinterher, um den Prinzen zurückzuholen. König Friedrich Wilhelm wurde bestürmt, den Kon= sens zu versagen. Man male sich die Empfindungen aus, mit denen von dieser Seite die Engländerin in Berlin empfangen wurde. Man male sich die Stellung des kronprinzlichen Paares

4*

zu den Ministern aus. „Es verabscheut das Ministerium", schreibt
Prinz Albert, der mit seiner Gemahlin im August 1858 seine im
Februar desselben Jahres vermählten Kinder besuchte. Die Königin
Victoria hatte ihre Gründe, daß sie, während sie oft in Gotha und
Darmstadt sich sehen ließ, Berlin und Potsdam nicht eher wieder be=
suchte, als bis der Kronprinz den Thron bestieg. Die Zeit dieser
Meidung Berlins von 1858 bis 1888 ist ausgefüllt mit fast
ununterbrochenen Versuchen der Königin Victoria, sich in die
preußische und deutsche Politik einzumischen. Dieses Bestreben
fand seinen Ausgangspunkt in der alten Tradition, die Preußen
und Deutschland für verpflichtet hält, in europäischen Fragen die
englische Politik zu unterstützen, und England für berechtigt, in
deutschen Angelegenheiten mitzureden. Die Königin Victoria sah
es als eine Art Felonie an, wenn sich Deutschland die Unabhängig=
keit seiner Position von der englischen bewahrte, ganz wie ihr
verstorbener Gemahl. Schon zur Zeit des Krimkrieges galt es
im Sinne beider als Treubruch, daß Preußen nicht für England
fechten wollte. Im dänischen, im österreichischen, im französischen
Kriege hatte Deutschland die Königin Victoria gegen sich. Im
Jahre 1875 wagte sie es, Bismarck beim Kaiser wegen kriegerischer
Pläne gegen Frankreich fälschlich zu beschuldigen, unmittelbar
nachdem ihr erster Minister im Parlamente die Erklärung ab=
gegeben, die kriegerische Unruhe jenes Jahres komme nicht von
Berlin, sondern von Paris. Bismarck stieß auf den Widerstand
der Königin Victoria auch in der inneren Politik, so namentlich im
Verfassungskonflikt, wo das kronprinzliche Paar von London her
in der Unterstützung der liberalen Opposition bestärkt wurde. Seit
dem Tage, wo der Dey von Algier dem französischen Konsul mit
dem Fliegenwedel einen Schlag ins Gesicht versetzte, ist kein Ver=
treter einer Großmacht von einem fremden Souverän so behandelt
worden, wie der preußische General von Winterfeld, der die
Meldung von der Thronbesteigung Kaiser Wilhelms II. am
englischen Hofe zu überbringen hatte, von der fremden Monarchin.
Wenn die konservative Partei in Preußen sich in den fünfziger

Jahren gegen die englische Verwandtschaft etwas kühl verhielt, wie Bismarck und der General von Gerlach dies thaten, so wird man sie deswegen nicht gerade des Mangels aller politischen Einsicht beschuldigen dürfen.

Die Kronprinzessin selber hat sich nicht bloß mit dem konservativen, sondern mit dem echt preußischen Wesen in fortwährendem Konflikt befunden. „Das unbegrenzte Selbstbewußtsein in der preußischen Gesellschaft und das ebenso unbegrenzte Selbstgefühl der jungen englischen Prinzessin" — sagt Hinzpeter in seiner Schrift zur silbernen Hochzeit des kronprinzlichen Paares — „sind sich mitunter schroff begegnet, sie haben wenig wohlwollende Urteile über einander gefällt und die gegenseitigen Mißverständnisse sind leider so tief gedrungen, daß es ihnen noch heute schwer wird, gerecht gegen einander zu sein."

Dagegen hat sich mehr und mehr eine englische Partei bei uns ausgebildet, der im Januar 1889 der folgende Spiegel vorgehalten wurde: „In ihrer servilen Vergötterung alles Englischen hat die freisinnige Presse natürlich von Anfang auch für Sir Robert Morier blind Partei genommen. Die groben Ausfälle der englischen Blätter gegen Deutschland und alles Deutsche lassen dieselben nicht nur ganz kühl, diese Ausfälle werden sogar triumphierend mitgeteilt, gerade wie man es zu Mackenzies Zeiten machte; man ist auf die Fußtritte förmlich stolz, die man von jenseit des Kanals erhält. Für dieses bedientenhafte Preisgeben der eigenen Sache giebt es auswärts kein Vorbild."

Leopold von Gerlach starb am 10. Januar 1861, also nur wenige Tage, nachdem Wilhelm I. als König den Thron bestiegen. Die Macht der politischen Generale brach zusammen unter einem Monarchen, der einem Edwin von Manteuffel gegenüber das stolze Wort gesprochen: „Ich brauche keinen Witzleben." Die Stelle der Generale suchte eine weibliche Kamarilla einzunehmen, die, von radikalen liberalen Ideen getragen, insbesondere den englischen Einfluß am Berliner Hofe zu erneuern unternahm. In der neuen Ära war im Verhältnis Preußens zu dem Auslande die Verbindung mit England in den Vordergrund getreten. Über sie ging ein schneller Sturm, als Bismarck aus dem Schatten hervortrat und die Annäherung an Rußland und Frankreich erstrebte. Desto heftiger der Groll der englischen Damen, die, so ohnmächtig sich in Berlin ihre Versuche der Einmischung in Regierungsangelegenheiten erwiesen, doch dem Könige und Kaiser Wilhelm I. und seinem ersten Ratgeber das Leben herzlich sauer zu machen verstanden, saurer als die politischen Generäle.

Dohna-Schlobitten und Bonin.

Geboren 4. März 1784, seit 1811 in russischen Diensten, vermittelte Graf Dohna-Schlobitten die berühmte Konvention zwischen York und Diebitsch auf der Poscherunschen Mühle 30. Dezember 1812; 1814 in das preußische Heer wieder eingetreten, avancierte er bis zum Generalfeldmarschall (1854) und starb 21. Februar 1859.

Man ersieht schon aus diesem Lebensgange, wohin die Neigungen eines Dohna, der in russischen Diensten gestanden, sich von selber richteten, obwohl fern davon, den Mittelpunkt abzugeben für diejenigen zahl- und einflußreichen Berliner Kreise, deren Mangel an preußischem Selbstgefühl und Staatsbewußtsein so lange Zeit dem russischen Übermute entgegen kam. Eine, zwei Generationen waren bei uns aufgewachsen in der Anschauung, daß preußische und russische Interessen in allen Dingen zusammenfielen, von der Tribüne des preußischen Abgeordnetenhauses hatte man den russischen Zar als den Vater unseres Vaterlandes bezeichnet. Im Jahre 1854 sagte ein Graf Finckenstein: „Wir gehören zu Rußland." Die russischen Staatsmänner glaubten auf diesen Mangel an Selbstachtung als auf das Normale einrichten zu können. Die zu Zeiten des Kaisers Nikolaus gewonnenen Anschauungen übertrugen sie ohne weiteres selbst auf das neue Reich — bis Fürst Bismarck ihnen „den Standpunkt klar machte". Er hat uns nach und nach von Österreich, Frankreich, Rußland frei gemacht.

Wer die Zeit des Kaisers Nikolaus mitdurchlebt hat, wird die russischen Kreise in Berlin nicht so strenge beurteilen. Die leitenden preußischen Politiker jener Zeit hatten ihre bleibenden Jugendeindrücke in den Kämpfen zur Befreiung von der französischen Fremdherrschaft und in der Kameradschaft mit Rußland einem gemeinsamen Feind gegenüber empfangen. Die Erinnerungen der russischen Waffengemeinschaft waren ihnen geblieben, diejenigen der russischen Diplomatie von 1814, 1815 und später vielleicht niemals zum vollen Bewußtsein durchgedrungen.

Man darf aber bei der Beurteilung der für Rußland günstigen Stimmung in jener Zeit nicht vergessen, daß das damalige Rußland ein ganz anderes war als das heutige. Alle Elemente, mit denen wir in Berührung kamen, boten uns Eindrücke deutscher Gesittung auf politischem und konfessionellem Gebiete. Die Umgebung des Kaisers Alexander wies vielleicht noch nicht so vorwiegend deutsche Namen auf, wie diejenige des Kaisers Nikolaus, aber dafür um so vorwiegender die Resultate deutscher Bildung. Der Norddeutsche hatte im Verkehr mit ihnen den Eindruck des vornehmsten und elegantesten Typus der eigenen Landsleute. Erscheinungen, wie die damaligen Träger der Namen Woronzow, Nesselrode, Panin, Menschikow, Bludow, Gortschakow ragten noch wie Wahrzeichen einer höheren Kulturperiode in die neuere Zeit hinein ... Wenn man sich der Epoche des polnischen Feldzuges von 1813 erinnert, so muß jedem die Thatsache auffallen, daß die Mehrzahl der höchsten russischen Würdenträger am Hofe, in der Diplomatie und in der Generalität deutsche Namen trugen. Das slawische Rußland, welches hinter diesem germanischen Vorhang stand, kam in Berlin um so weniger zur Anschauung, als das Innere des weiten Reiches bei dem Mangel an Straßen und Eisenbahnen verhältnismäßig unbekannt blieb. Wer jene Zeiten durchlebt und die Ereignisse aus der Nähe beobachtet hat, der muß sich gestehen, daß zwischen dem preußischen und dem ehemaligen russischen Hofe und Heere eine Art von landsmannschaftlicher Empfindung neben den Traditionen der Kameradschaft in glücklichen

Kriegen, und neben dem Gefühl, auf gegenseitige Bundesgenossen-
schaft angewiesen zu sein, Träger eines gegenseitigen Wohlwollens
wurde, welches für uns keine verletzende Beimischung hatte, so
lange die Persönlichkeit Friedrich Wilhelms III., die Verehrung
des Kaisers Nikolaus für denselben und die anscheinende Sicherheit
Preußens in seinem deutschen Bundesverhältnis das Gefühl der
Gleichheit im Verkehr untereinander erhielten. Man hörte vielleicht
eher von russischer Seite Klagen über zu große Begünstigung
nicht bloß des deutschen Elements in Rußland, sondern auch der
Preußen, welche zum Kaiser und Hofe in Beziehung standen.

Der Regierungsantritt Friedrich Wilhelms IV. brachte die
erste Trübung in dieses Verhältnis. Zwischen dem König Friedrich
Wilhelm III. und dem Kaiser Alexander I. kann man Anklänge
einer Familienähnlichkeit des Charakters finden; der Kaiser Nikolaus
aber und Friedrich Wilhelm IV. waren inkommensurable Naturen.
Ohne die Revolution von 1848 würde dieser Umstand kaum erheblich ins Gewicht gefallen sein. Als aber in diesem Jahre
Preußen und der deutsche Bund zusammenbrachen, mehr aus Un-
geschicklichkeit als aus Schwäche, da hörte der Fuß der Gleichheit
zwischen Berlin und Petersburg auf, und die starke und herrische
Natur des Kaisers Nikolaus accentuierte und benutzte die Un-
gleichheit um so schonungsloser, als der Kaiser den Verfall Preußens
wesentlich als ein Ereignis des Abfalls von der früher befolgten
gemeinsamen Politik betrachtete.

Die Härte, mit welcher die Erbitterung des Kaisers Nikolaus
über die Politik seines Schwagers zum Ausdruck gelangte, ist
heutzutage durch vielfache Zeugnisse geschichtlich bekannt geworden.
Damals aber erfuhren nur wenige den wirklichen Hergang, und
der Graf Brandenburg, dessen Patriotismus niemand anzweifeln
wird, war ein überzeugter Anhänger der russischen Freundschaft,
bis in Warschau alle Schuppen von seinen Augen fielen, und
dann starb er in wenigen Tagen an den Folgen erschütternder
Gemütsbewegung, man könnte sagen an gebrochenem Herzen. Deshalb kann man ihn doch sicher nicht verurteilen und man begeht

einen Irrtum und eine Ungerechtigkeit, wenn man alle die tapferen und treuen Offiziere und Ratgeber des Königs, welche damals, nachdem sie einen Blick in den Abgrund der Barrikadenherrschaft geworfen hatten, in Rußland ebenso wie von 1807 bis 1813 und trotz der Zweideutigkeit Alexanders I. im Frieden von Tilsit die Stütze erblickten, an welcher das ihrer Meinung nach zusammen=gebrochene Preußen sich werde wieder aufrichten können. Jene Männer mögen geirrt und des richtigen Blickes ermangelt haben, den uns ein Vierteljahrhundert später die Geschichte eröffnet, aber sie verdienen nicht, daß man ihren Patriotismus bezweifelt und sie im Lichte russischer Höflinge auffaßt, welche das Schicksal des eigenen Vaterlandes etwa persönlichem Interesse oder der Hin=gebung für Fremde jemals hätten opfern können.

Von diesen Gesichtspunkten aus ist das 1880 erschienene Buch zu beurteilen: „Berlin und Petersburg, Preußische Beiträge zur Geschichte der russisch=deutschen Beziehungen." Wir entnehmen demselben das Folgende.

„Louis Schneiders Verhalten während der Jahre der deutschen Krisis war nicht das Vorgehen eines einzelnen, durch royalistischen Übereifer mißleiteten Mannes — es war typisch für die Auffassung russischer Beziehungen, welche in einer weit verbreiteten und ein=flußreichen Klasse preußischer Patrioten Geltung hatte. Wie Schneider dachte die gesamte Partei der Leute, denen die Partei über das Vaterland, das scheinbare Interesse der Krone über das dauernde und wahre Interesse des Staates ging. In dem Berlin der letzten vierziger und ersten fünfziger Jahre ist es ein öffent=liches Geheimnis gewesen, daß die Fraktion, welche sich die konser=vative nannte, ihre Parole an den Vorabenden wichtiger Ent=scheidungen fast regelmäßig aus dem russischen Botschaftshotel holte, und daß der Herr dieses Hauses, Baron Meyendorff, trotz seiner notorisch österreichischen Gesinnung (er war ein Schwager des Grafen Buol) auf Beamtentum und Gesellschaft der preußischen Hauptstadt seiner Zeit Einflüsse geübt hat, wie russische Minister sie seit den letzten Tagen der königlichen Republik Polen in fremden

Ländern nicht mehr besessen hatten. Gerade in den höchsten Kreisen der Berliner Gesellschaft wußte man am genauesten, daß dieser Herr die Zeiten der Verwirrung und Ratlosigkeit des Hofes, bei welchem er accreditiert war, zu einem Verhalten ausgenutzt hatte, das in der Geschichte der Diplomatie einzig dastand. Von einem „roi ....." zu reden — die unter den Schutz Preußens genommenen Schleswig-Holsteiner als „Kanaillen" zu bezeichnen — Männern wie Radowitz und General von Willisen geringschätzende Epitheta anzuhängen, den Militärbevollmächtigten von Rauch als den Schutzengel des Königs am „Thron Seiner Majestät" zu feiern und aus seiner Entrüstung über das Zustandekommen einer Verfassung und eines Preßgesetzes nicht das geringste Hehl zu machen, waren Freiheiten, die sich eben nur der russische Gesandte nehmen durfte und die er sich nahm, weil er die Empfindung hatte, als Repräsentant einer höheren Macht über den für andere Sterbliche geltenden Rücksichten zu stehen.

Dem Repräsentanten des Kaisers von Rußland Rechenschaft abzulegen, hatte der aus Schleswig-Holstein zurückgekehrte General von Rauch (16. März 1850) für seine erste Pflicht gehalten und es damit so eilig gehabt, daß er sich zu Fuß vom Hamburger Bahnhofe in das Hotel Unter den Linden begab — Herr von Meyendorff hatte früher als sonst irgend jemand in Berlin gewußt, daß der König die ihm von dem Erfurter Parlament angetragene Zentralgewalt ausschlagen werde — ihm war gestattet gewesen, den offiziellen Leiter der auswärtigen Angelegenheiten Preußens in einer Kapitalangelegenheit (der Einladung nach Warschau) zu umgehen und diese Frechheit damit zu motivieren, daß der betreffende Minister (von Radowitz) nicht im Vertrauen Sr. kaiserlichen Majestät stehe. Hatte doch schon 1848 der russische Gesandte Budberg bei einer wichtigen Veranlassung unserem Minister des Auswärtigen mit dem Erscheinen von Kosacken gedroht! Im Oktober 1850 wurde dann der preußische Ministerpräsident, Graf Brandenburg, in Warschau mit Beleidigungen überhäuft, die einem Höheren zugedacht waren. Schimpflicher ist nie ein preußischer

General und Abgesandter seines Königs behandelt worden. Graf Brandenburg überlebte diese Schmach auch nicht."

Anfangs 1870 druckte die St. Petersburger Monatsschrift „Rußkaja Sternia" ein ihr durch den verstorbenen Generaladjutanten Wessely Feodorowitsch Ratsch mitgeteiltes, von keiner weiteren Angabe begleitetes Aktenstück ab, das, wie der Verfasser versichert, von keiner Seite beanstandet wurde. Dasselbe bezeichnete sich ohne weitere Datumsangabe als Memorial des Kaisers Nikolaus über die preußischen Angelegenheiten von 1848. Das Memorial spricht sich dahin aus, daß Preußen durch konstitutionelle Einrichtungen seinen militärischen Charakter und damit seine Lebenskraft einbüßen werde und der König, wenn er sich einer solchen Forderung anbequeme, nicht mehr als Herr seines Willens betrachtet werden könne. Das Aktenstück schließt wie folgt:

„Darf dasselbe Berlin, das sich verräterischer Weise gegen seinen König erhoben hat, dem übrigen Königreiche Gesetze geben? Hieße es nicht, dieser Stadt eine widersinnige Autorität einräumen, wenn man sich der Willkür der Massen fügte, welche die Gewalt an sich gerissen haben? Folgt daraus, daß die Regierung schwach genug gewesen ist, mit dieser Wirtschaft nicht fertig werden zu können, daß die gesamte Monarchie sich derselben unterwerfen muß? Folgt daraus, daß einige Elende die Ausschließung des legitimen Thronerben, des Prinzen von Preußen verlangen — daß ganz Preußen diesen unwürdigen Akt anerkennen muß? Sollte das Unglück wollen, daß ein solcher Akt sich ungestraft in Berlin vollzöge und daß der König demselben seine Genehmigung erteilte, so wäre dadurch nur die Annahme ausgeschlossen, als sei der König überhaupt noch Herr seines Willens; ein derartiger Akt wäre ihm, als einem Gefangenen, entrissen worden.

Ich bin der Meinung, daß der Prinz von Preußen sich einer solchen Entscheidung nicht unterwerfen dürfte. Er müßte in solchem Falle vielmehr seine unveräußerlichen Rechte zurückfordern, und zwar mit den Waffen in der Hand — er hätte in solchem Falle die gesamte Armee und die große Mehrheit des Landes auf seiner Seite.

Für die Wiedereroberung seines Thrones bieten sich dem Prinzen zwei Mittel dar: das erste würde darin bestehen, daß er sich an die Spitze der ihm bekanntlich durchaus ergebenen, in Holstein stehenden Truppen stellte. Diese Truppen sind wenig zahlreich, aber erprobt, und nicht allzuweit von Berlin entfernt. An ihrer Spitze könnte der Prinz gegen Berlin marschieren, den König befreien, Herr der Hauptstadt werden und mit den Elenden, welche daselbst herrschen, kurzen Prozeß machen.

Das andere Mittel würde darin bestehen, daß man sich in solchem Falle der Gesinnung des Grafen Dohna, Kommandanten des 1. Armeekorps und des Kommandeurs der Truppen in Posen, General von Colomb, versicherte; an der eminent preußischen Denkungsart dieser Männer zweifle ich nicht. Der Prinz von Preußen würde sich nach Danzig oder Pillau begeben, an der Weichsel das 1. Armeekorps zusammenziehen, demselben alle, oder doch die disponiblen Posener Truppen hinzufügen, und an ihrer Spitze auf Berlin marschieren.

Auf einen Erfolg könnte in beiden Fällen gerechnet werden. Das erste Mittel hätte die Raschheit der Ausführung für sich, das zweite den Vorzug, sich auf unsere Armee stützen zu können, welche als Reserve dem Prinzen zu Hülfe kommen würde; letzteres indessen nur im Falle einer Komplikation mit Frankreich und mit Süddeutschland.

Meiner Meinung nach ist der Augenblick bereits gekommen, in welchem durch Vermittlung des hier angestellten preußischen Ministers (preußischer Gesandter in Petersburg war im Jahre 1848 der General von Rochow) mit den Generalen Graf Dohna und Colomb offene Sprache geführt werden könnte. Seine, des Ministers, Sache wäre es, diese Angelegenheit in einer sicheren und nicht kompromittierenden Weise in die Hand zu nehmen.

Hat der Prinz von Preußen dagegen die Schwäche, jetzt nach Berlin zurückzukehren, wo der öffentliche Geist sich ihm gegenüber

in so einfacher Weise gezeigt hat, so wäre das meiner Meinung
nach ein unverzeihlicher Fehler — ein Fehler, der die preußische
Monarchie für immer ins Verderben stürzen würde, weil der Prinz
erniedrigende, fast infamierende Bedingungen unterschreiben müßte,
und weil die gut gesinnte Partei von diesem Augenblicke an jeden
Vorwand und jede Hoffnung darauf aufgeben müßte, wieder empor-
zukommen und das Vaterland zu retten."

Dem Prinzen von Preußen hat während dessen Aufenthalt
in Prussia house in London im Frühjahr 1848 der Botschafter
Baron Brunnow einen Plan vorgelegt, der sich der Hauptsache
nach mit dem Inhalt des vorstehenden Memorials deckte.

Von einem weiteren Versuch des Kaisers Nikolaus wird das
folgende berichtet:

„Im Herbst des Jahres 1848 wohnte der kommandierende
General des ersten Armeekorps, der spätere Feldmarschall Dohna,
im höchsten Auftrage den russischen Manövern bei, welche unweit
der preußischen Grenze unter der persönlichen Leitung des Kaisers
Nikolaus abgehalten wurden. Bei Gelegenheit einer unter vier
Augen geführten Unterredung im kaiserlichen Zelte sprach der Graf
seine Bewunderung über die Tüchtigkeit der ihm vorgeführten
Truppen aus, um sodann durch die plötzliche Frage des Kaisers:
‚Ihnen gefallen meine Truppen? Nun wohl — diese Truppen
stehen zu Ihrer Verfügung, wenn Sie an der Spitze derselben
gegen das meuterische Berlin marschieren wollen‘, überrascht zu
werden. Der Graf gab die einzige, für einen Edelmann und
Offizier mögliche Antwort — die Antwort, ‚daß ein preußischer
General nie anders, als auf Befehl seines Königs marschiere‘.
Nikolaus kam auf seinen Vorschlag nicht wieder zurück und gab,
indem er beim Abschied seine mit Dohna geführten Gespräche in
des Grafen W. Adlerberg Gegenwart rekapitulierte, ohne der Sache
Erwähnung zu thun, zu verstehen, daß er auf Schweigen rechne."

So berichtete im Jahre 1880 der Verfasser des Buches
„Berlin und Petersburg". Es wird immer eine der bittersten
Erinnerungen unserer Geschichte bleiben, wie rat- und haltlos der

geistvolle neue König dem festen Willen des Zaren gegenüberstand;
wie grausam er an zahllosen Mißerfolgen erfuhr, daß in den harten
Machtkämpfen des Staatslebens der Charakter dem Talente immer
überlegen ist; wie er endlich — es muß gesagt werden — sich
vor diesem beschränkten Kopfe geradezu fürchtete; hier hat unser
Autor guten Grund zu scharfen Urteilen; auch bietet er uns neben
mehreren fragwürdigen Anekdoten einige zuverlässige thatsächliche
Mitteilungen zur Geschichte der Wirren von 1848—50. Es ist
vollkommen wahr, daß Zar Nikolaus 1848 den General Grafen
Friedrich Dohna fragte, ob er nicht der preußische Monk werden
und mit dem ersten Armeekorps auf Berlin marschieren wolle, um
dort die Ordnung herzustellen; die ganze russische Armee solle ihm
nötigenfalls als Reserve dienen. Die als Manuskript gedruckten
Denkwürdigkeiten des Grafen bestätigen die Richtigkeit dieser Er-
zählung bis auf einige geringfügige Einzelheiten. Zu einer unbefangenen historischen Würdigung der Ereignisse vermag sich aber
der Verfasser auch hier nicht zu erheben. Er verschweigt, daß
nicht bloß Rußland, sondern sämtliche Großmächte das preußisch-
deutsche Kaisertum verwarfen; die Stellung der Mächte zu der
Frage der deutschen Einheit hatte sich seit 1814 nicht verändert.
Er verschweigt desgleichen, daß sämtliche Großmächte der Befreiung
Schleswig-Holsteins widerstrebten; und unleugbar hatte Rußland,
nach den Traditionen der alten Diplomatie, besseren Grund zu
solcher Haltung als die übrigen Mächte, denn alle Kabinette
glaubten damals bestimmt — wenn auch mit Unrecht —, daß
Preußen den Kampf gegen Dänemark benutzen wolle, um sich des
Kieler Hafens zu bemächtigen; und diese Aussicht konnte dem
russischen Staate als einer baltischen Macht doch nicht will-
kommen sein.

Eigentümlich war der russischen Politik — im Unterschiede
von England, Frankreich, Österreich — nur das eine, daß sie
außerdem noch die preußische Verfassungsbewegung bekämpfte. Zar
Nikolaus gebärdete sich nicht bloß, sondern er fühlte sich wirklich
als das Haupt der Sache des Königtums in ganz Europa; und

eben dies sicherte ihm einen starken Anhang unter den preußischen
Konservativen. Die Politik, die in Warschau und Olmütz Buße
that, wird heute noch hart beurteilt. Indes nach einem vollen
Menschenalter scheint es doch an der Zeit, die menschlichen Beweg=
gründe zu würdigen, welche damals so manchen wackeren Patrioten
in das russische Lager trieben. Man denke nur an den Ritt des
Königs durch das meuterische Berlin, an den Rückzug der sieg=
reichen Garden vor den geschlagenen Barrikadenkämpfern, an alle
die entsetzlichen Demütigungen, welche die Schwäche Friedrich
Wilhelms IV. über die Krone der Hohenzollern gebracht hatte.
Den alten preußischen Royalisten war zu Mute, als ginge die
Welt unter. Alles, was ihnen heilig gewesen, sahen sie entwürdigt,
und in dem allgemeinen Chaos erschien ihnen Zar Nikolaus als
die letzte Stütze der Monarchie. Darum, um das preußische
Königtum zu retten, hielten sie zu Rußland. Sie haben schwer
gefehlt, doch nur der blinde Haß kann sie, wie obiges Buch thut,
kurzweg als Landesverräter behandeln. Das Haupt der russen=
freundlichen Partei in Berlin war zu Anfang der fünfziger Jahre
derselbe Feldmarschall Dohna, der jene schnöde Zumutung des
Zaren sofort mit preußischem Stolze zurückgewiesen hatte; von ihm
sagte ein russischer Diplomat: „so lange diese alte Standarte noch
aufrecht steht, bin ich ruhig“. Hochkonservativ in politischen und
kirchlichen Dingen, hat dieser Schwiegersohn Scharnhorsts doch die
Ideale der Befreiungskriege, die Hoffnung auf Deutschlands Ein=
heit niemals aufgegeben. Was den edlen deutschen Mann in die
Reihen der Reaktion führte, war wahrlich nicht die Rücksicht auf
Rußland, sondern jene heillose Verwirrung unserer Zustände,
welche die große Sache der deutschen Einheit mit den Thorheiten
der Revolution so eng verkettet hatte: die Frankfurter Kaiserkrone
erschien ihm wie seinem Könige als eine couronne du pavé.

Über die Zeiten des Krimkrieges urteilen heute wohl alle
Unbefangenen, daß Preußen damals ausnahmsweise einmal un=
verdientes Glück gehabt hat. Das drückende Übergewicht Rußlands
war ohne unser Zuthun durch die Westmächte gebrochen, und

und gleichwohl blieb uns das für Deutschlands Zukunft so folgen=
reiche gute Verhältnis zu der östlichen Nachbarmacht erhalten,
während Österreich in eine gefährliche Vereinsamung hineingeriet.
Ein günstigeres Ergebnis als dieses hätte auch eine minder un=
entschlossene, minder thatenscheue Regierung, als das Ministerium
Manteuffel war, schwerlich erzielen können. Unser Autor selbst
giebt mit halben Worten zu, daß es nicht an Preußen war, die
Partei der Westmächte zu ergreifen und also die Pläne des
Bonapartismus zu fördern. Ein wahrhaft genialer Staatsmann
konnte vielleicht, sobald die Streitkräfte Frankreichs im Orient
festgenagelt waren, unbekümmert um die verblendete öffentliche
Meinung, sich plötzlich mit Rußland verbinden und die Eroberung
Schleswig=Holsteins, die Lösung der deutschen Frage versuchen.
Es liegt aber auf der Hand, wie schwer dies war, wie ganz un=
denkbar bei der Persönlichkeit des Königs. Statt diese schwierigen
Verhältnisse ruhig zu würdigen, bringt der Verfasser nur heftige
Anklagen gegen Rußlands Hochmut und Preußens Unterwürfigkeit.
Er verschweigt dabei wieder, daß Preußen damals leider bei der
ganzen Welt in Mißachtung geraten war, und der Hochmut der
Westmächte dem russischen nicht nachstand. Treitschke sagt: „Man
kennt die Briefe des Prinzen Albert und die Äußerung Napoleons III.
über Preußens déférence gegen Rußland; die kalte, wegwerfende Ver=
achtung in den Briefen des Prinz=Gemahls, der doch selbst ein
Deutscher war und seine Worte besonnen zu wägen pflegte, ist
nach meinem Gefühl verletzender als die rohen Schimpfworte,
welche der schroffe, herrische Nikolaus in Augenblicken des Jäh=
zornes herausgepoltert haben soll. Verschwiegen wird auch, daß
Zar Nikolaus sich bereit erklärte, Preußens Waffenhilfe durch die
Abtretung von Warschau zu erkaufen. Im englisch=französischen
Lager wollte man allerdings den nämlichen Preis zahlen, aber
nur — gegen eine kleine Grenzberichtigung auf dem linken Rhein=
ufer! Welche von beiden Anerbietungen war wohl günstiger?"

Die englische Arroganz trat in vollstem Maße beim Sturze
des Kriegsministers Bonin hervor. Derselbe hatte seine Stellung

vom 13. Januar 1852 bis zum 7. Mai 1854 inne. Graf Dohna und seine Partei hatten den Triumph, seinen Sturz während des Krimkrieges herbeizuführen. H. Wagener sucht diese Thatsache zu verschleiern, die er im Grunde nur bestätigt, indem er schreibt:

„Eine besonders interessante und erfolgreiche Episode für die Kreuzzeitungspartei und deren Stellung bildete der Krimkrieg. Bekanntlich hatte sich hier der damalige Kriegsminister von Bonin in dem Maße mit der westmächtlichen Allianz identifiziert, daß er jede Hinwendung zu Rußland als einen Vatermord kennzeichnete, und als man schließlich die heute allgemein als die einzig richtige und segensreich erkannte Politik einschlug, war es wiederum die kleine aber mächtige Partei, welche man von allen Seiten als Satelliten Rußlands und als Parteigänger des russischen Zaren und Despotismus mit Schmutz bewarf und als den eigentlichen Faiseur dieses vermeintlichen Vaterlandsverrats brandmarkte. In meinem ‚Leben Friedrich Wilhelms IV.‘ habe ich bereits konstatiert, daß das Hauptverdienst, diese Wendung herbeigeführt zu haben, neben der politischen Einsicht des Königs, dem Einflusse des verewigten Oberpräsidenten von Pommern, Freiherrn Senfft von Pilsach, gebührt, und daß diesem auch noch vor seinem Tode die Genugthuung geworden ist, diese seine Thätigkeit in einer ihm besonders wohlthuenden Weise anerkannt zu sehen. Allerdings wurde der Umschwung durch die Haltung der Kreuzzeitung und ihrer Partei wesentlich erleichtert und befördert, und wurde dies auch, da ich jede Ordensverleihung oder sonstige Auszeichnung von russischer Seite aus naheliegenden Gründen unbedingt ablehnte, dadurch anerkannt, daß ich von dem damaligen preußischen Miltärbevollmächtigten in St. Petersburg, Grafen zu Münster, ein darauf bezügliches Schreiben erhielt.“ Wagener teilt sodann dieses Schreiben mit, das folgendermaßen lautet:

St. Petersburg, den 1. Juni 1854.

„Euer Hochwohlgeboren dürfte es nicht ohne Interesse sein, zu erfahren, daß Se. Majestät der Kaiser wie Ihre Majestät die Kaiserin von Rußland die die orientalische Frage behandelnden

Artikel der von Ihnen redigierten Kreuzzeitung mit ebensoviel Interesse als Anerkennung lesen und mir dies bei vielen Gelegenheiten ausgesprochen haben. Bei einer solchen Gelegenheit fügte Ihre Majestät die Kaiserin noch hinzu: ‚Ich wünschte wohl, daß die Verfasser dieser Artikel es erführen, mit welcher Befriedigung wir sie hier lesen'. Wenn dies nun allerdings auch kein spezieller Auftrag für mich ist, so gebe ich Ew. Hochwohlgeboren dennoch davon Kenntnis in der Überzeugung, daß die Anerkennung der Tendenz Ihres Blattes von seiten des Kaisers und der Kaiserin auch in Ihnen ein Gefühl der Befriedigung hervorrufen dürfte. Die Leitartikel mit der großgedruckten Überschrift werden Ihnen selbst zugeschrieben, während man gern die Namen der Verfasser derjenigen kennen möchte, die mit ✕ und △ unterzeichnet werden. Ich stelle Ew. Hochwohlgeboren ganz ergebenst anheim, ob Sie mich in den Stand setzen wollen oder können, mir diese Namen anzuvertrauen, um dieselben den Majestäten mitteilen zu können. Es liegt Allerhöchstdenselben daran, diese ebenso eifrigen als einsichtsvollen Verteidiger auch dem Namen nach kennen zu lernen."

Diesem Wunsche hat Wagener nicht entsprochen, weil die betreffenden Herren es nicht wollten. —

Aus den weiteren Mitteilungen Wageners geht dann deutlich genug hervor, daß es lediglich die Parteinahme von Bonins gegen Rußland war, die ihn der Junkerpartei verhaßt machte, und infolge eines auf den König geübten Druckes seine Entlassung herbeiführte.

Auf die Berliner Verhältnisse jener Zeit bezieht sich der folgende Brief des Prinzen Albert:

Buckingham=Palast, den 9. Mai 1854.

Bester Stockmar!

„Bunsens Sturz (Bunsen preußischer Gesandter in London) war in Berlin lange ersehnt und zuletzt, dies glaube ich ganz bestimmt, eine dem Kaiser von Rußland versprochene Konzession, um sich die Unterzeichnung des Protokolls verzeihen zu machen. Als Preußen noch hoffte, Österreich werde mit Rußland gehen, hoffte es, Profit

5*

für sich aus der vorgeblichen Tendenz für die Westmächte zu
ziehen. Graf Pourtalès wurde wieder hierher geschickt, der Ton
war: Preußen wird gern aktiv auftreten, wenn es Garantie bekommt gegen Rußland, Österreich und Frankreich, sowie freie Hand
in Deutschland 2c. In jenem Enthusiasmus schrieb Bunsen eine
seiner vielen Denkschriften, in welcher er seiner Phantasie über die
mögliche Art der Kriegführung zur Zerstückelung Rußlands und
Vergrößerung Preußens freien Lauf ließ, und schickte sie vertraulich
an Manteuffel mit der Erlaubnis, sie dem Könige zu zeigen oder
nicht, wie er für gut finden würde. Sie kam an in den Tagen
der großen Frontveränderung in Berlin, und Manteuffel fand für
gut, die Schrift nicht nur dem Könige zu zeigen, sondern sie auch
die Russen sehen zu lassen, als Beweis der Gefahr, weiter in der
Pourtalèsschen Richtung zu gehen. Als die Nachricht von der
Frontveränderung hierherkam, fand sich Bunsen gestrandet; man
drängte ihn hiesigerseits, Preußen solle seine Versprechungen gut-
machen; er ereiferte sich in der Verteidigung seines (nicht einmal
zu entschuldigenden) Hofes so sehr, daß er Lord Clarendon die
heftigste Szene machte und berichtete die Aufgebrachtheit Lord
Clarendons durch den Telegraphen. Die Russen stellten dem
Könige vor, Clarendon sei über die Bunsenschen Teilungs- und
Kriegspläne aufgebracht gewesen, so monströs seien sie gewesen.
Der König sei auf immer kompromittiert, Bunsen müsse London
verlassen. Dieser erhielt die Weisung, aufs Land zu gehen, General
Gröben würde kommen und des Königs persönliche Ansichten erklären. Bunsen protestierte, verlangte Untersuchung und weigerte
sich zu gehen, ehe er justifiziert sei. Clarendon sei über seine Verteidigung der neuesten preußischen Wendung aufgebracht gewesen,
die Denkschrift habe er nie zu sehen bekommen. Graf Gröben
erschien. Bunsen verlangte eine Untersuchung. Gröben möge
Clarendon, Aberdeen, Palmerston selbst fragen, oder ihm (Bunsen)
es zu thun erlauben. Gröben schlug ab: ‚des Königs Diener
dürften sich bei Fremden nicht rechtfertigen‘. Gröben ging mit
Bunsen und Clarendon nach Osnabrück und erklärte da in deren

Beisein in einer langen, süßen, schwülstigen Rede: der König von
Preußen verweigere, in weiteren Schritten gegen Rußland vorzugehen, weil er tief verwundet sei, durch das Ansinnen, sich
verkaufen zu lassen, was allerdings, seit er (Gröben) hier sei, sich
als ein Mißverständnis herausgestellt habe, an dem Bunsen schuld
sei; Bunsen schwieg, schickte aber seinen Sohn nach Berlin, der
nach unendlichen Versuchen der Russen, ihn zu verhindern, den
König zu sehen, endlich bei Sr. Majestät vorkam und ihn überzeugte, wie falsch die Anschuldigungen gegen seinen Vater seien.
Dies hielt schwer, indem der König sogar behauptete, Victoria
gestehe es ja selbst in ihrem Briefe, von dem sie Kopie habe, zu.
Auf das Drängen des Sohnes, ihm diesen Brief zu zeigen, versicherte der König, ihn nicht finden zu können, er lese selbst nicht
mehr, er sei ganz blind, sagte aber: ‚Sie haben mir es aber doch
so vorgelesen!' Der König schrieb einen höchst freundlichen, herzlichen Brief an Bunsen (den ich gesehen habe), in welchem er von
seiner eigenen unglücklichen Lage u. s. w. spricht. Nun bekommt
der Vater wieder die Weisung vom Ministerium, er solle auf sechs
Monate Urlaub wegen seiner Gesundheit nehmen, denn seine
Stellung hier sei kompromittierend. Bunsen erwiderte: er werde
thun, wie's befohlen würde, aber nach dem Aufsehen, das über die
ganze Sache gemacht worden, verlange er seine Rechtfertigung und
Ehrenrestituierung, damit der Urlaub nicht zur Schuldigerklärung
vor ganz Europa werde. Erhielte er diese nicht, so resignierte er.
Die einzige Antwort, die er erhielt, war: ‚Er solle sogleich aufs
Land, man hoffe, seine Gesundheit werde sich bessern; Besorgnis,
und diese allein, beseele den König!' Da schickte Bunsen seine
Resignation. Der König war nun wütend. Einer seiner Diener
unterstehe sich, ihm den Stuhl vor die Thüre zu stellen! 2c. Der
Prinz von Preußen verlangte, man solle Bunsen seine gerechte
Bitte, sich zu rechtfertigen, zugestehen und den Grafen von Alvens-
leben zum Schiedsrichter ernennen. Auf dieses wurde von den
Russen freudig eingegangen. Plötzlich hört der Prinz von Preußen,
daß an selbigem Tage die Resignation durch den Telegraphen

(ohne sein Wissen) angenommen worden sei. Er ging zu Alvensleben, der in einer Stunde gegen Bunsen entschieden hatte, nun aber eingestand, keinen der Rechtfertigungsbriefe Bunsens gelesen zu haben, sondern nur die ursprünglichen Anklagestücke. Der Prinz hatte eine Szene hierüber mit dem König und dem Minister und wurde aufs schmählichste behandelt. Ich verbürge die genaue Wahrheit des hier Gesagten. Welches Bild, der .... Bonin ist nun auch fort! Das Geld votiert, die Kammern sind entlassen! — Ich höre, der Prinz von Preußen soll auch bei der Gelegenheit des Sturzes Bonins aufs schändlichste und beleidigendste behandelt worden sein. — So lange dieser König lebt und regiert, wird an bessere Stellung Preußens auch zu England nicht zu denken sein. Der Brief, welchen Sie mir mitteilen, enthält viel Wahres, obgleich er dem Einflusse Lord Palmerstons zu viel beilegt und den inneren Zuständen Deutschlands zu wenig; denn, wenn zu solcher Schwäche und Vielwetterwendigkeit, wie sie der preußische Hof nun schon seit 1845 und 1846 zeigt, noch ein bedeutendes Begehrungsvermögen kommt, so wird seine Politik zugleich von Europa verachtet und gehaßt. Sie war: Anfeindung Louis Philipps, zweideutige Behandlung Belgiens, Karlismus in Spanien, Unterstützung König Ottos, Hostilität gegen die Schweiz, Zustimmung zur Vernichtung Krakaus, Hingebung an Metternichs Polizeimaßregeln, dann 1848 und 1849 Holstein, Malmö, Erfurt, Warschau und seitdem Neufchatel: reine Reaktion. Dazu paßt die Prätension zur Ländervergrößerung als liberaler, in Zivilisation fortschreitender, zu Englands Alliierten geborener Staat nicht!"

In den Denkwürdigkeiten Herzog Ernst' von Coburg wird uns der genauere Bericht eines Zeitgenossen über die Affaire Bonin mitgeteilt. Dieser schrieb darüber:

„Der Brief, welchen der Prinz unmittelbar nach der Entlassung des trefflichen Bonin an den König geschrieben, war nicht nur in bei weitem stärkeren Ausdrücken abgefaßt, als bekannt geworden, sondern enthielt auch Erklärungen und Lossagungen, die den König nach Äußerungen, die darüber in seiner nächsten Nähe gefallen sind, hätten veranlassen sollen, den Prinzen auf eine Festung zu schicken.

Wenn der König gerade in diesem Moment eine seltene und kaum noch von ihm bewiesene Mäßigung gezeigt, so war dies am allerwenigsten ein Verdienst der sein Ohr besitzenden Partei, die es an Hetzereien aller Art nicht fehlen läßt, um den Bruch zwischen dem Könige und dem Prinzen zu einem unheilbaren und eklatanten zu machen. Der .... sich bewegende Einfluß des Prinzen Karl, der dem Prinzen von Preußen schon seit dem Jahre 1848 Schritt für Schritt entgegengetreten, scheint gerade in dem letzten Konflikt wieder wirksamer hervorgegriffen zu haben.

Aber diesmal war es die gute Grundnatur des Königs, durch welche er sowohl über sich selbst, wie über die ihn umgebende und drängende Partei einen merkwürdigen Sieg davontrug. Er erklärte, daß der von dem Prinzen empfangene Brief ein solcher sei, den man nicht sogleich beantworten dürfe und über den er die Entscheidung auf 24 Stunden vertagen wolle. Nach Ablauf dieser Zeit setzte Se. Majestät ein eigenhändiges Rückschreiben an den Prinzen auf, worin von allen in dem Absagebrief des Prinzen enthaltenen Motiven und Erklärungen gänzlich abgesehen und ihm nur eröffnet wurde, daß ihm der König zu seiner Erholung einen vierwöchentlichen Urlaub für Baden=Baden bewillige, aber um so bestimmter darauf rechne, daß der Prinz am 6. Juni wieder vor ihm erscheinen werde, weil der König ein lebhaftes Bedürfnis in sich empfinde, diesmal in inniger Gemeinschaft mit seinem Bruder am 7. Juni den Todestag ihres Vaters, des hochseligen Königs zu begehen! Mein Gewährsmann, den ich als einen sehr nahestehenden Freund des Prinzen bezeichnen darf, fügt hinzu, daß der Prinz, dem inzwischen schon mehrere Ausdrücke seines Briefes leid geworden waren, von dieser Wendung sehr gerührt und bewegt worden sei."

In einem weiteren Schreiben heißt es:

„Die Entlassung des Kriegsministers von Bonin war nicht bloß ein persönliches Zugeständnis des Königs, sondern Folge einer direkten Aufforderung des Petersburger Kabinetts. — Dieser mir nachträglich bekannt gewordene Umstand mag es rechtfertigen, wenn ich heute nochmals auf diesen Gegenstand zurückkomme. Der König ließ Herrn von Manteuffel rufen und zeigte ihm an, welche Veranlassung eingetreten sei, um das Ausscheiden Bonins aus dem Kabinette zu bewirken. Manteuffel erwidert, daß die Befehle Sr. Majestät sofort ausgeführt werden sollen und entfernt sich, um die betreffende Kabinettsorder aufzusetzen. Am anderen Tage hatte von Bonin Vortrag beim König, bei dessen Schluß dieser bemerkt: ‚Ich kann Ihnen nur meinen unbedingten Beifall zu erkennen geben, wie ich auch allem, was Sie für Ihr Departement gethan, meine vollste Anerkennung aussprechen muß. — Aber doch habe ich Ihnen zugleich zu sagen, daß die Ehe, welche bisher zwischen uns bestanden, gelöst werden muß, und daß ich Ihnen eine andere Bestimmung an einem entfernteren Divisionsorte geben werde.‘ Herr von Bonin verneigt sich. Als er sich in das Vorzimmer hinausbegeben, tritt ihm Graf Dohna, jetzt der eigentliche Chef der russisch-preußischen Partei entgegen und übergiebt ihm die bereits ausgefertigte Kabinettsorder des Königs, die Herrn von Bonin nach Neiße versetzt. Dies ist ein Garnisonort, wo der bisherige Kriegsminister zugleich unter dem Befehl des Herrn v. L., eines vollkommen russifizierten preußischen Militärs und des persönlichen Lieblings des Zaren, stehen wird.

Graf Dohna knüpfte ein Gespräch mit Bonin an, worin er ihm vorwirft, daß er im Begriffe gewesen sei, durch seine russenfeindlichen Elemente ein Schisma in der preußischen Armee hervorzubringen, worauf Bonin entgegnet, daß es weit mit der preußischen Armee gekommen sein müßte, wenn sie über ihre Zugehörigkeit oder Nichtzugehörigkeit zu Rußland sich spalten könnte. In diesem Augenblick schickt der König, der die sehr laut gewordenen Stimmen der beiden Herren vernommen, seinen dienstthuenden Kammerherrn hinaus und läßt Herrn von Bonin noch für denselben Mittag zur Tafel befehlen. An der Tafel des Königs erhält Bonin seinen Platz neben dem russischen Gesandten Herrn von Budberg

und auf der anderen Seite einen russenfreundlichen General, auf
dessen Pensionierung Bonin vor kurzem hingewirkt hatte.

Frau von Bonin stellte neulich in einem Salon an Herrn
von Manteuffel die Frage, wie er seinen besten Freund habe
preisgeben können? worauf dieser erwiderte: ,Se. Majestät hat
vollkommen Freiheit, nach seinem Wunsch und Bedarf die Minister
zu behalten und zu entlassen.‘

„Die hier eben geschilderten Ereignisse“ — sagt Herzog
Ernst — „wurden mir von Bonin der Hauptsache nach bestätigt,
als mich derselbe wenige Tage nach seiner Enthebung in Koburg
besuchte. Man konnte in der That in sehr angesehenen Kreisen
der Residenz sowie ganz Preußens eine tiefgehende Bewegung
nicht verkennen, und schon wurde von vielen Seiten die Frage
aufgeworfen, ob es nicht zeitgemäß wäre, zur Bildung einer unter
der Führung des Prinzen von Preußen stehenden Partei zu schreiten.
Man nannte mancherlei Männer, welche bereit seien, zu einer
scharfen Opposition überzugehen, wie Graf Pourtales, Bethmann-
Hollweg, Graf v. d. Golz u. a. m.“

Der Herzog hatte vorlängst Beziehungen zu diesem Kreise
von Politikern angeknüpft, hatte aber nicht die Meinung, daß sich
der Prinz von Preußen an die Spitze irgend einer Partei stellen
könnte oder würde. Gleich auf die erste Nachricht von der Entfernung des Prinzen von Berlin hatte der Herzog sich an ihn
selbst mit einem Briefe gewandt, in welchem er sich dankbar für
des Prinzen energisches Auftreten aussprach. — Seine außerordentlich freundliche und für sein Wesen so sehr bezeichnende
Antwort vom 19. Mai aus Baden lautet folgendermaßen:

„Deine freundlichen Zeilen vom 16. d. M. sind mir ein recht
teurer Beweis Deiner teilnehmenden Freundschaft gewesen. Nicht
minder waren es die früheren interessanten Mitteilungen, von
denen die einen von hier kamen (von deren Kenntnis ich jedoch hier
nichts verlauten ließ). Der Überbringer jener Piecen, S., wird
Dir geschrieben haben, daß ich im Begriff war, Dir zu antworten,

da trat die Katastrophe ein, die mich hierherführte, so daß ich noch keine Muße fand, Dir zu schreiben.

Wenn ich durch mein momentanes Entferntsein von Berlin weder den König zwingen wollte, Bonin zu behalten, noch meine politischen Ansichten befolgen zu sollen — da Er Herr ist, nach gehörtem Gutachten Seine Befehle zu erteilen und die Wege anzugeben, die Er gehen will —, so konnte Er doch von mir nicht verlangen, daß ich meine vor der Welt offen daliegenden politischen Überzeugungen aufgeben solle, um Ihm behilflich zu sein, auf einen anderen Weg überzugehen. Um also mit mir selbst und vor der Welt nicht inkonsequent zu werden, hielt ich es für ratsam, dem Könige durch meine Entfernung bei zu fassenden Beschlüssen nicht ferner im Wege zu stehen und der Welt zu zeigen, daß ich als erster Unterthan auch der Erste sein werde, der den Befehlen des Königs gehorsam sein wird, aber nicht imstande bin, ihm bei einer politischen Schwenkung zu helfen, die gegen meine Überzeugung läuft.

Ein dauerndes Schisma darf zwischen dem König und mir nicht stattfinden, daher gehe ich mit meiner Familie zu meiner silbernen Hochzeit am 11. Juni nach Berlin, wodurch der Familienfrieden hoffentlich hergestellt ist. Indessen ich bleibe nur fünf bis sechs Tage dort und werde von nun an den politischen Verhandlungen keinen Teil mehr nehmen, es sei denn, daß die Schwenkung nach Osten nicht reussiert. Die Welt hat bereits erkannt, was meine momentane Entfernung zu sagen hat; sie wird durch mein ferneres Benehmen sehen, daß ich mit dem König Frieden halten muß, mich nicht mit seiner intentionierten Politik identifizieren kann, wenn ich ihm auch gehorchen muß."

Den von der Kamarilla verdrängten Kriegsminister Bonin finden wir noch einmal auf seinem Posten in der Zeit von November 1858 bis November 1859. Am 26. Oktober 1858 hatte der Prinz von Preußen die Regentschaft übernommen. Darauf gaben die bisherigen Minister Manteuffel, Raumer, Bodelschwingh, Waldersee ihre Entlassung ein, und der Fürst Anton von

Hohenzollern-Sigmaringen wurde am 5. November mit der Bildung eines neuen Ministeriums beauftragt. Dasselbe kam schon am 6. November zustande. Auerswald, Flottwell (bald darauf durch Schwerin ersetzt), Schleinitz, Bonin, Patow, Pückler, Bethmann-Hollweg traten als neue Minister in das Kabinett ein.

Bonins Nachfolger wurde im November 1859 General von Roon. Dieser wußte als Kriegsminister seinen Platz entschieden zu behaupten — gegen das Militärkabinett, das damals dem General von Manteuffel unterstand. Er fand die Unterstützung Bismarcks, der durch seine mächtige Persönlichkeit auch die späteren Kriegsminister jedem fremden Einfluß gegenüber stützte. Manteuffel unterlag dem Kriegsminister von Roon, umgekehrt ist Bonin dem Militärkabinett unterlegen, was sich erst 1896 wiederholt hat.

Edwin von Manteuffel.

In den ersten Jahren der Regierung Friedrich Wilhelms III.
hatte das Civil= und Militärkabinett den entscheidenden Einfluß
auf alle Angelegenheiten des Staates erhalten. Man kann die
Folgen davon nicht präziser darstellen, als es durch Stein in einer
Eingabe an den König vom April 1806 geschah. Er sagt: „Die
Kabinettsbehörde verhandelt, beschließt, fertigt aus in der Gegen=
wart des Königs und im Namen des Königs. Sie hat alle Ge=
walt, die endliche Entscheidung aller Angelegenheiten, die Besetzung
aller Stellen aber keine Verantwortlichkeit, da die Person des
Königs ihre Handlungen sanktioniert. Den obersten Staatsbeamten
bleibt die Verantwortlichkeit der Anträge, der Ausführung, die
Unterwerfung unter die öffentliche Meinung. Alle Einheit unter
den Ministern selbst ist aufgelöst, da sie unnütz ist, da die Re=
sultate aller ihrer gemeinschaftlichen Überlegungen, ihrer gemein=
schaftlichen Beschlüsse von der Zustimmung des Kabinetts abhängen.
Der Monarch lebt in Abgeschiedenheit von seinen Ministern. Eine
Folge dieser Lage ist Einseitigkeit in den Eindrücken, die er er=
hält, in den Beschlüssen, die er faßt, und Abhängigkeit von seinen
Umgebungen. Diese Einseitigkeit in den Ansichten und Beschlüssen
ist eine notwendige Folge der gegenwärtigen Einrichtung des
Kabinetts, wo alle inneren Angelegenheiten nur durch einen und
denselben Rat vorgetragen werden, der mit den verwaltenden Be=
hörden in keiner fortdauernden Verbindung steht!"

Stein forderte deshalb eine durchgreifende Änderung der Geschäfts=
formen, eine Zurückführung des Kabinetts auf die subalterne Stellung,
welche es unter Friedrich dem Großen eingenommen, eine wirkliche
Verantwortlichkeit, genaue Verbindung und alleinige Ausführung
der Minister, unterwarf die Personen der damaligen Kabinettsräte
einer sehr herben Beurteilung und prophezeite aus der Lage und der
Behandlung der Dinge ein furchtbares Unglück, wenn nicht die
Auflösung des Staates.

Es wurden einige Verhandlungen gepflogen, die damit endeten,
daß Stein als ein „widerspenstiger, trotziger, hartnäckiger Staats=
diener, der aus Kapricen, Leidenschaft und persönlichem Haß handelt",
seines Dienstes entlassen wurde. In der Sache ward nichts ge=
ändert. Das Verhängnis brach herein.

In Hüffers Buch, das vor 3 oder 4 Jahren erschienen ist:
„Die Kabinettsregierung in Preußen und Johann Wilhelm Lombard,
ein Beitrag zur Geschichte des preußischen Staates, vornehmlich in
den Jahren 1797 bis 1810" geht der Verfasser den bisher ganz
dunkeln Anfängen der Kabinettsregierung nach. Er zeigt, daß
diese Form der Staatsverwaltung, deren Absicht war, den Willen
des Königs mit Hilfe einiger unbedeutender und gefügiger Kabinetts=
räte unbehindert von seinen Ministern überall zur Geltung zu
bringen, dem Pflichtgefühl der Hohenzollern, insbesondere eines
Friedrich Wilhelm I. erwachsen, für den beschränkten Umfang des
Staates und für die Arbeitskraft Friedrichs des Großen wie ge=
schaffen war, wenngleich auch unter ihm schon einige Nachteile
hervortraten. Als nun aber der Staat wuchs, die Gefahren immer
größer und die Persönlichkeiten der Herrscher unfähig wurden, das
Ganze der Staatsverwaltung in sich zu centralisieren, da wurde
eine Vereinigung von Schreibern zu dem maßgebenden Rate des
Königs, und an Stelle der Minister entschieden die gesellschaftlich
tief unter ihnen stehenden, zudem unverantwortlichen Kabinettsräte
über die wichtigsten Angelegenheiten. Man machte zwar bei dem
Regierungsantritt Friedrich Wilhelms II. wie Friedrich Wilhelms III.
Verbesserungsvorschläge, und es ist ein besonderes Verdienst Hüffers,

sie ans Licht gezogen zu haben, aber die Unhaltbarkeit der ganzen Institution erwies sich in den Verwickelungen mit Frankreich, die sich seit dem Anfang des neuen Jahrhunderts immer ungünstiger gestalteten.

Die traurige Geschichte der sich folgenden Demütigungen Preußens, welche die Niederlage von 1806 einleiteten, hat Hüffer eingehender dargestellt. Als Frucht erhob sich noch vor der Zertrümmerung des Staates durch Napoleon im Innern eine wachsende Opposition gegen das Kabinett, die nach Hüffer zunächst einer persönlichen Gereiztheit Hardenbergs gegen Haugwitz und die Kabinettsräte Lombard und Beyme entsprang, aber durch die denkwürdigen Denkschriften Steins sachlich vertieft wurde. Der Gang von Jena nach Tilsit und der Druck der folgenden Jahre brach den Widerstand aller, die noch am Alten hielten; das Kabinett wurde aufgelöst und bei der Stein-Hardenbergschen Neugestaltung war es das erste, daß die unsicher begrenzten Amtsbefugnisse der Kabinettsräte in die Hände verantwortlicher Staatsminister übergingen.

Es war im Dezember 1806, als Hardenberg damals gemeinschaftlich mit Stein zum ersten Male für die Entlassung des Kabinetts und die Errichtung eines allein verantwortlichen Gesamtministeriums aufs lebhafteste eintrat. In einem aus jenen Tagen datierten Brief an General Rüchel setzt Hardenberg auseinander, daß es eine heilige Pflicht der Kabinettsräte gewesen wäre, da sie die üble Stimmung gegen sich kennen müßten, freiwillig aus ihren Ämtern zu scheiden und fährt alsdann fort: „Für die Leitung der auswärtigen Angelegenheiten, zumal in einem Zeitpunkt, wo wir nicht etwa am Rande des Abgrundes sind, sondern tief in solchem; wo Rettung bei dem angestrengtesten Eifer dennoch so zweifelhaft bleibt und daher alle Hindernisse sorgfältig und mit Mut entfernt werden müssen, wenn man den Zweck erreichen will — für diese Leitung, die ich wieder übernehmen will — für diese Leitung, die ich wieder übernehmen soll, ist die Sache so wichtig, daß ich fest entschlossen bleiben muß, jene Leitung nicht zu übernehmen, wenn die erwähnten Männer in ihren Stellen und um den König bleiben

und ein Kabinett neben dem Kabinettsministerio fortdauert." Die
Beyme und Genossen siegten indes auch damals, und an Stelle
Hardenbergs wurde General Zastrow mit der Leitung des Auswärtigen betraut, der bekannte Friedensunterhändler, welcher durch
Preußens Teilnahme am Rheinbund den Sieger von Jena zu ver-
söhnen gehofft. Die schlimmsten Auswüchse der Kabinettswirtschaft
wurden freilich bald darauf beseitigt, aber der Einfluß der Nebenregierung war keineswegs völlig gebrochen. Hardenberg sollte das
noch 1815 bitter empfinden. Bekanntlich war es in diesem Jahre,
als der bekannte Denunziant, Geh. Justizrat Professor Schmalz,
in einer Broschüre die Männer des Tugendbundes in arger Weise
verleumdete — und einen Orden — den roten Adlerorden dafür
erhielt. Diese Ordensverleihung war geschehen ohne Wissen und
ohne die Mitwirkung Hardenbergs, lediglich durch den Einfluß des
Oberkammerherrn Fürsten von Sayn-Witgenstein, des Oberhauptes
der Feudalen, also der dem Staatskanzler Hardenberg feindlichen
Partei. Hardenberg führte damals Beschwerde wegen der ver-
letzten Form. Stein, Humboldt und Gneisenau rieten ihm dringend
zu energischeren Schritten, Hardenbergs versöhnliches Gemüt hoffte
aber, der König, wenn auch für den Augenblick irregeleitet, werde
alsbald das begangene Unrecht einsehen. Nicht alle teilten diese
Zuversicht des Staatskanzlers; Gneisenau z. B. sagte: „Wer
dieses sich gefallen lasse, werde sich bald mehr gefallen lassen
müssen!"

Ein anderer Fall ist uns aus der Lektüre des „Lebens
Gneisenaus von Hans Delbrück" in Erinnerung. Gleich nach
dem Ende der Freiheitskriege, 1816, wurde Gneisenau aus seiner
Stellung als Kommandierender des rheinischen Armeekorps entlassen und zwar auf Grund differirender Ansichten zwischen dem
Minister und dem Kabinett. Der Kriegsminister Boyen war für
den verdienten Heerführer eingetreten, die Machination des Kabinetts
stürzte ihn.

Wir haben gesehen, welche Bedeutung das Militärkabinett
unter Friedrich Wilhelm IV. hatte. Erst unter König Wilhelm I.

trat dasselbe mehr und mehr zurück, wenn auch nach schweren
Kämpfen. Der Kriegsminister von Roon wußte seinen Platz ent=
schieden zu behaupten und fand darin die Unterstützung Bismarcks,
namentlich dem Freiherrn von Manteuffel gegenüber, der 1857
Chef des Kabinetts wurde und diese Stellung bis 1865 behauptete,
wo er dem Kriegsminister weichen mußte.

General=Feldmarschall Freiherr Edwin Hans Karl von
Manteuffel wurde am 24. Februar 1809 zu Dresden geboren,
wo sein Vater in königlich sächsischen Diensten als Regierungs=
präsident des Markgrafentums Niederlausitz stand.

Am 29. April 1827 trat der Sohn als Avantageur in das
Gardedragoner=Regiment, ward am 15. Mai 1828 zum Offizier
befördert und besuchte dann die allgemeine Kriegsschule von 1834
bis 1836. Die aufgezeichneten Zeugnisse, welche sich Leutnant
von Manteuffel während dieser ersten Studienzeit erwarb, lenkten die
Aufmerksamkeit seiner Vorgesetzten sehr bald auf ihn und empfahlen
ihn zu vorzugsweiser Beförderung. Dieselbe ward ihm zunächst
durch ein Kommando als Adjutant bei dem Gouverneur von
Berlin, dem bekannten General von Müffling, zuteil.

Von dem Gouverneur trat er 1839 als Adjutant zur
3. Garde=Kavalleriebrigade und demnächst in gleicher Stellung
zu dem Prinzen Albrecht von Preußen über. Im Jahre 1843
wurde von Manteuffel unter Beförderung zum Rittmeister in die
Adjutantur versetzt und definitiv als persönlicher Adjutant des
Prinzen Albrecht angestellt. In diesem Verhältnis, in welchem
er in nahe und freundschaftliche Beziehungen zu seinem erlauchten
Chef trat, blieb Freiherr von Manteuffel bis 1848, wo er nach
Ausbruch der Märzrevolte zur Dienstleistung als Flügeladjutant
zu König Friedrich Wilhelm IV. kommandiert ward. Damit
beginnt einer der denkwürdigsten und von geschichtlichen Erinne=
rungen reichsten Abschnitte seines Lebens. Im Jahre 1848 zum
Major, 1852 zum Oberstleutnant befördert, erhielt der Verewigte
auf seine wiederholte Bitte, in den Truppendienst zurückkehren zu
dürfen, am 1. Oktober 1853 das Kommando des 5. Ulanen=
regiments in Düsseldorf.

In der Zeit, in welcher der damalige Oberstleutnant von
Manteuffel an der Spitze des genannten Regiments stand, betraute
ihn König Friedrich Wilhelm IV. mehrfach mit wichtigen diplomatischen Missionen; namentlich ging er in außerordentlicher
Sendung 1854 während des Krimkrieges an den russischen und
später an den österreichischen Hof und begleitete den Monarchen
auf dessen Reisen. Gegen Ende des Jahres 1856 zum Kommandeur
der 3. Kavalleriebrigade in Stettin ernannt, berief ihn der Wille
seines obersten Kriegsherrn im Jahre 1857 zur Leitung des
Militärkabinetts.

In diesem wichtigen Wirkungskreise, dem Edwin von
Manteuffel fast acht Jahre hindurch bis 1865 vorstand, griff er
tief in die Personalverhältnisse der Armee ein und erwarb sich
durch seine auf Verjüngung des Offizierkorps der höheren Chargen
gerichtete einflußreiche Thätigkeit ein unvergängliches Verdienst um
die Kriegstüchtigkeit des Heeres. Nachdem er an den Kämpfen
des dänischen Feldzuges im Jahre 1864 teilgenommen, ward der
General, der bereits im Jahre 1861 zum Generalleutnant
avanciert, im Jahre 1865 mit dem Oberbefehl über die Truppen
in den Elbherzogtümern beauftragt und sehr kurze Zeit darauf
zum Gouverneur des Herzogtums Schleswig ernannt.

In dieser schwierigen Position mußte er unter Wahrung der
seiner Leitung anvertrauten militärischen Interessen in geschickter
und versöhnlicher Weise die schroffen Gegensätze zu mildern, die
das Verhältnis zu den Landesbehörden des okkupierten Herzogtums
Schleswig, wie das Kondominat mit Österreich erzeugte.

Als die unaufhaltsame Zuspitzung des Gegensatzes, welcher,
wie bekannt, den Ausgang dieser Periode der zeitgenössischen
Geschichte bildete, den Ausbruch von Feindseligkeiten nicht länger
hinausschieben ließ, rückte General von Manteuffel, um den Zu-
sammentritt der holsteinischen Ständeversammlung zu verhindern,
am 6. Juni in Itzehoe ein, überschritt die Eider und begann damit die Operationen des Feldzuges von 1866 auf diesem Teile
des Kriegsschauplatzes. Auf Befehl des Königs Wilhelm schloß

er dann am 29. Juni die Kapitulation mit der hannöverschen Armee ab, trug dann mit seiner Division zu den siegreichen Gefechten bei Hausen, Friedrichshall und Waldaschach 10. Juli bei und übernahm am 19. Juli nach der Abberufung des Generals Vogel von Falckenstein nach Böhmen den Befehl über die Mainarmee.

Nach beendigtem Feldzug in Süddeutschland, für welchen ihm der Orden pour le mérite verliehen ward, ward er wiederum der Träger einer wichtigen politischen Mission bei Kaiser Alexander II., die sich auf die Neugestaltung der territorialen Verhältnisse Norddeutschlands bezog. Am 15. September 1866 zum kommandierenden General des neugebildeten 9. Armeekorps in den nunmehr zu einer preußischen Provinz umgewandelten Herzogtümern Schleswig-Holstein ernannt, verließ der General auf kurze Zeit im Jahre 1867 den aktiven Dienst und trat im August 1868 die Stellung als kommandierender General des 1. Armeekorps an.

Das 1. Korps wurde im August 1870 der ersten Armee unter General von Steinmetz zugeteilt, am 14. August stand er vor Metz und führte in der Schlacht bei Colombey-Nouilly mit dem 7. Korps die Entscheidung herbei, welche den Abzug der Rheinarmee am folgenden Tage verhinderte. Am 31. August und 1. September siegte Manteuffel in der entscheidenden Schlacht bei Noisseville, und nach Übernahme des Oberbefehls der 1. Armee am 27. September 1870 bei Amiens und am 23. Dezember an der Hallue. Dann drängte er an der Spitze der Südarmee am 1. Februar 1871 die französische Ostarmee bei Pontarlier über die Grenze.

Die letzte französische Armee ward in der Schweiz entwaffnet und dadurch der Krieg beendet. An Stelle des Prinzen Friedrich Karl übernahm Manteuffel nach der Auflösung der Südarmee den Oberbefehl der 2. Armee und zog in dieser Eigenschaft am 16. Juni 1871 in Berlin ein. Am 22. März war ihm das Großkreuz des eisernen Kreuzes verliehen worden, jetzt wurde er mit dem höchsten Orden, dem schwarzen Adlerorden, geschmückt.

Durch allerhöchste Kabinettsorder vom 29. Juni ward Manteuffel mit dem Oberbefehl über die in Frankreich zurückbleibende Okkupations= armee betraut. Im Jahre 1879 wurde er Gouverneur von Elsaß= Lothringen.

Freiherr von Manteuffel war Soldat aus eigener Wahl; allein angeborene Neigungen und Studien machten ihn zum Staatsmann. Die Vereinigung beider Eigenschaften erhob den Träger zu einem unentbehrlichen Werkzeuge seines Königs. In der Zeit, wo der Freiherr von Manteuffel dem Militärkabinett des Königs Wilhelm I. vorstand, wurde die Stellung dieser unverantwortlichen Behörde neben dem verantwortlichen Kriegsministerium vielfach erörtert, so auch in Twestens Schrift „Was uns noch retten kann".

„Mit der gegenwärtigen Verfassung des Staates, sagte Twesten, verträgt sich die Stellung des Civil= und Militärkabinetts als besondere Instanzen neben den verantwortlichen Ministern noch weit weniger. Im besten Falle wird dadurch die Behandlung der Geschäfte erschwert und verzögert; in der Regel wird die Energie und die Einheitlichkeit der Staatsverwaltung darunter leiden, werden die größeren und umfassenderen Entwürfe der Minister vermehrte Schwierigkeiten und Hindernisse dadurch erfahren. Wir glauben nicht, daß in irgend einem anderen europäischen Staate von Per= sonen außerhalb des Ministeriums offiziell ein so großer Einfluß auf die Regierungsgeschäfte geübt wird. In der neueren Zeit sind die traurigen Folgen einer solchen Doppelregierung aller Welt kund geworden. Die Zerwürfnisse zwischen den Ministern und einigen Personen der Umgebung des Königs waren vor 1857 allgemein bekannt. Sie führten zu jenem Skandal, daß der Ministerpräsident von Manteuffel und der General=Polizei=Direktor von Hinckeldey Spione besoldeten, welche den vertrautesten Dienern ihres Königs und Herrn die Briefe stahlen. Herr von Manteuffel soll sich da= mit gerechtfertigt haben, daß der Minister der auswärtigen An= gelegenheiten wissen müsse, was vorgehe, wenn hinter seinem Rücken eine zweite Politik getrieben werde. Sind auch so herbe Gegen= sätze, so schreiende Dissonanzen zu vermeiden, so fällt doch der in

6*

gefährlicher Lage doppelt notwendige Zusammenhang, die innige
Verbindung und Wechselwirkung aller einzelnen Teile der Staats=
geschäfte, der Civil= und Militärangelegenheiten, der inneren und
äußeren Politik unausbleiblich dahin, sobald der Schwerpunkt der
Verwaltung auch nur in irgend einem Gegenstande nicht mehr in den
Händen des Ministerrats ruht.

Am gefährlichsten erscheint in diesem Augenblick die Stellung
des Militärkabinetts. Dasselbe vertritt grundsätzlich das Prinzip,
die Armeeangelegenheiten von dem ganzen übrigen Organismus
des Staates getrennt zu halten, jeden anderen Einfluß, jede
andere Rücksicht abzuschneiden. Als Vorwand scheint geltend ge=
macht zu werden, daß die Armee der unbedingten und ausschließ=
lichen Verfügung des Königs vorbehalten bleiben müsse, daß weder
Minister noch Kammern darin mitzureden hätten. Das ist ein
Grundsatz des römischen Imperatorentums; Tacitus erzählt, daß
ein Senator Junius Gallio, um dem Tiberius zu schmeicheln, im
Senate neue Ehren für die kaiserlichen Garden vorschlug. Da
fuhr ihn der Kaiser entsetzlich an, über die Soldaten habe Niemand
zu sprechen als er. Der Unglückliche mußte froh sein, mit dem
Leben davon zu kommen, und in harter Verbannung das Vergehen
büßen, der Armee gedacht zu haben.

Die einseitige und abgeschlossene Stellung des Heerwesens
wird besonders gefördert, wenn die Trennung selbst im Zentrum
der Staatsverwaltung stattfindet. Auch in Österreich suchte man
bis zu dem Feldzuge von 1859 die militärischen Angelegenheiten
gänzlich von der übrigen Verwaltung zu scheiden, jeder Einwirkung
des Ministerrates zu entziehen. Der Kriegsminister steht doch
noch in einer notwendigen Verbindung mit den übrigen Chefs der
Regierung, das Militärkabinett ganz außerhalb. Die Teilung der
Arbeit zwischen Ministerium und Kabinett kompliziert und erschwert
die Geschäfte. Reibungen — wie Stein sie schildert — können
nicht ausbleiben, Offiziere, wie die Herren von Voigts-Rhetz und
von Hartmann, die eines hervorragenden Rufes im Heere genießen,
denen man in der Führung und der Verwaltung der Armee eine

bedeutende Zukunft verheißt, wurden als zu selbständige und daher unbequeme Mitarbeiter aus dem Kriegsministerium entfernt, wie 1850 der energische General von Griesheim beseitigt ward.

Es ist einer der Charakterzüge des ausgebildeten Bürcaukratismus: fest geschlossen nach außen, innerlich Streit und Widerwille. Die waltende Militärpartei macht eine so große, das ganze Staatswesen affizierende Frage wie die Reorganisation der Armee zu einer bloßen Frage militärischer Technik, der sich Minister und Kammern ohne Weiteres fügen sollen. General von Bonin hatte unter Beistimmung der übrigen Minister einen Plan ausgearbeitet; das Kabinett lieferte einen anderen, der die Kräfte des Landes unermeßlich mehr in Anspruch nimmt. Herr von Bonin ging ab, Herr von Roon ward zur Ausführung des Planes berufen."

Ein Brief des Kaisers Wilhelm I. aus dem Jahre 1861 an den damaligen Kriegsminister von Roon bezieht sich auf den Zweikampf Manteuffel-Twesten, welcher die Folge der erwähnten Schrift über das Militärkabinett war. Das Schreiben des Königs lautete:

Berlin, 27. 5. 61. ½12 Uhr Nachts. Daß der Verlauf dieser Woche das Maß meiner Leiden voll machen würde, war ich erwartend; daß aber der erste Tag derselben in seiner letzten Stunde dies Maß schon füllen würde, ahndete mir nicht! Vermutlich hat General von Manteuffel Ihnen bereits auch Mitteilung von seinem heute vollzogenen Duell mit dem p. Twesten jun. gemacht, den er verwundete, während er unverletzt blieb. Die zwei Anlagen werden Sie über Alles aufklären, wenn Sie es noch nicht sein sollten. Das Nächste, was zu thun ist, ist wohl, daß ich ihn sofort von seinen Funktionen suspendiere, wie er es selbst verlangt, und General Alvensleben sofort die Geschäfte übertrage.

Nächstdem glaube ich, wird nichts übrig bleiben, als das kriegsrechtliche Verfahren gegen ihn eintreten zu lassen, sowie mein seliger Vater gegen den damaligen Major von Thile (1818) verfuhr. Doch darüber mündlich das Weitere. So sehr wie Ihre

Zeit auch in diesen Tagen beschränkt ist, so muß ich Sie doch schon morgen früh um 8 Uhr sprechen. In diesem Moment Manteuffels Dienste zu entbehren, der Triumph der Demokratie, ihn aus meiner Nähe gejagt zu haben, das Aufsehen was dies Ereignis in meiner allernächsten Umgebung machen muß, das sind Dinge, die mir fast die Sinne rauben können, weil es meiner Regierung einen neuen unglückseligen Stempel aufdrückt!! Wo will der Himmel mit mir hin! Wilhelm.

Die diesem Schreiben beigefügten Anlagen enthalten einen ausführlichen Bericht Manteuffels über das stattgehabte Duell und dessen Veranlassung, und ferner eine Art von Testament des Generals an den König, welches diesem ursprünglich nur für den Fall übergeben werden sollte, daß Manteuffel fiel; es war dies eigentlich eine umfangreiche Denkschrift politischen und sehr merkwürdigen Inhalts, die Manteuffel nach Erledigung des Duells nun aber doch mitsandte, da „Sr. K. Majestät daran liegen muß, zu wissen, wie es in der innersten Brust eines Allerhöchst dero geheiligten Person nahestehenden Dieners aussieht", wie er dabei schrieb.

Frhr. von Manteuffel hatte seine Gegner nicht bloß in dem liberalen Lager, dem ein Twesten angehörte, und dessen Feindschaft wider den Chef des Militärkabinetts lediglich in dem Widerstande wurzelte, den er der Armee-Reorganisation entgegensetzte. Manteuffel kam durch seine Auffassung von der Stellung des Militärkabinetts auch in Konflikt mit ihm sehr nahe stehenden, politisch durchaus homogenen Persönlichkeiten, gelegentlich mit dem Monarchen selber, ein so unerschütterliches Wohlwollen dieser ihm auch bewahrte. Die Kämpfe, die der Kriegsminister von Roon fortwährend mit Manteuffel zu bestehen hatte, sind typisch geworden für die Beziehungen zwischen Militärkabinett und Kriegsministerium überhaupt. König Wilhelm I. hatte seine liebe Not, um zwischen den beiden rivalisierenden Militärs den Frieden zu wahren. Schon im Dezember 1858, wo der Prinz-Regent eben erst ans Ruder gekommen ist, schreibt er an Manteuffel: „In der Anlage enthalten die ein-

geklammerten Sätze Seite 1 und 2 die Anbahnung eines völligen
Bruches mit meinem Kriegsminister. Da ich denselben nicht will,
so wollen Sie diese 2 Seiten ganz fortlassen". Wir wollen hier
ein Schreiben des Königs wiedergeben, dessen Veranlassung nicht
genau feststeht, das aber beweist, daß arge Verstöße des Chefs
des Militärkabinetts vorgekommen sein mußten.

Weimar, den 22. August 1860.

Ihr Schreiben vom 29. v. M. habe ich gestern hier vorge-
funden. Sie wünschen sich in meinen Augen zu rechtfertigen oder
vielmehr wieder gehoben zu werden, infolge des dienstlichen Ver-
weises, den ich Ihnen geben mußte. Das wird hoffentlich sehr
leicht sein. Sie wissen, wie ich seit vielen Jahren Sie wegen
Ihrer ganzen Eigentümlichkeit und Persönlichkeit gern ausgezeichnet
habe und, wie ich hoffe, Ihnen in Ihren Dienststellungen behilflich
gewesen bin. Bei solcher Kenntnis Ihrer Sie bezeichnenden Eigenschaften mußte es mir doppelt schwer werden, streng gegen Sie zu
sein; indessen der Dienst erforderte es, der vor allem unparteiisch
sein muß. Aber gerade bei meiner genauen Kenntnis Ihrer wußte
ich auch im voraus, daß nur ein momentanes Aufwallen Sie
momentan verleitet haben konnte, Ihre Wortfügungen nicht genau
genug zu kontrollieren. Dem Dienst ist sein Recht geschehen, und
das bürgt mir für Rückfälle. Noch mehr aber bürgt mir Ihr
Charakter, Ihr Diensteifer und Ihre ganze Persönlichkeit, daß
Sie selbst das Vorgefallene vergessen machen werden, was ich mit
Schluß dieses Briefes als bereits vergessen deklariere, da ich hoffe,
von meinen Untergebenen bereits so weit gekannt zu sein, daß ich
nicht der Mann des Nachtragens bin. Möge dies alles zu Ihrer
völligen Berichtigung beitragen, wie es mein bester Wunsch ist.

(gez.) Prinz von Preußen."

Im Jahre 1863 war das Abgeordnetenhaus aufgelöst worden.
Bei den Neuwahlen wurde dem aktiven Militär die Ausübung
des ihm gesetzlich noch zustehenden Wahlrechts untersagt. Auch
bei diesem doch immerhin hochpolitischen Akte hatte Manteuffel
seine Hand im Spiele. „Roon", so heißt es in den Denkwürdig-

keiten, „gelang es inbetreff der aktiven Personen des Soldaten=
standes, unterstützt von dem in gleichen Anschauungen stehenden
Generaladjutanten von Manteuffel, deren Beteiligung an den
Wahlen von diesem Wahltermin an vollständig zu verhindern."

Weiter vermelden Roons Denkwürdigkeiten vom Anfang des
Jahres 1864: „In denselben Tagen war der Generaladjutant
(und Chef des Militärkabinetts) Freiherr von Manteuffel mit
einem eigenhändigen Schreiben des Königs und persönlichen Auf=
trägen für den König von Sachsen nach Dresden gegangen; König
Wilhelm wünschte mit diesem persönlichen Schritte zu zeigen, wie
unlieb die infolge verschiedener Reibungen damals eingetretene und
immer schärfer werdende Spannung zwischen der preußischen und
einigen anderen Regierungen (namentlich Sachsen und Hannover)
ihm sei und hoffte, die mit der Okkupation von Holstein ꝛc. zu=
sammenhängenden Differenzen durch seine persönliche Intervention
am schnellsten zu beseitigen. General von Manteuffel berichtete
über den vorläufigen Erfolg seiner Mission vom 16. Februar aus
Dresden an den König. In diesem Bericht wird zunächst seine
gute und wohlwollende Aufnahme seitens des Königs von Sachsen
erwähnt. Dann fährt er fort:

„Mit Minister von Beust hatte ich eine lange Unterredung.
Er fährt heute Nachmittag nach Würzburg und meint, daß es für
die dortigen Verhältnisse von Wichtigkeit sei, daß er meine Anträge
gehört, daß aber sein König schwerlich vor seiner Rückkehr werde
antworten können; ich gab ihm zur Erwägung, ob es in Berlin
einen guten Eindruck machen würde, wenn ich bis zu seiner Rück=
kehr hier spazieren ginge, und daß es jedenfalls gewisse Dinge in=
betreff der militärischen Fragen in Holstein gäbe, die sein König
als Herr des Generals von Hake vorläufig und gleich erledigen
könne. Herr von Beust hatte den Brief Ew. Majestät noch nicht
gelesen und ging zum Könige; ich habe mir mit ihm ein neues
Rendezvous um 3 Uhr gegeben. Ew. Majestät Gesandten habe
ich aufgesucht und habe ihn kurz von dem Inhalt meiner Unter=
redung in Kenntnis gesetzt. Ich habe den Eindruck, daß es für

die unmittelbar vorliegenden Fragen Ew. Majestät Brief von Erfolg sein wird — ob er auch Einfluß auf die Dauer haben wird, kann ich noch nicht beurteilen."

Von direkter Beeinflussung eines vor dem Feinde kommandierenden Generals durch Manteuffel giebt uns der folgende Brief vom 12. März 1864, an Roon gerichtet, Kunde:

„Es ist eine alte Erfahrung, daß ein General, der seine Aufgabe nicht lösen will, Schwierigkeit auf Schwierigkeit türmt, die feindliche Stellung und Stärke hervorhebt, die seine herabsetzt und seine Energie bei Entwerfung weiterer Projekte zu zeigen sucht. Der Fall liegt hier vor. Ew. Exzellenz teile ich vertraulich die Abschrift eines Briefes mit, den ich vorgestern an den Prinzen (Friedrich Karl) gerichtet. Es war nötig Seiner Königl. Hoheit seine moralische Stellung zu den Düppler Schanzen zu verdeutlichen zu versuchen; ich fürchte nur, daß meine Feder allein zu schwach ist. Der König spricht in seinen Bemerkungen von Hofkriegsrat; gewiß richtig, aber das ist nicht Hofkriegsrat, wenn ein General eine bestimmte Aufgabe erhält, und wenn darauf gehalten wird, daß er diese ausführt. Den Sturmversuch unter dem Vorwande einer Unternehmung in die Ferne, die von Wind, dänischer und preußischer Flotte abhängig bleibt, aufzuschieben, ist nicht Lösung der Aufgabe."

Zum Schluß noch eine Probe von der Rührigkeit, mit der Manteuffel alle Fragen der inneren Politik behandelt, Ministerkrisen zu inscenieren und für Staatsstreiche Stimmung zu machen sucht. Er schreibt unter dem 4. Juni 1865 an Roon: „..... Ich bitte Ew. Exzellenz herzlich, Bismarck im Auge zu haben und Fühlung mit ihm zu halten. Ich fürchte heißsporniges Blut und das darf nicht sein. Ich bitte Ew. Exzellenz wiederholt, die Sachen zu überwachen; es giebt zu hohes Spiel, und der Staat ist die Hauptsache ...." Am Schlusse desselben Schreibens heißt es u. a. in Anspielung auf den andauernden inneren Konflikt: „Sonst weiß ich nichts neues, als daß Napoleon (d. h. der wirkliche) als Leutnant Ludwig XVI. tadelte, daß er die rebellische Kammer nicht zum Teufel jagte, und daß er, älter geworden, im Jahre 1815 eine rebellische Kammer duldete und von ihr abgesetzt wurde."

Wilhelm I. ließ den Chef des Militärkabinetts fallen, als die Schwierigkeiten, welche das Nebeneinanderwirken des Kriegsministers und des Kabinettschefs bereitete, so zunahmen, daß einer der beiden weichen mußte. In Roons Denkwürdigkeiten finden wir an unzähligen Stellen Anträge, Vorschläge, Ratschläge des Chefs des Militärkabinetts, die eigentlich Sache des Kriegsministers gewesen wären, bis denn Roon die Geduld verlor und sich die Bevormundung durch Manteuffel, der „seine Eigenschaft als unmittelbarer Ratgeber des Königs geltend gemacht hatte", nicht weiter gefallen ließ, sondern die Versetzung des Chefs des Militärkabinetts durchsetzte.

Während der Vorbereitung der Militärvorlagen kam es im Januar 1865 zu ernsten Auseinandersetzungen zwischen dem Kriegsminister und Manteuffel. Roon sah sich gezwungen, die allzuweit gehenden Ratschläge Manteuffels zurückzuweisen, da er sie für Bevormundung erachten mußte; er war der Meinung, er dürfe sich dies, trotz der sehr vertrauten Stellung Manteuffels zum Könige, nicht bieten lassen. Im Laufe der Erörterungen drückte Manteuffel, der seine Eigenschaft als unmittelbarer Ratgeber des Königs geltend gemacht hatte, dann wiederholt den Wunsch aus, die Stellung als Chef des Militärkabinetts aufgeben zu dürfen, und bat Roon, ihm zu einem Kommando in der Armee behülflich zu sein. Dazu kam es zwar vorläufig noch nicht, und die beiden Männer, welche so manchen ernsten Strauß nebeneinander fechtend bestanden hatten, versöhnten sich auch wieder; aber die Schwierigkeiten, welche das Nebeneinanderwirken des Kriegsministers und des Kabinettschefs naturgemäß hatten und immer haben wird, und zu deren Überwindung bei der eigentümlich zarten Natur der Stellung beider zum Könige und zu einander von beiden Seiten permament eine nicht geringe Selbstverleugnung geübt werden mußte — waren bei dieser Gelegenheit sehr deutlich hervorgetreten und hatten auch bei Roon zweifellos den Wunsch zurückgelassen, daß diese Situation bei passender Gelegenheit geändert werden möchte, so lebhaft er im übrigen nicht nur Manteuffels Charakter und hervorragende Leistungen zu schätzen wußte, sondern auch sein heilsames Wirken zum Wohle der Armee immer mit Wärme anerkannt hat. Immerhin hat es noch Monate gedauert, bis der König seine Zustimmung zu anderweitiger Verwendung des Generals Manteuffel gegeben hat, da er an diesen gewöhnt war und sich nicht von ihm trennen mochte.

General von Manteuffel hatte sich der Aufgabe gewidmet, das überalterte preußische Offizierkorps zu verjüngen. Er besaß das volle Vertrauen des Königs trotz der einzelnen erzählten Konflikte. Seine Thätigkeit mußte viel Haß einbringen, weil die Interessen einer Reihe von Persönlichkeiten durch das schonungslose Vorgehen geschädigt wurden, und die hervorgerufene Erregung sich gegen den Ratgeber des Königs richtete. Des Königs Wohlwollen für ihn zeigte wieder eine eigenhändige Bemerkung zu dem folgenden Schriftstücke, einer ganz im dienstlichen Stil gehaltenen Kabinettsorder.

„An meinen Generaladjutanten Generalleutnant Freiherrn von Manteuffel. Ich beauftrage Sie hierdurch unter Entbindung von der Stellung als Chef der Abteilung für die persönlichen Angelegenheiten im Kriegsministerium, mit Beibehalt Ihres Verhältnisses als mein Generaladjutant und vortragender Offizier in meinem Militärkabinett, mit dem Oberbefehl über die Truppen in den Elbherzogtümern, behalte mir jedoch vor, den Zeitpunkt näher zu bestimmen, an welchem Sie dieses Kommando anzutreten haben. Zugleich benachrichtige ich Sie, daß ich das Ministerium meines königlichen Hauses angewiesen habe, Ihnen die bisherige Zulage von 800 Thalern jährlich aus dem Kronfideikommißfonds nach wie vor fortzahlen zu lassen.

Karlsbad, den 29. Juni 1865. (gez.) Wilhelm."

Auf demselben Blatte hat der König dann folgendes eigenhändig hinzugefügt:

„Wie schwer es mir geworden ist, diese Ordre zu zeichnen,

wissen Sie in vollstem Maße! Und freue mich daher doppelt,
Sie noch einige Zeit, wegen wichtiger Fragen, in meiner Nähe
zu behalten. Dennoch möge hier schon mein innigster Dank Platz
finden und die vollste Anerkennung geschrieben stehen, die ich Ihnen
für die hohe Gewissenhaftigkeit, Redlichkeit, Umsicht und Un-
parteilichkeit zolle, mit welcher Sie Ihr schweres und umfassendes
Amt unter meinem seligen Bruder und König und unter mir ver-
waltet haben. Mit Umsicht und Ausdauer haben Sie mir namentlich bei dem großen Werk der Reorganisation der Armee zur
Seite gestanden und diese Schöpfung mit Energie gegen alle
Parteiangriffe zu verteidigen gewußt, denn Sie fühlten wie ich,
daß dies das Recht der Armee, also des Vaterlandes verlangt.
Für solche Leistungen tragen Sie den schönsten Lohn in Ihrem
Herzen, den der gewissenhaften Pflichterfüllung. In der Verleihung
des Kreuzes der Großkomthure meines Hohenzollernschen Hausordens möge die Welt es aber erkennen, wie ich Treue und Hingabe anzuerkennen und zu belohnen wünsche. Ihr dankbarer
(gez.) Wilhelm."

General von Manteuffel ist damals noch mehrere Monate
in der Begleitung des Königs geblieben, dann erst im August erhielt er den Befehl, sich auf seinen neuen Posten zu begeben, nicht
ohne einen neuen Beweis des Vertrauens des Königs zu erhalten.
Ein kleines Zettelchen unter den Papieren trägt in der Handschrift
des Königs nur folgende Worte: „Letztes Andenken dem scheidenden
Freunde! München, 23. 8. 65. (gez.) Wilhelm. Dem General
von Manteuffel mit Meinem Bilde." Darunter steht von Manteuffels Hand: „23. 8. 65 in München des Abends nach einer
Abschiedsmeldung zur Reise nach Schleswig erhalten. E. Manteuffel."

Was Manteuffel als Gouverneur von Schleswig und als
Chef der preußischen Truppen daselbst gethan, ist noch unvergessen.
Seine Äußerung, daß von Schleswig nicht sieben Fuß Erde ab-
getreten werden, und daß er selber, wenn es geschähe, die Erde
mit seinem Leibe bedecke, hatte nebst anderen merkwürdigen
Aussprüchen die Wirkung, daß man in ihm einen Schwadroneur

erblickte, der bloß durch des Königs Gnade und Freundschaft in
so hohe Stellungen gelangt sei. Indeß er sollte bald Gelegenheit
finden zu zeigen, daß er auch ein Mann von Energie sei. Es
kann niemand verkennen, daß Manteuffel in Besitz einer uner-
müdlichen Thatenlust war und einen festen Charakter und einen
unbiegsamen Mut besaß, sowie daß er sich als ein hervorragender
Feldherr und geschmeidiger Diplomat bewährt hat.

Aber er hat sich selber geschadet durch eine unbändige Neigung
populär zu sein, eine Neigung, die ihn verleitete, zur Zeit wie zur
Unzeit Reden zu halten, die ins Komische fielen. E. v. Manteuffel
kann sich zwar an militärischem Ruhm und Feldherrentalent nicht
mit dem Helden der größten Kapitulation der Weltgeschichte, des
Prinzen Friedrich Karl messen, vor dem ein größeres Heer die
Waffen gestreckt hat, als bei Sedan vor dem König Wilhelm.
Aber um so häufiger figurierte der Name Manteuffels in den
politischen Ereignissen des Tages, denen der Prinz ganz fern blieb.
Friedrich Karl war durch und durch Soldat, Freiherr von Manteuffel war einer jener Diplomaten=Generale, die ihre Stelle nicht
nur auf dem Schlachtfelde, sondern auch auch auf den Parketten
des Hoflebens ausfüllen. Er gehörte auch nicht zu jenen, die
populär werden können. Aber um so besser verstand er es, bei
Hofe beliebt zu werden. — Er hatte die ernsteste Aufgabe nach
dem deutsch=französischen Kriege. Er wurde vom Kaiser Wilhelm
zum Befehlshaber jenes deutschen Heeres ernannt, das bis zur
gänzlichen Abzahlung der Milliarden auf dem Gebiete Frankreichs
blieb. Diese Stellung erforderte infolge der natürlichen Erbitterung
des französischen Volkes und des starken Selbstbewußtseins der
Deutschen vielen Takt. Es hing vom General Manteuffel das
Ausgleichen zahlloser Zwiste ab, wobei die Reizbarkeit des besiegten
Gegners und das Interesse der Deutschen zu beachten waren.

Der deutsche Heerführer entsprach vollkommen den vielfachen
Ansprüchen seiner heiklen Position, und es ist größtenteils sein
Verdienst, daß die deutsch=französischen Angelegenheiten nach dem
Kriege so glatt abgelaufen sind, und daß die Exekution des Friedens

ohne störende Inzidenz zu Ende geführt werden konnte. Sein Takt wurde von Thiers, dem damaligen Haupte der Exekutive, anerkannt, indem er seine Verdienste in einem warmen Briefe hervorhob und ihm ein Exemplar seines berühmten Geschichtswerkes einsandte. Einmal wäre es beinahe zu einem Duell gekommen, aber der Streit wurde in einer für beide Teile ehrenvollen Weise beigelegt. Vom Marschall Mac Mahon findet sich ein Brief vom 16. September 1871, in dem er erklärt, daß er nicht die Absicht gehabt habe, Herrn von Manteuffel zu beleidigen. Die Erklärung zu diesem Briefe giebt uns eine auf demselben Bogen in teilweise schwer zu entziffernder Schrift mit Bleistift geschriebene eigenhändige Randbemerkung des Generals von Manteuffel. Sie lautete:

„Marschall Mac Mahon hatte mir, als ich ihm am 9. September einen Besuch gemacht, verweigert, mir die Hand zu geben. Ich ging am andern Morgen zu General Cissey, erzählte ihm die Sache und sagte ihm, daß ich Herrn Thiers nicht davon gesprochen, weil dieser Civilist und in einer offiziellen Stellung sei, welche seiner Einmischung einen anderen Charakter gegeben haben würde. Ich wende mich an ihn, den General, und bitte ihn, dem Marschall Mac Mahon zu sagen, daß ich mich verletzt fühle und ihn bitten müsse, mir zu erklären, daß er durch die Verweigerung seiner Hand den preußischen General nicht habe beleidigen wollen. Ich hielte es den Verhältnissen entsprechender, wenn ich ihn, den General Cissey, der am Orte wäre — und in solchen Sachen gäbe es ja Kameradschaft zwischen allen Offizieren, abgesehen von der Armee, zu der sie gehörten — als wenn ich am andern Morgen preußische Generäle zu dem Marschall schickte. General Cissey nahm das sehr freundlich auf, ging gleich zu Mac Mahon, kam dann zu mir und sagte, Mac Mahon werde mir schreiben und er (Cissey) sei froh . . . . (hier einige Worte nicht zu entziffern). Darauf bekam ich im Augenblick der Abfahrt von Versailles diesen Brief, den . . . . (einige Worte unleserlich) und fuhr fort. Von der Sache habe ich nur mit dem Chef des

Generalstabes gesprochen und diesem diesen Brief gezeigt. Erst
nach der Räumung von Frankreich habe ich Sr. Majestät eine
allgemeine Mitteilung von diesem Vorfalle gemacht." Während
der Okkupationszeit kam es zu einem kleinen Konflikt zwischen
dem Herrn von Manteuffel und dem Grafen Arnim. Am 4. März
1873 erhielt der deutsche Botschafter in Paris von Berlin den
von Sr. Majestät genehmigten Entwurf einer Konvention von
Frankreich, in welcher als Endtermin der Neutralisierung der
vier Departements Vogesen, Ardenne, Meurthe und Maas der
5. September 1873 bezeichnet war. Gleichzeitig erfolgten Instruktionen an ihn, in welchen es hieß:

> „In Euer Exzellenz gefälligem Berichte vom 22. Februar
> wird unterstellt, daß diese Neutralisierung bis zum 4. März
> 1874 auszudehnen sei.
>
> Daß eine entsprechende Verpflichtung Frankreichs erwünscht
> sein würde, ist unverkennbar und ich nehme keinen Anstand,
> Ew. Exzellenz zu ermächtigen, dieselbe zu verlängern, wenn
> Sie dieses Zugeständnis für erreichbar halten."

Graf Arnim übersetzte den in deutscher Sprache abgefaßten
Entwurf ins Französische, änderte den 5. September 1873, den
in Berlin bestimmten Endtermin der Neutralisierung der vier
Departements, in den 1. März 1874 ab, woraus ihm kein großer
Vorwurf zu machen war, denn verkürzen konnte er diesen Termin
immer, schwerlich aber eine über die Stipulation der Konvention
hinausgehende Verlängerung erwirken. — Graf Arnim reiste am
5. März nach Versailles, fand den Präsidenten Thiers krank und
ließ den französischen Entwurf auf dem Schreibtische dieses letzteren
zurück.

Am 8. März wiederholte Graf Arnim seinen Besuch bei
Herrn Thiers. Dieser hatte inzwischen einen Entwurf ausarbeiten
lassen, der im Wesentlichen mit dem deutschen übereinstimmte, in
welchem aber merkwürdiger Weise statt des 1. März 1874 der
ursprünglich in Berlin bestimmte 5. September 1873 als Endtermin der Neutralisation angegeben war. Graf Arnim zerbrach

sich den Kopf darüber, wie der Präsident Kenntnis von diesem Termin bekommen hatte. — Die Sache erklärte sich auf die einfachste Weise. Der General von Manteuffel hatte als Oberbefehlshaber der Besatzungstruppen von Berlin gleichfalls den Text der Konventionsartikel bekommen und ihn von Nancy aus dem Herrn Thiers zugesandt. In diesem war der 5. September 1873 stipuliert.

Die Broschüre »Pro nihilo« thut sehr entrüstet, daß, während Graf Arnim beauftragt war, eine Konzession zu erlangen, seine Bemühungen hinter seinem Rücken im Voraus durchkreuzt wurden.

Es ist keineswegs in Abrede zu stellen, daß dieser auf purem Zufall beruhende Zwischenfall dem deutschen Botschafter nicht angenehm war und sein konnte. Darum brauchte dieser aber nicht an ein gegen ihn geschmiedetes Komplott zu denken, das unter den obwaltenden Umständen gar nicht denkbar war. Weder Fürst Bismarck noch General von Manteuffel konnten eine Ahnung davon haben, daß der Botschafter, wenn auch im guten Glauben, um den Wünschen der deutschen Politik zu dienen, die Konventionsbedingungen insofern abgeändert dem Präsidenten Thiers überliefert hatte, daß darin der Passus betreffs Belfort ganz fehlte und statt des 5. September 1873 der 1. März 1874 als Endtermin der Neutralisierung bezeichnet war. Ob es gegen diplomatischen Usus streitet, daß General Manteuffel diesen Entwurf von Nancy nach Versailles schickte, wissen wir nicht; es lag indeß nichts Hinterlistiges darin, da der General bestimmt glauben mußte, daß der Botschafter den Originalentwurf Herrn Thiers unterbreitet hätte, oder unterbreiten würde.

Herr Thiers war demnach im Besitz zweier wesentlich von einander verschiedenen Entwürfe. Was war einfacher, als durch den französischen Botschafter in Berlin anfragen zu lassen, welcher von beiden Entwürfen der richtige, deutsche, in Berlin verfaßte sei?

Dadurch erfuhr der Reichskanzler, daß der Botschafter nicht den deutschen, sondern einen von ihm willkürlich abgeänderten

Entwurf vorgelegt habe, und die Telegramme vom 11. und 13. März waren eine vollkommen gerechtfertigte Mahnung, endlich den Original= Entwurf vorzulegen — eine Aufforderung, die Graf Arnim leider nicht verstand, weil er seinen und den deutschen Entwurf troß wesentlicher Abweichungen für identisch hielt. Dieses führte ferner dahin, daß nunmehr der Vertrag nicht zwischen dem Botschafter und Herrn Thiers in Paris, sondern zwischen dem Reichskanzler und dem französischem Botschafter in Berlin abgeschlossen und unterzeichnet wurde.

Wir gestehen, daß diese leßte Wirkung eine sehr harte, viel= leicht zu harte war. — Aber es trifft niemanden die Schuld, als den Botschafter allein. Hätte dieser am 5. März nach Berlin be= richtet, er habe, um seinen Auftrag der möglichst lange zu er= zielenden Neutralisierung besser ausführen zu können, die Datum= veränderung vorgenommen und ersuche um Genehmigung, oder hätte er Herrn Thiers, als er es erfuhr, daß dieser vom General Manteuffel den deutschen Entwurf erhalten habe, offen die Gründe mitgeteilt, die ihn im deutschen Interesse zu der Abänderung ver= anlaßten, oder, falls er dieses nicht wollte, ihm sofort den richtigen Entwurf, als neu von Berlin gekommen, eingesandt, so wären alle vorstehend berichteten ärgerlichen Maßregeln vermieden. Fürst Bismarck konnte die Telegramme vom 11. und 13. März nicht abschicken, Herr Thiers nicht behaupten, er habe am 10. März den deutschen Entwurf noch nicht vom Botschafter erhalten. Kleine Ursachen, große Wirkungen!

Als Arnim in Paris von der am 15. März in Berlin voll= zogenen Konvention hörte, sagte er zu seiner Umgebung: „Warum gerade am 15.? Medio? Da wird Herr von Bleichröder wohl die Hand im Spiel gehabt haben und das Resultat für den Fürsten Bismarck ein außerordentlich und in jeder Beziehung günstiges sein!!"

Hier möge eine Enthüllung Plaß finden, die uns über die Vorgeschichte der Feindschaft des Zaren gegen Deutschland zur Ver= fügung gestellt worden ist. „Im Jahre 1876 sandte Kaiser Wilhelm

den Feldmarschall von Manteuffel zu den Manövern nach Warschau.
Kaiser Alexander, bei dem Freiherr von Manteuffel persona
gratissima war, sprach eines Tages in andeutender Weise über
die „Schwierigkeiten", welche ihm die Türkei bereitete. Herr
von Manteuffel meinte, Majestät müsse „entschieden vorgehen",
worauf der Kaiser entgegnete, er könne nicht riskieren, daß er sich
Frankreich und England auf den Hals lade, und daß Preußen
wie im Krimkriege Rußland ganz im Stiche lasse. Darauf sprach
Manteuffel seine feste Überzeugung aus, daß Preußen die russische
Regierung moralisch, und wenn Frankreich sich feindlich zeigen
sollte, auch thatsächlich unterstützen würde. Der Kaiser fragte
darauf Herrn von Manteuffel lachend: „Können Sie mir das
schriftlich geben?" „Wenn Eure Majestät mir erlauben, in dem
Exposé ausdrücklich zu erklären, daß ich absolut nur eine per=
sönliche Überzeugung, ohne den mindesten Untergrund einer Mit=
teilung oder Instruktion ausspreche, werde ich ein solches Exposé
gern schreiben."

»Bon!« Und so geschah es. Als Bismarck von Manteuffel
dieses Gespräch und dessen Folgen erfuhr, war er wütend, und
sandte den deutschen Botschafter sofort nach der Krim, wo der
Kaiser weilte, um dem letzteren auf das Entschiedenste erklären zu
lassen, daß Feldmarschall von Manteuffel ganz und gar nicht be=
rechtigt gewesen sei, auch nur die mindeste „Überzeugung" zu
hegen und niederzuschreiben, und daß Rußland in keiner Weise
auf Deutschland rechnen dürfe, wenn es einen Krieg mit der
Türkei begänne. Der Kaiser hörte den Botschafter freundlich an
und meinte dann lächelnd, er begreife wohl, daß Bismarck als
Minister des Äußeren so spreche; innerlich aber glaubte der Zar,
daß Manteuffels Worte Glauben verdienten. Der Krieg ward
geführt, im Berliner Kongreß zog Gortschakow den Kürzeren.
Und nun glaubte der Zar fest, die ganze Geschichte sei zwischen
Bismarck und Manteuffel vorher abgekartet gewesen, Manteuffels
Versicherungen und Bismarcks Dementi, alles sei vorbereitete
Komödie gewesen; er war außer sich und näherte sich Frankreich.

Peter Schuwaloff, ein Freund Bismarcks, ward als Botschafter nach London geschickt und dort kalt gestellt.

Von den Beziehungen Bismarcks zu Manteuffel gab einmal die „Voß'sche" ein Bild, das allerdings seine Färbung durch die bekannte Parteistellung des Blattes gegenüber dem Fürsten Bismarck erhielt. Freiherr von Manteuffel war im Juni 1885 an einem Lungenschlage zu Karlsbad verstorben. Alle Zeitungen brachten Nachrufe und so auch die „Voß'sche" in ihrer Weise. „Nun ein= mal für ein Ultra der Reaktion gehalten — schrieb sie — erregte er, als er 1868 an Vogel von Falckensteins Stelle zum komman= dierenden General des 1. Armeekorps in Königsberg ernannt wurde, die schwerste Besorgnis. Selbst Gustav Freytag ließ sich dahin aus. Damals galt merkwürdiger Weise Bismarck als Ver= treter der liberalen, Manteuffel als Vertreter der konservativen Interessen im Norddeutschen Bunde. Das Jahr 1870 gab ihm Gelegenheit, das an ihm stets bezweifelte strategische Geschick zu erhärten. Er hat auch genug dazu gethan, sein Talent dem Publikum darzulegen, kein General hat von sich soviel telegraphieren lassen. Indessen die Tage von Colomby=Nouilly und Noisseville, später sein Vorgehen gegen die französische Nordarmee, sodann gegen die Südarmee unter Bourbaki, so vor allem den tapferen Zug nach Belfort, wo er den Feind zum Übergang über die Schweizer Grenze zwang, sind unvergessen. Er empfing das Großkreuz des Eisernen Kreuzes, den Schwarzen Adlerorden, eine Dotation (200000 Thl.) und den Oberbefehl über die Okkupationsarmee. Nun residierte er in Metz und von ihm ist es zuerst ausgegangen, daß Graf Harry Arnim in seiner so glänzenden diplomatischen Stellung untergehen mußte, und daß Herr Stöcker aus kleinen geistlichen Anfängen in die Höhe kam. Nach seiner Abberufung 1873 zum General=Feldmarschall ernannt, lebte er zuerst in Berlin, immer noch als Reaktionär verschrieen, Bismarck, sein geheimer Gegner, galt immer noch als „liberal". Es „reichskanzlert" Manteuffeln, war die Parole, man war z. B. 1874, wenn nicht das Septennat angenommen wurde, dessen gewiß, daß Manteuffel

Bismarcks Nachfolger werden und daß mit ihm die schrecklichste Reaktion einziehen würde. Das war lange Zeit der Popanz, der über unseren politischen Verhältnissen hing. „Thut ihr nicht alles, was Bismarck will, dann bekommt ihr Manteuffel, und dann wehe euch!" Dreimal hat es so geheißen, doch nur zum ersten Male half die Drohung ganz, zum zweiten Mal halb; zum dritten Male hieß es: ‚Wenn der Herr General-Feldmarschall so gütig sein will, recht gern, schlechter werden kann es nicht.' Bismarck betrachtete offenbar Manteuffel als seinen gefährlichsten Gegner und nahm die Gelegenheit gern wahr, ihn mit Genehmigung des Kaisers am 23. Juli 1879 zum Statthalter von Elsaß-Lothringen zu placieren. Nachdem Manteuffel im August mit Zar Alexander II. in Warschau eine Konferenz gehabt, die einige ephemere Konflikte beilegen sollte, trat er am 1. Oktober sein Amt an. Und nun offenbarte sich der Charakter des alten 70jährigen Herrn, der im deutschen Reich nächst dem Reichskanzler die glänzendste Stelle einnahm, in der höchsten Potenz. Durchaus Autokrat, aber er mußte populär sein. Von alter preußischer Beamtenpraxis keine Spur. Er wollte alle Parteien gewinnen, köderte die Ultramontanen, die Autonomisten, kein Gegner des Reichs war, den er nicht durch persönliche Liebenswürdigkeit heranzuziehen hoffte. Was der treffliche Möller begonnen, was Herzog fortsetzen wollte, alles scheiterte an der Manier des Statthalters, die Herzen der Elsässer durch Hingabe an alle ihre Wünsche im Sturm zu erobern. Tausende von braven Werken hat er ausgeführt, nirgends ist Wissenschaft und Kunst in einer preußischen Provinz in den letzten 25 Jahren so gefördert worden, wie durch Manteuffel in Elsaß-Lothringen. Aber die deutschen Beamten sahen alle ihre Bestrebungen vereitelt, die Anfänge, die Reichslande zu reichstreuen zu disziplinieren, waren gescheitert. Stolz erhoben die Ultramontanen, stolzer als je die ‚Unversöhnlichen' ihr Haupt. Manteuffel hat gar nichts erreicht. Und als er nun manche Zwangsmaßregeln traf — weil das Reichsland unter seiner Verwaltung offenbar aus Rand und Band ging —, erntete er nichts als Enttäuschung und Haß. Der Mann war lebensmüde geworden."

Auch Fürst Bismarck äußerte einmal (1895) über den „Poseur" Manteuffel: „Zu seiner Pose gehörte die Behandlung der Elsässer und — im Kriege — der Franzosen".

Die „Voß'sche" erwähnt die Mission des Freiherrn von Manteuffel im August 1879, welche der Beilegung „ephemerer Konflikte" gegolten habe. Es handelte sich dabei um mehr als das. Nach dem Kongreß von 1878 war es zu einem solchen Verhalten der russischen Diplomatie gekommen, das die deutsche Wachsamkeit ernstlich herausforderte. Im Jahre 1879 nahm alsdann die panslavistische Presse einen so feindseligen Ton an, und verrieten Truppensammlungen an der russischen Grenze, sowie allerlei Manöver der moskowitischen Diplomatie in Paris, die auf ein russisch=französisches Bündnis hindeuteten, so klar die veränderte Situation, daß Fürst Bismarck ihr in Wien mit einem über= raschenden Coup entgegentrat. Von dem Tage an, wo Fürst Bismarck aus Wien nach Berlin zurückkehrte bis zu seiner Abreise nach Varzin, hat unser Staatsleben eine der schwersten Krisen durchgemacht. In der ersten Sitzung des Staatsministeriums, wo angeblich von der Reform unserer Verwaltung die Rede ge= wesen sein sollte, wurde über ganz andere Dinge verhandelt; der Reichskanzler und der Ministerpräsident hielt einen tiefdurchdachten Vortrag über die Lage Deutschlands und über die inneren und äußeren Gefahren, denen es vorzubeugen und nötigenfalls entgegen= zutreten galt. Diejenigen, die diesen Vortrag anhörten, wurden davon sehr ergriffen und versicherten, wenn der Fürst öffentlich so gesprochen hätte, würde ganz Deutschland ihm zugejubelt haben. Mit dem in Wien abgeschlossenen Vertrage zwischen Deutschland und Österreich=Ungarn verhielt es sich folgendermaßen: Nachdem Bismarck und Andrassy sich vollständig geeinigt hatten, wurde in Gegenwart des Kaisers Franz Joseph über diese Vereinbarung ein Protokoll aufgenommen und von diesem Protokoll zwei Exemplare ausgefertigt, jedes dazu bestimmt, von einem der beiden Kaiser unterschrieben zu werden. Eine Abschrift ging nach Petersburg. Das gesamte preußische Staatsministerium wurde vom Fürsten

Bismarck von der Notwendigkeit jenes hochwichtig politischen Schrittes überzeugt und machte gemeinschaftliche Sache mit ihm. Graf Stolberg reiste nach Baden-Baden, um die Zustimmung des Kaisers zu erlangen. Für den Fall der Nichtgenehmigung lag das Entlassungsgesuch des Reichskanzlers im Kabinett des Kaisers. Man kann sich denken, daß der Kaiser, der stets durch die innigste Freundschaft mit dem russischen Hofe verbunden war, sich nur sehr schwer entschloß, ein Abkommen zu genehmigen, das zwar nur Defensivzwecke verfolgte, aber doch möglicherweise in einen Gegensatz zu Rußland verwickeln konnte. Dem Grafen Stolberg gelang es bei seiner achttägigen Anwesenheit, das Bedenken des Kaisers zu überwinden. Dieser erteilte seine Zustimmung und Unterschrift.

Kaiser Wilhelm hatte den Versuch machen wollen, ob nicht durch eine Zusammenkunft mit dem Kaiser Alexander die russischen Mißverständnisse beseitigt und die Leidenschaften beschwichtigt werden könnten. Der Zar hatte kurz vorher seinem Oheim geschrieben: „Ew. Majestät Kanzler hat die Versprechungen von 1870 vergessen." Die Verstimmung war also keine geringe. Kaiser Alexander, welcher zur Truppeninspektion nach Polen reiste, traf am 29. August in Warschau ein. Am nämlichen Tage kam auch General-Feldmarschall Manteuffel in Begleitung von fünf preußischen Offizieren in Warschau an. Derselbe erfreute sich der besonderen Gunst und des Vertrauens des russischen Kaisers, war also der rechte Mann für eine Friedensmission. Er hatte dem Kaiser Alexander den Wunsch des Kaisers Wilhelm zu übermitteln, auf der Reise, welche letzterer nach Preußen und Pommern zu den Manövern des 1. und 2. Armeekorps zu machen beabsichtigte, seinen kaiserlichen Neffen in einem Grenzorte zu begrüßen. Hierzu wurde Alexandrowo, die russische Grenzstation an der Thorn- und Warschauer Linie, auserwählt. Am 3. September begrüßten sich dort beide Kaiser und hatten längere Unterredungen miteinander. Ihre Abreise erfolgte am 4. September mittags.

Wenn die „Nordd. Allg. Ztg.", welche den Sachverhalt kennen mußte, aufs bestimmteste versicherte, die Sendung Man-

teuffels nach Warschau sei nicht in Übereinstimmung mit dem
Fürsten Bismarck erfolgt, so ist daraus ersichtlich, daß dieses ganze
Zwischenspiel, die Mission nach Warschau und die Zusammenkunft
in Alexandrowo nicht den Reichskanzler zum Autor derselben hatte,
aber, obgleich er sich von dem Unternehmen keine Wirkung ver-
sprach, auch nicht entgegentreten wollte, weil er wußte, daß es dem
Kaiser Herzensbedürfnis war, zur Aufrechterhaltung der russischen
Freundschaft zu thun, was er konnte. Die Voraussicht des Reichs-
kanzlers bewährte sich; auch nach der Zusammenkunft der beiden
Kaiser dauerten die Angriffe der russischen Presse gegen Deutschland
fort, schienen sogar einen neuen Aufschwung zu nehmen. Der
3. September hatte nur ein persönliches, nicht ein politisches Ergebnis;
ein sicherer Erfolg war nur dann zu konstatieren, wenn Kaiser
Alexander den Fürsten Gortschakow entließ, und dem Grafen
Schuwalow oder einem anderen dem deutschen Reiche befreundeten
Manne das Amt eines Reichskanzlers übertrug. So war denn,
trotz dieses Zwischenfalls an der polnischen Grenze, Fürst Bismarck
vollständig in der Lage, seine Pläne, wie er sie mit dem Grafen
Andrassy in Gastein besprochen hatte, in der Hauptstadt Österreichs
weiter zu verfolgen.

Trotz aller gelegentlichen Friktionen zwischen Bismarck und
Manteuffel waren die Beziehungen des ersteren zu diesem doch
ganz andere als die zu Arnim. Das beweist der folgende Brief
zum 50jährigen Dienstjubiläum:

Friedrichsruh, 3. Mai 1877.

Geehrter Herr und Freund!

Spät komme ich, und nicht der weite Weg entschuldigt mein
Säumen: es liegt an meiner Unbekanntschaft mit Tag und Jahr.
Mein Glückwunsch, meine Freundschaft und meine Anerkennung
dessen, was wir Ihnen verdanken, seit Sie die Regeneration des
Heeres übernahmen, bis heute, sind deshalb ebenso herzlich, und
in dem letzten der drei Punkte vielleicht sachkundiger und dankbarer
als alle andern. Ich kann deshalb auch nach dem Termin dem
Bedürfnisse nicht widerstehen, Ihnen in Anknüpfung an denselben

den Ausdruck meiner aufrichtigen Verehrung darzubringen. Die
letztere knüpft sich nicht ausschließlich an die Leistungen, welche der
König und die Geschichte des Landes Ihnen zu danken haben,
sondern an die ritterliche Tapferkeit, aus denen sie hervorgingen.
Ich gehöre zu den wenigen Zeitgenossen, die das noch nachrechnen
können und gern daran denken, und werde, so lange ich lebe,
bleiben Ihr treuer Freund und Verehrer, gez. von Bismarck.

Noch lange nach dem Tode des Freiherrn von Manteuffel,
als Bismarck schon in der Verbannung lebte, stellte dieser
dem Feldmarschall ein gutes Zeugnis aus. Die „Hamb. Nachr."
veröffentlichten im Juli 1892 unter dem Titel „Fürst Bismarck
und Graf Caprivi" einen Artikel, worin in Veranlassung der damaligen amtlichen Publikationen u. a. ausgeführt war, die Ernennung des Generals Caprivi zum Chef der Admiralität sei
seinerzeit auf Militärbefehl Kaiser Wilhelms I. erfolgt; der damalige
Reichskanzler Fürst Bismarck habe seine Erinnerungen an Caprivis
frühere Beziehungen zu seinen reichsglöcknerischen Gegnern keinen
Grund entnommen, die Entscheidung des Kaisers in Zweifel zu
ziehen. Die „Reichsglocke" sei ein wesentlich vom Zentrum ge-
förndertes Unternehmen gewesen, bei dem der Ultramontanismus
Beistand von Seiten der Feinde des ersten Kanzlers im Lager der
„Kreuzzeitung" gefunden habe, und zwar in der Richtung Diest-
Daber und in der Richtung des damaligen vortragenden Rates
im Ministerium des Innern, Herrn von Lebbin. Es sei versucht
worden, zu dieser Opposition auch den verstorbenen Feldmarschall
von Manteuffel heranzuziehen und namentlich dessen unmittelbare
Beziehungen zum König Wilhelm I zur Fruktifizierung der Fiktion
in Mitwirkung zu nehmen, als ob die kanzlerische Thätigkeit der
Armee schade. Die Verdächtigungen seien soweit gegangen, daß
dem Kanzler eine unerklärliche Feindschaft gegen die Armee
zugeschrieben worden sei. Der Feldmarschall von Manteuffel habe
sich geweigert, beim König gegen den Fürsten Bismarck thätig zu
sein und habe letzterem nähere Mitteilungen über die betreffende
Angelegenheit und den Versuch, ihn, Manteuffel, dafür zu gewinnen,

gemacht. Daß gleichwohl Freiherr von Manteuffel dem Kreise nicht fern stand, in dem die „Reichsglocke" ihre vornehmste Stütze fand, war dem Fürsten Bismarck wohl bekannt. Die „Reichs=glocke" hatte ihre eifrigsten Leser und Gönner unter den höheren Offizieren, unter den aktiven Generalen obenan. Der Leser= und Protektorkreis der „Reichsglocke" war überhaupt ein sehr erkenn= und kontrollierbarer. Das Abonnement auf jenes Wochenblatt per Post oder Zeitungsspedition war, was die höheren und höchsten Stände betrifft, nicht beliebt. Man ließ sich das Blatt allsonn=abendlich durch den Lakaien, den Offiziersburschen u. s. w. mittelst Verabfolgung eines „Bambergers" (d. h. eines Zehnpfennigstücks, nach dem Abgeordneten und Nickelbergwerksbesitzer Bamberger so genannt) jede Nummer einzeln holen. In der Expedition der „Reichsglocke" kannte man diese Boten und ihre Herrschaften sehr genau.

Die Kammerdiener waren keineswegs diskret. „Bitte um eine Nummer für Exzellenz von Bodelschwingh", „für Graf Nesselrode", „für S. königliche Hoheit", „für den General X". Sehr häufig fuhren Equipagen vor, die Herren Generäle oder Exminister oder Exdiplomaten kamen selber, um sich die fällige Nummer zu holen. Die Eleganz solcher Erscheinungen harmonierte wenig mit der Primitivität des Expeditionsraumes, in dem zugleich der Redakteur thronte, auf dessen Schreibtische Haufen von Civil= und Kriminalerkenntnissen, dazwischen ein Revolver, eine Hetz=peitsche, eine kleine Tabakspfeife, deren Kopf Laskers Gesichtszüge trug, eine entkorkte Kognakflasche und ein leeres Portemonnaie lagen.

Die Expedition kannte, wie gesagt, ihr Lesepublikum, wenigstens das vornehmere, das seine Lakaien jeden Sonnabend schickte, sehr genau. Sie besaß ein vollständiges Verzeichnis, und eine Abschrift davon war — in Bismarcks Händen. Das Auswärtige Amt hatte sogar einmal gegen die Zahlung einer Summe von 1000 Mk. von dem Expedienten des Blattes die von der Redaktion sorg=fältig aufgehobenen Manuskripte eines ganzen Jahrganges aus=geliefert bekommen. Der Geheime Legationsrat von B., der die verräterische Kiste öffnete und in den Manuskripten wühlte, rief einmal über das andere entzückt aus: Da haben wir ihn ja, das ist der Graf A. und das der von B. Er kannte die meisten Handschriften.

Fürst Bismarck hat wiederholt auf die Existenz einer Militär- partei in Berlin hingedeutet, die er zu bekämpfen hatte, und den Gedanken eines „Krieges aus Vorsicht", des „Präventivkrieges" weit von sich abgewiesen. Ein Jahr nach der Unruhe des Früh- jahres 1875, wo es hieß, der deutsche Wolf wäre im Begriffe gewesen, über das Lamm Frankreich herzufallen, wenn nicht gerade zur rechten Zeit der menschenfreundliche Zar Alexander ihm den Maulkorb vorgelegt hätte, bemerkte der Reichskanzler im Reichstage: „Denken Sie sich, meine Herrn, meine Lage, wenn ich vor einem Jahr hier vor Sie getreten wäre und hätte Ihnen auseinander- gesetzt, wir müssen Krieg führen, ich weiß Ihnen eigentlich einen ganz bestimmten Grund dafür nicht anzugeben, wir sind nicht an- gegriffen und nicht beleidigt, aber die Situation ist gefährlich, wir haben mehrere mächtige Armeen zu Nachbarn, die französische Armee reorganisiert sich in einer Weise, die in der That be- unruhigend ist, ich verlange von Ihnen eine Anleihe von 200 Millionen Thalern, um zu rüsten. Würden Sie da nicht geneigt gewesen sein, zunächst nach dem Arzte zu schicken, um untersuchen zu lassen, wie ich dazu käme, daß ich nach meiner langen politischen Erfahrung die kolossale Dummheit begehen konnte, so vor Sie zu treten und zu sagen: es ist möglich, daß wir in einigen Jahren einmal angegriffen werden, damit wir dem nun zuvorkommen, fallen wir rasch über unsere Nachbarn her und hauen sie zusammen, ehe sie sich vollständig erholen — gewissermaßen Selbstmord aus Besorgnis vor dem Tode, und das inmitten einer ganz behaglichen, ruhigen Stellung, wo kein Mensch gewußt hätte, was eigentlich für ein casus belli, was für ein Grund zum Kriege vorliegen könnte?"

Fürst Bismarck verwies also die ihm 1875 zugeschriebene Idee eines „Krieges aus Vorsicht" in die Sphäre des Irrsinns.

Er hatte schon in seiner berühmten Depesche vom 24. Juli 1870 geschrieben: „Ich war nicht der Meinung derjenigen Politiker, welche dazu rieten, dem Kriege mit Frankreich deshalb nicht nach Kräften vorzubeugen, weil er doch unvermeidlich sei. So sicher durchschaut niemand die Absichten göttlicher Vorsehung bezüglich der Zukunft, und ich betrachte auch einen siegreichen Krieg an sich immer als ein Übel, welches die Staatskunst den Völkern zu ersparen bemüht sein muß. Ich durfte nicht ohne die Möglichkeit rechnen, daß in Frankreichs Verfassung und Politik Veränderungen eintreten könnten, welche beide große Nachbarvölker über die Notwendigkeit eines Krieges hinweggeführt hätten, — eine Hoffnung, welcher jeder Aufschub des Bruches zu gute kam." Es ist auch bekannt, daß schon drei Jahre früher, zur Zeit der Luxemburger Frage Bismarck dem Ausspruch einer militärischen Autorität wie Moltke entgegen es verschmähte, das im Frühjahr 1867 militärisch sehr schwach vorbereitete Frankreich viel leichteren Kaufs als drei Jahre später, niederzuwerfen.

Summa: Fürst Bismarck war nicht der Meinung derjenigen Politiker und Militärs, welche einem Krieg deswegen nicht nach Kräften vorbeugen, weil er doch unvermeidlich sei. Denn niemand durchschaut die Absichten der Vorsehung bezüglich der Zukunft. Der bloß „militärische Gesichtspunkt" darf einen Politiker nicht bestimmen.

Kriegsminister von Roon.

Die Fleischersche „Deutsche Revue" veröffentlichte vor vier Jahren aus dem Roonschen Nachlasse eine Reihe von Briefen des verstorbenen verdienten Kriegsministers und seiner einflußreichen Freunde und Parteigenossen, die nicht verfehlen konnten, auf politisch urteilsfähige Leser den tiefsten Eindruck zu machen. Der Herausgeber wird zu seinen Veröffentlichungen ja irgendwie auch von Friedrichsruch her ermächtigt sein, denn es sind Bismarcksche Briefe darunter. Dennoch glauben wir, daß der abgedankte Kanzler nur mit Wehmut diese Korrespondenz seiner nächsten Freunde gelesen haben wird, aus der er ersehen konnte, wie mit Vorbehalt und hundert Einwendungen selbst diese Männer ihn gelten ließen und wie sie stets berieten, ob man ihn noch weiter dürfe gewähren lassen. Wir blicken in Verhältnisse hinein, die vielleicht dem Auge des Publikums noch länger hätten entzogen bleiben dürfen. Doch, wie man auch über diese Veröffentlichung von Roons Briefen in Fleischers „Deutscher Rundschau" denken mag, das eine stellen dieselben jedenfalls klar ans Licht, wie turmhoch Bismarck über den Vorurteilen seiner Partei stand. Während Roon und Blankenburg auch nach dem glorreichen Kriege die deutschen Angelegenheiten nur unter dem Gesichtswinkel der preußischen Konservativen betrachten, ihre Vorurteile gegen die Verbindung des preußischen Königstums mit einem nationalliberalen deutschen Kaisertume beibehalten, in allen Errungenschaften nur einen Triumph des demokratischen Geistes über die konservativen Ideale sehen, ist Bismarck der Zukunft voll und die „Kreuz-Zeitungs"marotten liegen wie eine abgestreifte Schlangenhaut hinter ihm. Das andere aber, was wir aus diesen Veröffentlichungen zu lernen haben, ist die Erkenntnis, mit welch' unglaublichen Schwierigkeiten Bismarck zu kämpfen hatte, von denen das Publikum nie erfuhr. Was soll man dazu sagen, wenn ein Mann wie Roon eine dem Kultur-kampfe, an dem er selber teilgenommen, entsprungene staatliche Ordnung, wie die obligatorische Zivilehe, als einen Hochverrat an dem christlichen Preußen betrachtet und dem König in den Ohren liegt, sich bis zum letzten Augenblicke für die fakultative Zivilehe zu verwenden, die Falk ablehnt? Wenn man bis jetzt das Scheitern des preußischen Staats im Kulturkampfe ausschließlich der Zähigkeit der Kurie und dem souveränen Unverstande der Friedensengel zu-schrieb, so erfahren wir hier, daß die orthodox-protestantischen preußischen Konservativen mit vollem Hochdruck am Sturze Falks gearbeitet haben, und während Männer wie Roon und Blanken-burg mit den ausgetriebenen Jesuiten und Klosterfrauen um die Wette jammern über die Härte der preußischen Regierung, macht der Justizminister Friedberg Scherze über den Effekt der Internierungs-maßregel, die er doch selbst vertreten hat. Daß einer solchen Gegner-schaft gegenüber Falk sich nicht halten konnte, begreift sich; ist sie doch Bismarck selbst bald zu stark geworden. Wir aber wissen jetzt, wer es zu verantworten hat, wenn der preußische Kulturkampf mit einem Fiasko der Staatsgewalt abschloß. Das Alleinstehen Bis-marcks im Kampfe, einen wie niederschlagenden Eindruck es auf jeden patriotischen Leser der Fleischerschen Rundschau machen muß, vermehrt doch nur den Respekt vor dem großen Manne, der diesen Kampf gekämpft hat. Er hatte Schwierigkeiten zu überwinden, von denen die Menschen keine Ahnung hatten und mit denen auch die Götter sonst vergeblich zu kämpfen pflegen.

Herr von Roon war 1803 in der Nähe von Kolberg ge-boren und schlug die militärische Laufbahn ein. Im Jahre 1842

zum Major befördert, wurde er für kurze Zeit als Generalstabs-
Offizier zum General-Kommando des 7. Armeekorps versetzt, kehrte
aber bald nach Berlin zurück und gehörte noch bis zum Jahre 1846
dem Großen Generalstab an. In dieser Zeit war er als Lehrer
der Kriegsschule, der heutigen Kriegsakademie, thätig und erhielt
zugleich den ehrenvollen Auftrag, den militärischen Unterricht des
Prinzen Friedrich Karl zu leiten. Im Jahre 1846 bezog er mit
diesem als militärischer Begleiter die Universität Bonn und unternahm mit demselben wiederholt längere Reisen nach dem südlichen
Frankreich, Italien, der Schweiz, Belgien 2c. Der Ausbruch der
Februar-Revolution in Paris rief ihn nach Berlin zurück, und
nach verschiedenen vorübergehenden Stellungen wurde er als
Generalstabs-Offizier zum General-Kommando des III. Armeekorps nach Koblenz versetzt und war später daselbst Chef des
Generalstabes. In dieser Eigenschaft machte er den Feldzug nach
Baden mit, bei dem er zuerst in persönliche Beziehung zu dem
damaligen Prinzen von Preußen trat. — Die Mobilmachung des
Jahres 1850 gab ihm in seiner Stellung als Generalstabschef
Gelegenheit, die großen Mängel der damaligen Heeresverfassung
kennen zu lernen, und die bei dieser Gelegenheit gesammelten Er-
fahrungen überzeugten auch ihn von der Notwendigkeit einer Reorganisation der Armee in ähnlicher Weise, wie er sie später als
Kriegsminister durchzuführen berufen sein sollte. In militärischen
Aufsätzen, sowie in einer damals schon vom Prinzen von
Preußen mit höchstem Interesse aufgenommenen Denkschrift entwickelte er seine Ansichten. Vom Jahre 1850 bis 1856 nahm
er verschiedene Stellungen ein. Im Jahre 1859 Kommandeur
der 14. Division in Düsseldorf geworden, wurde Roon nach dem
Rücktritt des Kriegsministers von Bonin am 5. Dezember 1859
berufen, das Werk der Armeereorganisation auszuführen. Er gehörte dem liberalen Ministerium an, mit dem die „Neue Ära"
debütierte, und das am 18. März 1862 stürzte, nachdem am 11. die
Auflösung des Abgeordnetenhauses ausgesprochen war. Das
Ministerium stand damals bereits auf sehr schwachen Füßen, Dank

der Unentschiedenheit und Lauheit, mit welcher es die damals wichtigsten politischen Fragen behandelte. Dem Heeresorganisations= plan hatte das Abgeordnetenhaus die Forderung der zweijährigen Dienstzeit entgegengesetzt. Der Kriegsminister (Roon) erklärte rundweg, davon könne nicht die Rede sein, die Ministerkollegen mußten dem nicht entgegenzutreten. Noch weniger entgegenkommend gegen Anträge aus dem Abgeordnetenhause verhielt sich das Ministerium in Fragen, welche das Verhältnis Preußens zu auswärtigen Mächten betrafen. Der Antrag, das neubegründete Königreich Italien anzuerkennen, fand schroffe Ablehnung. Der weitere Ausbau der Verfassung stockte gänzlich. In den geschicht= lichen Darstellungen dieser Zeit wird die Lage des Ministeriums so geschildert, als ob es nur nach einer passenden Gelegenheit ge= sucht habe, sich mit Anstand aus seiner trübseligen Lage zu be= freien. Diese Gelegenheit fand sich — so stellt Bernstein die Sache in seiner „Revolutions= und Reaktionsgeschichte" dar — am 6. März 1862, als bei der Vorberatung des Budgets von dem Abgeordneten Hagen der ganz unverfängliche Antrag gestellt wurde, es mögen bei Aufstellung des Etats die Hauptposten der Einnahmen und Ausgaben näher spezialisiert werden. Dieses Ver= langen ergriff der Finanzminister von Patow beim Schopfe, um zu erklären: „Es fragt sich wohl, ob nach Annahme des Antrags es noch möglich sei, zu regieren, und ob darin nicht gar ein Ein= griff in die Exekutive liege". Das Abgeordnetenhaus nahm jedoch den Antrag mit 171 gegen 143 Stimmen an. Tags darauf ging thatsächlich die Nachricht in wohlunterrichteten Kreisen, daß das Ministerium in dieser Angelegenheit ein Mißtrauensvotum des Landes vorzuschützen beliebe und seine Entlassung zu nehmen entschlossen sei. Die „Krisis" zog sich noch bis zum 11. März hin, an welchem Tage das Abgeordnetenhaus ein Votum in der deutschen Frage hätte abgeben sollen. Aber das Ministerium empfand eine Scheu, diesen Punkt zu berühren, es hatte in Wirk= lichkeit seine Entlassung schon am Vormittag des 11. März ge= fordert, die am 18. März dem liberalen Teil, den Ministern

Auerswald, Patow, Schwerin, Bernuth und Grafen Pückler bewilligt wurde. So nehmen sich die Dinge aus, wenn man sie
an der Oberfläche betrachtet. In Wirklichkeit verhielt sich die
Sache völlig anders, wie aus den Denkwürdigkeiten Roons zur
Evidenz hervorgeht. Nach dem Material, das diese bieten, fand
der Wechsel im Ministerium statt, weil es dem Minister Roon,
dem vertrautesten Rate des Königs, gelungen war, den Monarchen
davon zu überzeugen, daß es der Ruin des Königtums von Gottes
Gnaden wäre, wenn er in Verfassungsfragen — hauptsächlich
handelte es sich um die Ministerverantwortlichkeit — irgend
welche Konzessionen machte, die wie „konstitutionelle" Nachgiebigkeit
aussähen. Vorweg sei berichtet, daß der Prinz-Regent selbst schon
im Herbst des Jahres 1860 die „Kabinettsfrage" zu stellen bereit
war, weil er seinen Willen in einer bestimmten Frage nicht durchzusetzen vermochte. Nach vorangegangenen Verhandlungen zwischen
Finanz- und Kriegsminister, bei denen der Regent sich ganz auf
die Seite des letzteren stellte, hatte der Finanzminister von Patow
die von ihm anfänglich verlangte Abstreichung von etwas über
1 Million Thaler zwar um die Hälfte reduziert, bestand aber
auf die Herabsetzung von mindestens $\frac{1}{2}$ Million, für die keine
Deckung zu beschaffen sein würde, mit größter Hartnäckigkeit. Als
die Majorität des Staatsministeriums ihm beitrat und erklärt
hatte, sie könne für den Etat die konstitutionelle Verantwortlichkeit
nicht übernehmen, wenn dem Votum des Finanzministers keine
Folge gegeben würde, ließ der Regent das Staatsministerium be-
nachrichtigen, daß er unter diesen Umständen zur Abdankung entschlossen sei, ein Gedanke, den er auf Roons Vorstellungen bald
wieder aufgab. In den „Denkschriften", welche Roon dem
Könige in gewissen Zwischenräumen unterbreitete, vertritt er den
Gedanken von dem unumschränkten absoluten Herrscherwillen, der
auch durch die Verfassung nicht eingeengt werde, mit großer Entschiedenheit. Aus den Briefen, die von Freunden an Roon in
dieser Zeit gerichtet wurden, geht hervor, daß man jede Nachgiebigkeit gegen die Opposition als eine Gefahr für die Festigkeit

des Thrones erachtete. Die Fortschrittsmänner strebten nach der
Meinung des Prinzen Friedrich Karl nur nach der Schreckens-
herrschaft und der Republik. Roon bat und beschwor den König,
andere Minister und zwar solche ohne parlamentarische Vergangenheit zu wählen, Räte, die nicht durch Parteiverbindlichkeiten
beengt seien, gleichviel zu welcher Partei sie zählten. Diese
flehentlichen Bitten Roons haben denn schließlich auch Gehör gefunden, auch nach der Richtung hin, daß nur Leute ohne politische
Vergangenheit das Erbe der entlassenen liberalen Minister antraten:
u. a. wurde Itzenplitz Landwirtschaftsminister, Oberstaatsanwalt
Graf zur Lippe Justizminister und Landrat von Jagow Minister
des Innern. Im Verlauf der Roon'schen Denkwürdigkeiten wird
geschildert, wie dies Ministerium den Aufgaben der Zeit nicht gewachsen war. Der provisorische Ministerpräsident, Prinz Adolf
zu Hohenlohe, trat persönlich wenig hervor und beteiligte sich wegen
zunehmender Kränklichkeit bald gar nicht mehr an den Geschäften.
Graf Bernstorff verwahrte gegenüber den sein Amtsgebiet nicht
betreffenden Fragen eine große Zurückhaltung, und den übrigen
Ministern fehlte trotz großen Eifers doch das erforderliche Ansehen,
so daß sie eine Umgestaltung der inneren Lage in reaktionärem
Sinne nicht bewirken konnten und auch im weiteren Verlaufe der
Dinge darauf ohne Einfluß blieben. Dies galt auch von dem
Dienstältesten derselben, dem Finanzminister von der Heydt, welchem
in Vertretung des Prinzen von Hohenlohe äußerlich die Führung
der Geschäfte gebührte. Je mehr das Vertrauen des Königs sich
infolgedessen auch auf allen nicht militärischen Gebieten dem Herrn
von Roon zuwandte — desto mehr empfand dieser doch gerade
deshalb die Unzulänglichkeit seiner persönlichen Leistungsfähigkeit;
und diese wurde außerdem natürlich auch noch dadurch gehemmt,
daß er sich in dieser Lage zwar innerlich für alles verantwortlich
fühlen mußte, zum eigentlichen amtlichen Eingreifen aber als einfacher Ressortminister schon formell garnicht einmal berechtigt war.
Und doch konnte ihm nichts ferner liegen, als eine Stellung, mit
der eine solche Berechtigung verknüpft gewesen wäre, für sich etwa

Politische Generale.   8

zu erstreben; um so dringender war und blieb sein Bemühen, dem
Ministerium ein kräftiges, ein wirkliches Haupt zu verschaffen,
einen Mann, der in seinem Sinne und doch gleichzeitig in vollster
eigener Initiative die Leitung der Geschäfte nach „großen" Gesichts=
punkten zu führen fähig sein würde. Sein »ceterum censeo« war:
„Bismarck".

Die Beziehungen Bismarcks und Roons wurden in dem
Grade inniger, als sie einen gemeinsamen Feind zu bekämpfen
hatten, d. h. die fortschrittliche Opposition, die sich der Armee=
reorganisation entgegenstemmte. Beide fanden sich insbesondere
auch zusammen in dem Widerstande, den sie den Weiberintriguen
leisteten — ein Ausdruck, den Herr von Roon später im Kriege
von 1870/71 gebrauchte. Wir wissen jetzt aus den Erinnerungen
des Freiherrn von Vitzthum, daß in den Jahren 1864 und 1865
zeitweise ein förmlicher Bund der Frauen an den europäischen
Höfen bestand, um durch gemeinsame Anstrengungen, insbesondere
durch Einwirken auf König Wilhelm I., diesen zur Entlassung seines
Ministerpräsidenten zu bestimmen. Auch die Briefe des Kriegs=
ministers von Roon an Bismarck weisen darauf hin. Erst im
Jahre 1896 wurde ein solcher Brief veröffentlicht und dazu von
einem Berliner Blatte bemerkt:

„Ob die Publikation dieses intimen Gedankenaustausches im
Sinne des verstorbenen Roon liegen mag?" Allerdings haben
die den letzten sechs Jahren angehörenden Publikationen der
Korrespondenz Roons und anderer hoher Persönlichkeiten uns
daran gewöhnt, den Schleier über Dinge gelüftet zu sehen, die
man sonst nur unter vier Augen oder in einem Briefe bespricht,
dessen Veröffentlichung man nicht erwartet. Besonders ist die
Frauenpolitik vom Berliner Hofe durch die ans Licht gezogenen
Briefe Roons und anderer aus dem früheren Zwielicht an den
hellen Tag getreten. Gerade der Kriegsminister von Roon, der
strenge Royalist, der vollendete Kavalier gegenüber der Damenwelt,
verfolgt dieselbe unerbittlich, sobald sie politisch wird und bringt
Enthüllungen, die für die objektive Welt wertvoll, für zarte Ge=

müter oft zu grell sind. In der Konfliktszeit von 1862—1866, wo die Opposition eines Waldeck, eines Schulze-Delitzsch, eines Virchow u. s. w. eine feste Stütze an dem kronprinzlichen Hofe fand, spricht Roon von der „Koburgschen Manscherei, die durch die Frau Nichte des Schützenherzogs, der von ihr adoriert wird, angezettelt ist, um den Bismarck zu stürzen". Diese Sprache konnte nur in einem Privatbriefe geführt werden, der nicht für die Öffentlichkeit bestimmt war. Aber er ist nun veröffentlicht. Stärker noch drückt sich Herr von Roon in früher publizierten Briefen aus, die aus der Zeit der Belagerung von Paris stammen. Roon war in seinem Ankämpfen gegen die politischen Damen geradezu unerbittlich und schrak vor der bittersten Satire nicht zurück. „Weiberintriguen" war sein gelindestes Wort.

Die Beziehungen Bismarcks und Roons sind bis zum Rücktritt des letzteren im Jahre 1873 und bis zu seinem Tode 1878 immer freundschaftliche geblieben, aber der von dem Sohne Roons herausgegebene Briefwechsel des Kriegsministers offenbart uns die schweren inneren Kämpfe, die derselbe gegen den leitenden Staatsmann führte. Seine konservative Natur mußte in Konflikt mit Bismarck geraten, je mehr dieser den Nationalliberalen näher trat. Der erwähnte Briefwechsel deckt die Beziehungen Bismarcks und Roons so vollständig auf, daß man nur nötig hat, aus der Korrespondenz die hervorspringenden Stellen heraus zu nehmen, um ein vollständiges Bild des inneren Gegensatzes der beiden Freunde zu geben. Wir lassen daher im folgenden den Kriegsminister selber sprechen.

Nach der Indemnitätsvorlage, durch welche der Riß zwischen Bismarck und den Konservativen immer mehr zu Tage trat, schreibt Blankenburg an Roon: „Die Schuld trifft Bismarck, daß er die Partei, welche ihm so unbedingt ergeben ist, so viel von ihm hält, und mit der er, wenn er sich nur herablassen wollte, sie halb so gut behandeln, wie die Nationalliberalen, alles machen könnte — statt dessen mit unbeschreiblicher Schroffheit zu behandeln fortfuhr. Statt ihnen einfach zu sagen von Anfang an und nicht erst etwas

8*

verblümt in der letzten Viertelstunde: „Wir haben im Namen
des Königs und auf dessen eigentlichen Wunsch die Zusage erteilt:
Also bewilligt oder enthaltet euch wenigstens der Opposition!" —
statt dessen drohte er ihnen fortwährend öffentlich und durch
Zwischenträger mit seiner Ungnade, brüskierte sie . . ."

Graf Roon schreibt am 16. Januar 1870 an Herrn von
Blankenburg über Bismarck:

„Bismarck verkehrt mit den Geschäften — auch den preußischen — ungefähr wie vor Jahren, ist in den Sitzungen über-
lebhaft, spricht fast allein und scheint in dem alten Irrtum befangen, daß er durch geistige Regsamkeit und persönliche Liebenswürdigkeit alle Schwierigkeiten der Lage überwinden werde. Es wird
daher auch mit den Nationalliberalen fortkokettiert und die alten
Freunde und Gesinnungsgenossen werden ziemlich ignoriert; er meint
durch diplomatische Dialektik und menschliche Klugheit übrigens
alle gewinnen und über den Gänsezucker führen zu können, redet
mit den Konservativen konservativ und mit den Liberalen liberal,
und bekundet durch dies alles entweder eine so souveräne Verachtung
aller seiner Umgebungen oder so unbegreifliche Illusionen, daß mir
dabei ganz graulich zu Sinne wird. Er will à tout prix möglich
bleiben, jetzt und künftig, und zwar weil er wohl die Empfindung
hat, daß der begonnene Bau unter dem Hohngelächter der Welt
zusammenfällt, sobald er die Hand davon thut. Das ist auch
nicht unrichtig — aber — die Mittel zum Zwecke! Werden sie
um seinetwillen geheiligt? — — Frau Johanna ist, glaube ich,
noch in Bonn, sie hat es durchgesetzt, daß B. die Söhne jetzt nach
Berlin versetzen läßt, was nicht überall gebilligt wird, ebensowenig
wie die eingeleitete Reform des Pauk-Komments. . . .

Mit herzlichen Grüßen von Haus zu Haus
Dein A. v. R."

Blankenburg antwortet:

„Zimmerhausen, 21. 1. 70.

. . . überraschen thut es mich gar nicht, was Du über B.
schriebst. Daß er die Fehler, die seit Provinzialfonds in Behand-

lung der Konservativen gemacht sind, nicht wieder gut machen
will, das weiß ich von Varzin her; daß er die Meinung hat,
daß die vorschreitende Einigung Deutschlands es erfordert, daß
wir immer liberaler werden müssen — das spricht er geradezu
aus — freilich auch, daß jeder liberale Mann, der dem König
durch das Amt näher gebracht wird, eo ipso konservativer
wird. . . .

Nach meiner Meinung ist übrigens die Zeit gekommen, wo
die Zukunftspartei, d. h. diejenige, die sich um die materiellen
Interessen des Grundbesitzes schart, reüssieren kann, wenn sie irgend
einen Halt oben bekommt. Der liberale Weg, den B. einschlug,
hat geführt zur völligen Herrschaft der staatlichen Freihändler, zur
völligen Alleinherrschaft der geheimrätlichen Büreaus, kurz, gerade
zu dem Gegenteil von dem, was er erstrebte."

Nach dem Kriegsausbruch schreibt Roon am 30. Juli 1870:
„Nachdem B. durch jetzt sehr übel angebrachte Rollenfresserei den
Ressortkrieg einmal signalisiert, wird derselbe — ich glaube wider
seinen Willen — munter fortgesetzt. Er verklagt mich fast täglich
in von ihm unterschriebenen, aber schwerlich gelesenen Berichten
beim Könige, ohne mir vorher darüber Mitteilung zu machen.
Der Effekt ist aber, glaube ich, kein anderer, als daß der König
die Reibung inne wird, die aus ängstlicher Wahrnehmung einerseits
politischer, andererseits militärischer Rücksichten zwischen beiden
Ressorts stattfindet. Der Herr versteht die letzteren natürlich
besser als sein Großvezier; es findet sich auch immer ein ver=
nünftiger Zwischenweg, aber — wir haben keine Zeit uns darüber
vorher zu verständigen. Ich bin in der versöhnlichsten Stimmung,
und er freundlich wie sonst gegen mich; ich unterstütze ihn um des
Gewissens willen in allen Vorschlägen, die mir vernünftig scheinen,
d. h. bei allen Vornahmen, die sich auf ein sachverständiges Urteil
gründen; möchte er nicht vergessen, daß er ein solches nicht in
allen Stücken besitzt."

Die folgenden Auszüge aus dem Briefwechsel Roons betreffen
die deutsche Frage, die während des Krieges verhandelt wird, und

die durch hohe Damen bewirkte Verzögerung der Beschießung von Paris.

In einem Briefe vom 24. September 1870 schrieb der damalige Führer der konservativen Partei, Moritz von Blankenburg, ein naher Freund des Kriegsministers: „Ich bin diesmal hauptsächlich auf zwei Tage hierher nach Berlin gekommen, um mit unseren extremen (preußisch-partikularistischen) Freunden zu verkehren und einen Versuch zu machen, die Grundlage zu legen zu einer neuen deutschen konservativen Partei. Ich wäre beinahe nach München gefahren, um Anknüpfungspunkte zu suchen — indes sagten wir uns, daß es unthunlich sei hinter Bismarcks Rücken und, ohne dessen Aufträge an Delbrück zu kennen, in Bayern anzubinden. Ich kann aber mit gutem Gewissen berichten, daß die konservativen Ultras (wenn auch mit allerhand Schmerzen) darüber einig sind: 1. Daß der Kaiser im Gegensatz zu Sybels König, ein deutsch-konservativer Gedanke und für den Süden eine Notwendigkeit ist! — 2. Daß, wenn nach dem Friedensschluß nicht ein deutscher Bund entsteht — aus dem norddeutschen durch Amendements aufwachsend — das Blut zum Teil vergebens geflossen ist. 3. Das Mindeste, was entstehen müßte, sei: ein Heer, eine Finanzbasis dieses Heeres, gleiche Kriegslast für Person und Land! — 4. Also auch ein deutscher Kriegsminister und ein deutscher Finanzminister — ohne den Staaten die Obrigkeit zu nehmen, selbst Minister zu halten — nur als Gegensatz zur jetzigen Verfassung. — 5. Unbedingter Wunsch, daß, so stark auch die Kaiserliche Zentralgewalt zu konstruieren, so müßte doch die Kompetenz des Reichstages keine unbeschränkte bleiben. — 6. Jedenfalls sei anzustreben ein Unterhaus als Gegengewicht gegen einen omnipotenten Reichstag. — Meine Meinung ist, daß dies Unterhaus kein Herrenhaus in zweiter Auflage sein darf und daß es zu erwägen ist, ob man dasselbe nicht entbehren kann, wenn es gelänge, den Bundesrat (der jetzt ohne Bismarck nichts ist) in einen vollwichtigen Senat zu verwandeln. Als wir soweit in unseren geheimen Beratungen gekommen waren, hatte ich mit Wagener, Lasker, Forcken-

beck eine Konferenz auf Antrag der letzteren. Das Resultat derselben wird Wagener in einer Promemoria an Bismarck schicken,
damit der genau erfährt, was die Konservativen, soweit er mit
denen rechnen muß, und die Nationalliberalen denken, diese letztern
kamen aus Stuttgart und berichteten blaue Wunderdinge! Alles
sei bereit zum Eintritt, es käme nur auf B. an."

Am 26. Oktober traf Blankenburg in Versailles ein, wo er
sich aber nur bis zum 1. November aufhielt. Die unterwegs und
später in Berlin empfangenen Eindrücke gab er in einem vom 8.
datierten Briefe wieder. Wir nehmen daraus folgende Stellen:

„Was ich von Krieg und Land sah, sowie von den Truppen,
hat mich auf das Äußerste interessiert und wird mir eine stete
angenehme Rückerinnerung bleiben. Dagegen bin ich mit dem,
was eigentlich meines Amtes war, keineswegs befriedigt heimgekehrt.
Finster und traurig denke ich an die politische Zukunft. Die ein-
same Nachtfahrt von Frankfurt nach Berlin und später von da
hierher gab mir Muße genug, das Gehörte und Geplante noch
weiter zu bedenken. Ich kann mir aber nicht helfen — ich sehe
wenig Erfreuliches. Ich habe in Berlin Itzenplitz, Eulenburg,
Wagener und einen ganzen Haufen Freikonservativer gesprochen.
Auch die letzteren erschrecken über den kopflosen Eintritt von Hessen,
Württemberg, Baden in den Bund, und sehen es als eine aus-
gemachte Sache an, daß die Majorität des neuen Reichstags vollständig verlassern muß, da es unmöglich ist, von dort andere
Elemente zu bekommen. Auch Spitzenberg, den ich abends bei
Johanna B. sah, bestätigte mir dies für Württemberg, was ja
auch schon Mittnacht in Versailles behauptete. Was machen wir?
Wir wollen ein einheitlich organisiertes Heer, dessen Existenz
finanziell und organisch den Beschlüssen der Einzellandtage entrückt
wird. Was ist nun gewonnen, wenn die Bestimmung hierüber
freilich den Vertretern der drei Südstaaten, wie im Norden, entrückt ist, wenn aber gleichzeitig alles der Majorität des neuen
Reichstags überantwortet wird?! Am Militäretat zu sparen und
die Dienstzeit herunterzusetzen — das bleibt das Streben aller

Liberalen, so honigsüße Worte sie auch geben. Ja, eine innere Notwendigkeit drängt sie — sie müssen alles daransetzen, nach dem Frieden das Heer zu entwaffnen. Von 1871 ab — da hilft keine Interpretationskunst — haben sie die Macht dazu. Ein Konflikt rettet dann nicht mehr wie 1861. Jetzt ist es noch Zeit, dem vorzubeugen. Man kann es, wenn man das Tabaksmonopol mit als conditio in den neuen Bund bringt — oder wenn das Pauschquantum, wenn auch für eine feste Friedenspräsenzstärke von neuem eisern macht. Geschieht beides nicht, so wird das große, neue, deutsche Heer bald — wenn Du ruhig in G. sitzest — desorganisiert werden. Wozu ist dann wohl alle dies Blut= vergießen? — ? — Es ist ein wahres Verhängnis, daß der Kron= prinz mit seinen Fürstenhausideen Bismarck ganz vergiftet hat. Er hat Recht, den Tendenzen zu widerstehen. Er hat aber Unrecht, der Umformung des Bundesrates zu widerstreben. Ohne deutschen Kriegsminister ist die neue Armeeeinheit ein Unsinn. Die kleinen Kriegsminister werden sich einem deutschen unterordnen — einem preußischen nie! Was brauche ich Dir das zu sagen! Bismarck sieht selbst ein, daß ein Bundesminister dem einheitlichen Reichstag nicht gegenübergestellt werden darf. Es muß also ein zweites geschaffen werden, wenn die Dinge bleiben sollen, wie sie jetzt sind, d. h. unfertig, mit dem Keime des Todes in sich: $\frac{1}{3}$ Bundesrat wie jetzt, $\frac{1}{3}$ Fürstenwahl, d. h. Wahl der Re= gierungen der Staaten, und $\frac{1}{3}$ aus der Wahl der Vertretungen. Ausschüsse perpetuierlich, die Minister ihnen vorsitzend. Da bleibt das schablonenartige Bundesministerium außer Frage und es entsteht eine die Exekutive mithabende senatartige Korporation, die ein Gegengewicht gegen den alles sonst aufreibenden Reichstag gewinnen muß und gewinnen wird. Die Fürsten sehen sich so vertreten — und behalten das Bewußtsein, daß sie mitregieren."

Charakteristisch für die Denkweise des Grafen Roon ist ein Brief vom 30. Oktober, in dem es heißt:

„Gestern hat mir der König, während er den Kronprinzen und Prinzen Friedrich Karl zu Feldmarschällen, General Moltke zum Grafen gemacht hat, den Orden Pour le mérite verliehen, — den dritten Orden in ca. 4 Wochen. Die Ausbeute ist etwas reichlich — mit den ausländischen Dekorationen bis jetzt sieben in diesem Feldzuge — Du weißt, wie ich über das Ordenwesen denke. Über den Orden Pour le mérite habe ich mich aber wirklich gefreut. Da keine Pour le mérite's in diesem Kriege bis jetzt ausgegeben wurden, so hat man auch jetzt erst bemerkt, daß man keine mitgenommen hat; ich trage daher jetzt den des Kronprinzen, den er mir liebenswürdigerweise geschickt, da er von dem Mangel gehört. — Moltke ist von seiner Standeserhöhung sehr erfreut; ich habe eine solche für mich nicht gewünscht."

Auch in den Briefen Roons finden sich Hinweise auf fremdartige Einflüsse, die sich damals im preußischen Hauptquartier geltend zu machen suchten und von denen auch in den Tagebuchblättern von Moritz Busch vielfach die Rede ist. Am 14. November schreibt Roon:

„Wenn gewisse Weiberintriguen uns hier in den Weg getreten, so hoffe ich doch, daß sie nicht reüssieren. Man müßte sich zu sehr schämen und alle Glorie des Krieges ginge damit zum Teufel. Nächstens sollst Du mehr darüber hören. — An Ärger fehlt es wirklich nicht." Am Tage darauf schreibt er: „. . . Die Welt ist eben aus allen Angeln gerückt; es geschehen lauter unerhörte Dinge, und andere, die nicht geschehen, sind noch unerhörter. Dazu gehört die Verzögerung in der Beschießung von Babylon, wegen welcher ich mich oft und gründlich geärgert habe; indes der Unsinn wird nicht siegen." In einem Briefe vom 26. November heißt es: „Ja, auch ich wünsche, daß dieser Krieg ein baldiges ehrliches Ende finde. Die Spuren von unberechtigten, unpreußischen Einflüssen, denen ich täglich begegne, ohne daß ich ihnen zu wehren vermag, erregen mir immer wieder die Nerven." Charakteristisch ist auch folgende Äußerung in einem Briefe vom 18. November: „Ob es zu lebendigen oder bloßen Fehlgeburten kommen, ob das Kaiserhühnchen wohlgestaltet aus dem Ei kriechen wird, wer weiß das sicher?" Und am 28. November: „Hier schießen wir noch immer nicht, Weshalb? Gott wolle es den Schlechtberatenen nicht anrechnen, daß sie das wohl verstandene vaterländische Interesse aus sentimentaler Weichlichkeit hintansetzen. Es wird jetzt eben ein letzter Versuch gemacht, die Angelegenheit in Gang zu bringen, um ein würdiges Punktum zu setzen und nicht statt dessen einen kolossalen schmutzigen Klex, der die glorreiche Geschichte dieses Feldzuges verunzieren und die errungenen Lorbeeren der deutschen Waffen verunglimpfen würde."

Versailles, 8. 12. 70.

— — „Du irrst in Deinem Briefe (vom 4. d.), wenn Du annimmst, es hätte jemand gewagt, mir gegenüber auszusprechen, daß ich die Schuld an gewissen nichtwürdigen Verzögerungen des Bombardements trage; doch haben die Schuldigen sich in einer Weise zu entschuldigen versucht, daß es dunkel blieb, ob ich nicht etwa der Säumige sei, wogegen ich mich natürlich nicht ohne Ärger, allerdings sehr energisch verwahrt habe. Nun, endlich, als sich die Unmöglichkeit ergeben, aus mir den Sündenbock zu machen, ist man auf meine Vorschläge — freilich acht Wochen zu spät — eingegangen und hat die Wegräumung der vermeintlichen und selbst gemachten Hindernisse so ziemlich in meine Hand gelegt — eigentlich erst vorgestern —, so daß nun bloß noch eine absehbare Frist bis zum Beginn der Beschießung verstreichen wird. Mögen diejenigen es verantworten, die uns diesen Schaden zugefügt haben; mich trifft es nicht! —

Ungeachtet der wiederholten Niederlagen der französischen Loire- armee hat sich bisher noch kein Zeichen von der Unterwerfung von Paris bemerklich gemacht. — So lange sie warm und sicher sitzen und die Ratten, ein Tier, daß sich fortwährend fortpflanzt wie die Kaninchen, noch nicht ausgestorben sind, werden sie auch nicht an Übergabe denken — also Geduld! —"

Bismarck war mit Roon inbezug auf die „Weiberintrigen" durchaus einerlei Sinnes. „Hätten wir vor vier Wochen ange- fangen zu bombardieren," sagte er einmal in Versailles, „so wären wir jetzt aller Wahrscheinlichkeit nach in Paris. So aber bilden die Pariser sich ein, es ist uns von London, Petersburg und Wien verboten, zu schießen, und die Neutralen wieder glauben, daß wir's nicht können. Die wahren Ursachen aber werden wohl einmal bekannt werden —."

Nach dem Kriege gab es schwerere Konflikte, als um die Frage der Beschießung von Paris. Aus dem Auftreten der Ultramontanen in der ersten Session des deutschen Reichstages entwickelte sich der sogenannte Kulturkampf. Während noch am 3. März 1871 Papst Pius IX. dem Kaiser Wilhelm bei Gelegenheit der Annahme der Kaiserwürde seine Glückwünsche aussprach und dem Vertrauen Ausdruck gab, daß dieses Ereignis nicht allein für Deutschland, sondern für ganz Europa zum Heil gereichen würde, begann das Centrum nach Eröffnung des Reichstags gegen das neue Reich und seine Regierung seine Angriffe. Es war charakteristisch, daß das Centrum schon damals für seine reichsfeindlichen Anträge nur die Unterstützung der demokratischen Partei, d. h. des Abgeordneten Sonnemann fand. Kurze Zeit darauf war es wiederum das Centrum, welches bei Gelegenheit des Gesetzentwurfes, betreffend die Einverleibung von Elsaß-Lothringen, im reichsfeindlichen Sinne die Bestrebungen des elsässischen Klerus gegen die Germanisierung der dortigen Schule in Schutz nahm. Daß auch die polonisierende Tendenz des Centrums gleich bei seinem ersten Auftreten nicht fehlte, ergab sich aus den Sympathiebezeugungen, welche dasselbe den polnischen Abgeordneten zuteil werden ließ, die gegen die Zugehörigkeit preußischer Provinzen zum Reiche Protest erhoben.

Herr v. Mühler, der Kultusminister, trat im Januar 1872 zurück. Roon, dessen persönliche Sympathieen in vieler Beziehung dem arg befehdeten Kollegen zugeneigt waren, mußte sich schließlich auch überzeugen, daß dessen Rücktritt zur politischen Notwendigkeit geworden war. Aus seinem Briefwechsel mit Mühler in jenen Tagen ergiebt sich die Bestätigung der bekannten Thatsache, daß eine Angelegenheit nicht eigentlich politischer Art (Differenzen mit dem Kronprinzen in einer das Museum betreffenden Personalfrage) den Anlaß bieten mußte, um ihn zum Entlassungsgesuche zu nötigen. Letzteres war von seiten des Staatsministeriums gewünscht und schließlich auch einstimmig befürwortet worden. Den geeigneten Mann glaubte man dagegen in der Person des Dr. Falk, Unterstaatssekretär im Justizministerium, gefunden zu haben.

Der Kaiser schrieb, als es sich um die Ernennung des letzteren handelte (am 14. Januar 1872) an Roon:

„Die Mühler-Katastrophe und deren Folge beschäftigt Mich auf das peinlichste seit vier Tagen. Ich habe bisher nur den Fürsten Bismarck über den Nachfolger gehört, muß aber wünschen, noch einige andere Urteile über einen Kandidaten zu hören, den Ich nur habe nennen hören! Ich ersuche Sie daher, heute (um 12 Uhr) zu Mir zu kommen, um über die Sache zu sprechen."

Des Weiteren ergab sich, daß der Monarch Zweifel hatte, wie der ihm vorgeschlagene Kandidat sich seinerzeit als Abgeordneter zur Militärfrage gestellt hätte. In seinem Berichte (vom 20. Januar) machte Roon zunächst die verlangten Angaben über die einzelnen Abstimmungen des Abgeordneten Falk in der Militärfrage (Falk war Mitglied der Fraktion Mathis und damit Mitglied der gemäßigten Opposition gewesen) und fuhr dann fort: „Der Falk gehört unter allen Umständen zu denjenigen, welche durch die Erfolge der Reorganisation längst mit derselben ausgesöhnt, offenbar zu einer größeren politischen Reife gelangt sind, sowie er auch stets zu den Männern zu zählen war, welche selbst da, wo sie irrten, einer ernsteren, gewissenhaften Überzeugung folgten, zu denjenigen, welche Feind jeder Frivolität und persönlichen Gehässigkeit, ihre Meinungen stets mit angemessener Würde und einer anerkennenswerten Ruhe zu vertreten wußten — —."

Das Frühjahr 1872 brachte eine große Arbeitslast durch die parlamentarischen Verhandlungen, betreffend das neue Militärstrafgesetzbuch. Sowohl bei den Verhandlungen über diesen wichtigen Gegenstand, als auch bei den Vorbereitungen zu den kirchenpolitischen Gesetzen war es erkennbar geworden, daß die Führer der liberalen Partei einen immer größeren Einfluß auf die Leitung der inneren

Politik gewannen und nach immer weiteren Zugeständnissen auf
diesem Gebiete drängten. Roon mußte wiederholt die Erfahrung
machen, daß seine Ansichten bei den Kollegen im Staatsministerium
nicht die gewünschte Unterstützung fanden. In solcher Stimmung
schrieb er z. B. (am 1. September) aus Gütergotz an Moritz von
Blankenburg, nachdem er u. a. über seinen schlechten Gesundheits=
zustand geklagt .... „Aber das ist ja alles Kaff gegen diesen
neu anhebenden Kaisertrubel, den zu überleben ich bezweifle. Und
dann die parlamentarischen Wintervergnügungen, die sich bis
nächsten Johannis verlängern dürften. Daneben der Eremit von
Varzin, der alles selber machen will und dennoch die schärfsten
Verbote erläßt, daß man ihn nicht belästige. Da möchte ein alter
Mann, der gern in Ruhe schlafen möchte, schier verzweifeln. Es
wird aber eines Tages wohl die Stunde der Freiheit schlagen, da
es an ernsten Differenzen nicht fehlt, und da Nachgiebigkeit à tout
prix als Verbrechen erscheint. Wenn B. nicht alle Segel beisetzt,
um sich ein erstes Haus und die nötigsten Minister für das
Reich zu verschaffen, so wird die Geschichte einst streng über ihn
richten .... Immer aus der Hand in den Mund zu leben, geht
auf die Länge nicht, wenn auch die Hand noch so geschickt und
stark und der Mund ein noch so beredter und scharf bezahnter ist.
— Was weißt Du von seinem körperlichen Befinden? — Weiß
Gott, daß es niemand besser mit ihm meint, als ich, da ich der
Schild bin — auf dem er emporgehoben wurde, allein, er hat zu
wenig aufrichtige Freunde und hört zu viel auf seine Feinde, unter
denen diejenigen, die ihn vergöttern, die schlimmsten sind ... Und
weil ich so hoch von ihm halte, möchte ich ihn in manchen Stücken
anders — doch wozu diese Betrachtungen Dir gegenüber, der Du
ihm näher stehst und ihn wohl ebenso gut kennst und ebenso liebst,
wie ich."

Die Kaiserzusammenkunft kam und ging vorüber. Fürst
Bismarck war zu derselben in Berlin erschienen, war aber noch
im September mit neuem Urlaub wieder nach Varzin zurückgekehrt
ohne zu den damaligen brennenden Fragen der inneren Politik

entschiedene Stellung genommen zu haben. Es stand damals die neue Kreisordnung zur Verhandlung und diese führte noch vor Jahresschluß eine Krisis herbei, in welcher Roon, dessen oben geschilderte Situation unter den obwaltenden Umständen täglich peinlicher und unerträglicher wurde, die erforderlichen Schritte that, um ihr für immer zu entrinnen. Zur größten Überraschung nicht nur seiner Gegner, sondern auch seiner Freunde, wurde diese aber dadurch beendet, daß Roon den erbetenen Abschied — nicht erhielt, vielmehr selbst als Präsident an die Spitze des Ministeriums trat — und dabei mit Fürst Bismarck im besten Einvernehmen blieb.

Schon früher, neuerdings aber im Jahre 1871 waren zwischen dem Fürsten Bismarck und der zur Unterstützung seiner Regierung zunächst berufenen konservativen Partei gespannte Verhältnisse eingetreten. Ihr Widerstand zeigte sich mehr oder minder offen, als die Entwürfe über Schulaufsichtsgesetz, Civilehe, die kirchlichen Kampfgesetze und die neue Kreisordnung beraten wurden. Die Folge dieser Haltung war zunehmende Verstimmung Bismarcks gegen seine alten Freunde und Kampfgenossen, welche bekanntlich im Jahre 1873 zum offenen Bruch mit dem größten Teile der Konservativen führte. Daß Bismarcks Gesundheit außerdem tief erschüttert war und ihn dies während des größten Teiles des Jahres 1872 von Berlin fernhielt, muß ebenfalls erwähnt werden.

Es ist bekannt, daß speziell bei der Kreisordnung — inbetreff deren auch sachlich zwischen Fürst Bismarck und Graf Eulenburg nicht unerhebliche Meinungsverschiedenheiten bestanden — der Vorsitzende des Ministeriums sich fast ganz auf die Rolle des passiven Zuschauers beschränkte und nur selten zu bewegen war, „eine Meinungsäußerung auf die politische Bühne gelangen zu lassen, auf welcher Eulenburg sein Stück aufführte". Andererseits hatte Graf Eulenburg den König von der Notwendigkeit einer Reform der Kreisordnung überzeugt, der Monarch wünschte deren Durchführung mit größter Entschiedenheit. Im Herrenhause aber stieß sie auf den entschiedensten Widerstand; und nach langen Verhand=

lungen kam das Staatsministerium (nachdem das Projekt einer
vorgängigen „Reform des Herrenhauses" fallen gelassen war) zu
dem Beschlusse, diesen Widerstand durch neue Pairsernennungen
zu brechen. Es gelang auch dem Grafen Eulenburg — zu Roons
lebhaftem Bedauern — die königliche Einwilligung zu dieser Maßregel zu erlangen.

Nachdem die Einwilligung zum Pairsschub im Prinzip erteilt
war, handelte es sich noch darum, den Umfang desselben zu bestimmen. In der Sitzung des Staatsministeriums vom 30. November, in welcher darüber verhandelt wurde, suchte Roon die
seinen Ansichten widersprechende Maßregel durch Beschränkung der
neuen Pairsernennungen auf eine geringere Zahl wenigstens
möglichst unschädlich zu machen. Allein auch dabei blieb er in
der Minorität, und als er wegen einer anderen dringenden Angelegenheit die Sitzung vor dem Schlusse verlassen mußte, benutzten
die zur Majorität gehörigen Minister Graf Itzenplitz und Eulenburg diesen Umstand, um die von ihnen festgestellte größere Liste
sofort der Genehmigung des Königs zu unterbreiten, welche auch
noch an demselben Tage erteilt wurde, ohne daß Roon Gelegenheit
fand, den Standpunkt der Minorität dem Monarchen nochmals
darzulegen. Roon erfuhr zu seiner Überraschung die vollendete
Thatsache gegen Abend durch folgendes Handbillet des Monarchen:

„Mit schwerem Herzen habe ich die 26er Liste vollzogen.
Originalordre sandte ich durch Grafen Itzenplitz direkt an Minister
Graf Eulenburg; meine Gründe wollen Sie aus dem zweiten
Dekret ersehen. Gott wolle, daß ich das Richtige erwählte!

W. 30. 11. 72."

Roon fühlte sich durch dieses Vorgehen seiner Kollegen tief
verletzt; er bat vorläufig um Urlaub und verließ Berlin sofort,
um von seinem Landsitze aus sein Abschiedsgesuch einzureichen.
Auf seine Bitte um Urlaub empfing er zunächst folgende Antwort
von Allerhöchster Hand:

Berlin, 7. 12. 72.

Ihr Schreiben vom 2. d. M. habe ich erst gestern in Königs-

wusterhausen erhalten. Natürlich erteile ich Ihnen den Erholungs=
urlaub von acht Tagen nach Gütergotz, wünsche aber, daß Sie
ihn verlängern mögen, wenn Sie nach acht Tagen nicht die ge=
wünschte Stärkung eingetreten finden. Sie müssen Ihre Gesundheit
und Ihre Kräfte schonen zur militärischen Reichskampagne, denn
nur Ihre Erfahrung, Autorität und Ansehen kann ein günstiges
Resultat dieser Kampagne sichern. Daher kann ich schon im voraus
Ihnen keine Aussicht eröffnen, auf den Schluß Ihres Schreibens
einzugehen. Wenn ich Ihre Stimmung richtig beurteile, so ist
sie durch meine Annahme der Majoritätsansichten des Staats=
ministeriums herbeigeführt. Ich schrieb Ihnen, daß ich mit
schwerem Herzen diesen Entschluß gefaßt hätte. Aber meine Über=
zeugung, daß die Kategoricen, aus denen die gewissen 24 Männer
gewählt, die richtigen sind, kompensiert die Zahl derselben und
reifte meine Entscheidung, und dies nahm ich auch von Ihnen an.
Ich fürchte mich getäuscht zu haben und muß Sie daher inständigst
ersuchen, alles wohl zu überlegen. Mein Vertrauen besitzen Sie
nach wie vor im höchsten Maße, und dies denke ich, wird Sie
über manche schwere Stunde hinwegführen! In treuer Dankbarkeit
Ihr Wilhelm.

Tages darauf hatte der König den vortragenden Adjutanten
von Albedyll beauftragt, Roon am 6. in Gütergotz aufzusuchen,
um obiges mündlich zu wiederholen und ihn zu veranlassen, jeden
Rücktrittsgedanken aufzugeben. Roon aber konnte sich, nach Er=
wägung aller Umstände, dazu nicht entschließen, sondern reichte
am 8. Dezember sein ausführlich motiviertes Entlassungsgesuch ein.
Roon machte von seinem Antrage auch dem Fürsten Bismarck
in Varzin amtliche Mitteilung und scheint ihm eine Abschrift des
Immediatgesuches mitgesandt zu haben. Der König aber be=
antwortete fast umgehend das Abschiedsgesuch in nachstehendem
eigenhändigen Schreiben:

Berlin, 11. 12. 72.

Ihr Schreiben, in welchem Sie um einen achttägigen Urlaub
nach Gütergotz einkamen, schloß mit Andeutungen, auf welche ich

im Schluß Meiner Antwort Ihnen zu erkennen gab, daß Ich Ihnen keine Aussicht eröffnen könne, auf diese Andeutungen einzugehen. Am wenigsten war Ich darauf gefaßt, jene Andeutungen bereits in Ihrem letzten Schreiben formuliert zu finden, nachdem Ich aus dem ersten Schreiben annehmen mußte, daß Sie nach einer längeren Ruhe zur Prüfung Ihrer Gesundheit einen weiteren Antrag an Mich stellen würden.

Wenn Ich auch allen Ihren Gründen, die Sie zur Motivierung Ihres Entlassungsgesuches anführen, Gerechtigkeit widerfahren lasse, so bin Ich dennoch nicht imstande, auf Ihren Wunsch und Antrag einzugehen. Sie sagen zwar, daß Sie Meiner dringenden Vorhaltung, die Reichtagskampagne durchzufechten, deshalb nicht nachkommen könnten, weil Ihre physischen und geistigen Kräfte Ihnen dies nicht möglich machen würden — wenngleich Sie bereit wären, Ihre letzten Kräfte im Dienste des Vaterlandes zu opfern —, so muß Ich zu diesem schweren Dienst nochmals des dringendsten auffordern. Sie können sich ja Hülfsarbeiter und Sprecher zur Seite stellen — Sie haben einen dergleichen im Oberst Voigts-Rhetz bereits sich gewählt —, um Ihre Person so viel und so lange als möglich zu schonen —, aber Ihre ganze Vergangenheit um das Wohl und die Ehre der Armee ist so eklatant vor der Welt zu Tage getreten, daß dieses Ansehen Ihnen ein Vertrauen und eine Achtung erworben hat, die kein Neuling in Ihrer Stellung haben kann. Es stehet alles auf dem Spiel, wenn Ihr Gewicht in der Wagschale fehlt! — Die anderen Gründe, die Sie für Ihr Ausscheiden anführen, beziehen sich auf die inneren politischen Verhältnisse. Aber auch in diesen bedarf Ich Ihres Gegenhaltes, wie in der eben beendeten Krisis, wo Ich es ja Ihnen nur verdanke, daß Wir mit einer so geringen Pairskreirung durchkamen; und daß dieselbe nach Ihrem Wunsch nicht noch geringer wurde, trifft allerdings Meine Entscheidung, die Ich aber ebenso gewissenhaft faßte, wie Sie Ihren Wunsch! Ähnlich rechne Ich auf Sie in den bevorstehenden wichtigen Fragen! Versagen Sie Mir auch hierbei nicht Ihre Unterstützung!

Den Vorfall mit dem mündlichen Vortrag des Ministers Graf Itzenplitz nach der Ministerialsitzung im Auftrag des lahmen Grafen Eulenburg, nahm Ich so auf, daß auch Sie mit diesem Verfahren einverstanden seien und nicht als in der Minorität verblieben, Mir persönlich diesen Vortrag zu halten wünschten. Deshalb schrieb Ich Ihnen noch vor dem Diner beim Prinzen von Württemberg jene Zeilen, die Sie nun gewiß in ihrem rechten Lichte verstehen werden. Leugnen kann Ich es nicht, daß jenes Verfahren Mich selbst überraschte, da indessen Graf Eulenburg am Morgen desselben Tages mündlich referierte über die abends vorher mit den Parteiführern des Herrenhauses auf Meinen Befehl an das Staatsministerium gehabte Konferenz, so glaubte Ich, daß der Itzenplitzsche mündliche Bericht gleichfalls eine beschlossene Abmachung sei. Daß dem nicht so war, erfuhr Ich erst zufällig später und begreife vollkommen Ihre Verstimmung dieserhalb.

Aus dem Gesagten wollen Sie entnehmen, welchen unbedingten Wert Ich auf Ihr ferneres Verbleiben im Amte setzen muß. Gott wird Ihnen Kraft verleihen, Mir die Ihrige zu leihen!

Ihr treu ergebener, dankbarer König W.

Bismarck schrieb an Roon:

Varzin, 13. Dezember 1872.

Auf Ihren amtlichen Brief vom 10. antworte ich jetzt nicht, sondern melde Ihnen nur, daß ich morgen in Berlin einzutreffen hoffe. Ich reise, nicht weil ich mich gesund fühle, sondern weil ich für Pflicht halte, die Situation mit Sr. Majestät und mit Ihnen mündlich zu besprechen. Mein Gefühl sagt mir seit Monaten, daß ich die alte Gesundheit nicht wieder erlange und also auch den alten Geschäftskreis nicht wieder übernehmen kann. So lange der König es befiehlt, will ich ihm als auswärtiger Minister gern weiter dienen, da ich die mehr als zwanzigjährige Erfahrung in der europäischen Politik und das Vertrauen fremder Höfe nicht auf einen anderen übertragen kann. Aber die auswärtigen Angelegenheiten der stärksten Großmacht nehmen einen vollen Mannesdienst in Anspruch, und es ist eine unerhörte Anomalie, daß der aus-

wärtige Minister eines großen Reiches daneben die Verantwortung
für die innere Politik desselben tragen soll.

Mein Gewerbe ist ein solches, in dem man viele Feinde ge=
winnt, aber keine neuen Freunde, sondern die alten verliert, wenn
man es 10 Jahre lang ehrlich und furchtlos betreibt . . . Das
muß ich tragen, wenn ich auswärtiger Minister bleiben und der
König mich noch schneller aufreiben will, als ich ohnehin zu Grunde
gehe. Im Innern habe ich den Boden, der mir annehmbar ist,
verloren durch die . . . Desertion der konservativen Partei in der
katholischen Frage.

In meinen Jahren und mit der Überzeugung nicht lange
mehr zu leben, hat der Verlust aller alten Freunde und Ver=
bindungen etwas für diese Welt entmutigendes, was bis zur
Lähmung geht, wenn die Sorge um meine Frau dazutritt, wie
das seit Monaten verstärkt wiederkehrt. Meine Federn sind durch
Überspannung erlahmt, der König, als Reiter im Sattel, weiß
wohl kaum, daß und wie er in mir ein braves Pferd zu Schanden
geritten hat, die Faulen halten länger aus, aber ultra posse
nemo obligatur. Ich glaubte es noch einige Monate bis zu
mündlicher Verständigung hinhalten zu können. Aber Ihr Brief
vom 10., lieber Roon, hat meinen Entschluß zur Reise gebracht.
Ich kann des Königs Preußischer Ministerpräsident nicht bleiben,
will Se. Majestät mich als Reichskanzler und auswärtigen
Minister behalten, so will ich versuchen, diesen Zweig weiter zu
besorgen.

Die Verantwortung für Kollegen, auf die ich nur bittweisen
Einfluß habe, und die Verantwortung für solche Ansichten und
Willensmeinungen Sr. Majestät, die ich nicht teilen kann, vermag
ich in meiner deprimierten Gemütsverfassung nicht mehr durchzu=
fechten.

Die meine Bestrebungen kreuzenden Einflüsse sind mir zu
mächtig und die . . . Überhebung und politische Unbrauchbarkeit
der Konservativen hat meine Freudigkeit im Kampfe seit letztem
Frühjahr gebrochen. Mit den Konservativen ist nichts zu machen,

sie folgen den „Rednern" wie R. und den Intriganten wie B., gegen sie mag ich nicht.

Der König muß also meines Ermessens neue im Parteiwesen nicht verbrauchte Leute an die Spitze bringen und mich in Frieden auf mein diplomatisches Altenteil oder gänzlich ziehen lassen. In diesem Sinne werde ich übermorgen mein partielles Abschiedsgesuch Sr. Majestät vortragen.

Das Zeugnis gegen das Ministerium, welches in Ihrem Abschiedsgesuch liegt, hat meinen seit Monaten keimenden Einfluß schnell gereift. Wir werden, wenn Gott uns Leben giebt, uns der großen Zeit, die wir gemeinsam durcharbeiteten, als alte Freunde gern erinnern, und behäbigeren Nachfolgern mit weniger aufreibendem Diensteifer wohlwollend nachblicken. In herzlicher und unwandelbarer Freundschaft   Ihr v. B.

Von Allerhöchster Stelle folgte sodann noch die nachfolgende offizielle Kabinettsorder an Roon:

„Nachdem Ich Ihnen auf das Mir vorgelegte Abschiedsgesuch bereits eingehender geschrieben habe, lehne Ich dasselbe hierdurch ab, indem Ich Ihnen gleichzeitig ausspreche, daß Ich auf die Fortsetzung Ihrer Mir seit vielen Jahren geleisteten, in jeder Beziehung ausgezeichneten Dienste unter den gegenwärtigen Verhältnissen einen ganz besonderen Wert lege. Sie werden — dessen halte Ich Mich versichert — nicht anstehen, Ihre Kräfte auch ferner dem Dienste des Vaterlandes zu opfern; Mein Dank dafür wird um so größer sein, als Ich leider nicht verkennen kann, daß Sie es mit Anstrengung und im Kampf mit Ihrer Gesundheit thun werden.

Berlin, den 16. Dezember 1872.

Wilhelm."

Fürst Bismarck, in denselben Tagen in Berlin eingetroffen, hatte, seinem Vorsatze entsprechend, seine Enthebung von dem Amte des preußischen Ministerpräsidenten erbeten, welche bekanntlich genehmigt wurde. Roon fügte sich dem so bestimmt ausgesprochenen Verlangen seines Monarchen und verblieb im Dienste; und unter

diesen Umständen war es unvermeidlich, daß er nunmehr auch zugleich an die Spitze der preußischen Staatsgeschäfte berufen wurde,
so wenig dies auch seinen Neigungen entsprach. Denn er war
der älteste Minister, genoß mehr als irgend ein anderer das persönliche Vertrauen des Königs — und Fürst Bismarck hätte sich
auch das Präsidium eines anderen als dieses ihm durch lange Jahre
befreundeten Kollegen nicht gefallen lassen. Den Gedanken, immer
nur den ältesten Minister jeweilig mit dem Vorsitze zu beauftragen
— wodurch allerdings die Übelstände provisorischer Verhältnisse
verewigt worden wären — hatte der König abgewiesen, gleichzeitig
aber auch darauf Bedacht genommen, nunmehr die erwünschte Entlassung Roons in seinem Amte als Kriegsminister soweit als
möglich eintreten zu lassen, gegen welche letztere man nichts mehr
einzuwenden hatte; vielmehr brachte er selbst den General von
Kameke zu seiner Assistenz in Vorschlag. Er hatte es ferner als
Bedingung seiner Übernahme des Präsidiums erbeten, daß auch das
soeben frei werdende Portefeuille des landwirtschaftlichen Ministers
an einen Mann seiner Wahl und politischen Gesinnung verliehen
würde; und Fürst Bismarck war in beiden Punkten ganz einverstanden gewesen, wie die vorliegenden Korrespondenzen dies ergeben. Aus letzterem geht ferner hervor, daß sie als landwirtschaftlichen Minister in erster Linie den Neffen des Grafen Roon,
Moritz von Blanckenburg, berufen zu sehen wünschten.

Indessen war diese Ernennung nicht durchzusetzen. Roon
wandte sich darauf mit allerhöchster Zustimmung (bereits in den
letzten Dezembertagen) an den damaligen Oberpräsidenten von
Posen, Grafen Königsmarck, welcher diesem Rufe — wenn auch
ungern — folgte und einige Wochen später in der That an Herrn
von Selchows Stelle trat. Er blieb aber nur kurze Zeit im
Amte.

Aus den Denkwürdigkeiten Roons geht hervor, daß die Grundlagen für die kirchenpolitische Gesetzgebung schon 1872 im Staatsministerium aufgestellt waren, die Entwürfe aber in Roons Gegenwart dem Könige vorgetragen wurden. Roon fühlte sich mehr und

mehr unbehaglich, da die Gesetze seinen Anschauungen vielfach widersprachen. Das Unbehagen wurde durch die Angriffe Laskers auf
den Geheimrat Wagener und die Eisenbahnverwaltung gesteigert.
Der Antrag auf Einsetzung einer parlamentarischen Unter-
suchungskommission erscheint ihm „radikal". Es heißt in dieser
Beziehung:

„Sobald der König Kenntnis davon erhalten hatte, schrieb er
sofort an Roon am 9. Februar: „Ich finde den Antrag Laskers,
daß das Haus eine Kommission erwählen soll, um die Untersuchung
über die aufgestellten Fragen vorzunehmen über Verhalten der
Staatsregierung ein Précédent, das weit führen kann — und zu des
Hauses Entscheidung führen soll, Königliche Beamte wohl gar zu
verurteilen, was doch nur die Gerichte können. Ich wünsche Ihre
Ansicht zu hören, ob der Laskersche Antrag zurückgewiesen werden
kann?" — und am 10. Februar fügte der Monarch hinzu: „Ganz
einverstanden mit Ihrer Ansicht, die im Abgeordnetenhause einge-
brachte Position eine Untersuchung seinerseits der Lasker-Enthüllungen
— im Staatsministerium zu erwägen, um die Unstatthaftigkeit derselben festzustellen — scheint Mir, daß wir gleichzeitig die Initiative
einer Untersuchung nehmen müssen und eine Kommission dieserhalb
einsetzen unter Vorsitz eines Ministers und Zuziehung von Kron-
syndici ꝛc. und Mitgliedern beider Häuser; eine Ansicht, die der
Fürst Bismarck Mir heute zu teilen schien, nach dem diplomatischen
Vortrage. Ich bitte diese Ansicht dem Staatsministerium mitzuteilen, die übrigens mit Ihrem Ausspruch im Hause überein-
stimmt, daß man beide Teile hören müsse. Dies Hören muß aber
vor einer Königlichen Kommission und vor einer Parlaments-
kommission stattfinden. (gez.) Wilhelm." „Itzenplitz ist bei Fürst
Bismarck gewesen, und dieser hat ihm dasselbe gesagt, was Ich
gestern gleich sagte, sein jetziges Angehen werde als Schuldbekenntnis
erscheinen, dagegen müsse er auf Untersuchung selbst dringen! —"

Aus den weiteren Mitteilungen geht hervor, daß Roon
schließlich aber die Überzeugung gewonnen habe, Wagener sei in
seiner Beteiligung an finanziellen Operationen doch etwas weiter

gegangen, als für einen so hochgestellten und einflußreichen Be=
amten angemessen schien. Schon Ende Februar gab es zwischen
Roon und Bismarck einen Zwiespalt, über welchen nähere Mit=
teilungen jedoch nicht gemacht werden. Nach wenigen Monaten
hatte Roon die Ansicht gewonnen, daß er die ihm aufgebürdete
Arbeit nicht bewältigen könne, und so suchte er bereits im Oktober
1873, also nach neunmonatlicher Amtsthätigkeit, seine Entlassung nach.
Am 8. Oktober 1873 schrieb er an Blanckenburg:

„Durch Bismarcks Verdeutschung à tout prix ist mir mein
preußisches Programm unbrauchbar geworden; mit ihm gegen den
liberalen Strom wäre allenfalls eine Weile noch gegangen; gegen
beide, das geht über meine Kräfte. Ich habe durch meine Zu=
stimmung zur Kreisordnung und den Maigesetzen bewiesen, daß
ich den konservativen Standpunkt von 48 überwunden habe und
vernünftige Fortentwickelung aufrichtig will, aber zu einer über=
stürzenden cadence fehlt mir der Atem im physischen und bild=
lichen Sinne. Es schneidet mir ins Herz, daß ich nicht mehr
steuern und wehren kann — aber der Wille allein thuts nicht."

Bismarck trug Blanckenburg nun nochmals das landwirtschaft=
liche Ministerium an, erhielt aber zum zweitenmale einen Korb.
Nachdem der Reichskanzler seinen Unwillen über die konservative
Partei und die „Junker" lebhaften Ausdruck gegeben hatte, heißt
es in seinem Briefe an Roon vom 20. November 1873: „Ich
will, krank oder gesund, die Fahne meines Lehnsherrn hochhalten,
gegen meine faktiösen Vettern so fest, wie gegen Papst, Türken
und Franzosen. Vermüde ich, so bin ich anschlagmäßig verwendet
und der Verbrauch meiner Person ist vor jedem Rechnungshofe
justifiziert. Durch Ihren Austritt hier bin ich vereinsamt, unter
— Ministern — die einzig fühlende Brust. Der Rest vom alten
Stamm, der bleibt, ist faul. — — —"

Blanckenburg wieder schreibt an Roon, durch seine Ablehnung
erhalte Bismarck wenigstens einen empfindlichen Schlag: „Bismarck
wird in Preußen Camphausen wirtschaften lassen, darüber habe ich
nicht den geringsten Zweifel. Daß die sämtlichen Kollegen nach

mir anhielten in der Hoffnung — daß ich etwaige horrenda, die
B. ihnen zumuten wird — abdämpfte und am besten noch die
Besänftigerrolle des immerhin Gefürchteten übernehmen konnte — ist
mir klar — sie waren ihrer Sache gewiß, daß ich als etwaiger
konservativer Keil auf dem mir sehr unbekannten Felde ihnen
weniger schaden konnte — da doch meine alten Freunde und vor
allem die stets schürende „Kreuzzeitung" mich als Abtrünnigen der
Partei behandeln würden. — — — Was weiter werden soll im
Vaterland? Ich weiß es nicht. Mit politischen Parteien ist es
vorläufig aus. B. hat in Pommern jede Brücke, die ich noch wieder
hätte bauen können, zerstört. Er geht nun (wider Willen viel=
leicht) liberale Wege. . . . Wir müssen jetzt nach allem, was
geschehen ist — den liberalen Kelch bis auf die Hefe leeren! Es
giebt keinen anderen Weg, wenn B. nicht vollständig umkehrt.
Eine konservative Mittelpartei (wie er träumt) ist ein Unding!"

Die Konflikte Roons mit dem Militärkabinett, die in die erste
Hälfte seiner ministeriellen Thätigkeit fielen, haben wir in dem
Kapitel über General Manteuffel besprochen. Im Jahre 1862
hatte Roon noch im Abgeordnetenhaus über das genannte Kabinett
eine beruhigende Erklärung abgegeben, etwa wie die des Reichs=
und Staatsanzeigers im August 1896, bis General Manteuffel
ihn eines andern belehrte. Wenn später unter den Generalen
von Treskow und von Albedyll, den Nachfolgern Manteuffels das
Militärkabinett in seine Schranken zurücktrat, so war das die
Wirkung der Regierungsmaximen eines Wilhelms I. „Ich brauche
keinen Witzleben." Der Kriegsminister von Kameke, der Nach=
folger Roons, und der Marineminister von Stosch, fielen dadurch,
daß sie in der Frage der Kommunalbesteuerung der Offiziere in
direkten Gegensatz zu der Auffassung des Kaisers traten. Mit dem
Militärkabinett gab es keine Konflikte mehr.

General von Stosch.

In den „Berl. Neueſt. Nachr." erſchien unter dem 29. März 1896 nachſtehender Artikel: „Am 29. Februar hat auf ſeinem Landgute Öſtrich im Rheingau ein Mann das Zeitliche geſegnet, dem, als er vor 13 Jahren dem öffentlichen Leben entſagte, das Epitheton des „politiſchen Generals" — vielleicht nicht gerade in wohlwollendem Sinne — beigelegt wurde. Nicht wohlwollend: denn wenn man mit dem Beiwort auch nicht gerade jenen un= deutſchen Begriff eines Mannes des ‚pronunciamento‘ verband, ſo glaubte die alte preußiſche Tradition ſich doch ablehnend ver= halten zu ſollen gegen einen General, in dem neben dem ſtrammen Soldaten ein Beigeſchmack politiſcher Ideen verkörpert ſei. Über den Unterſchied, der zwiſchen einem zur Führung und einem zur Gefolgſchaft Berufenen obwaltet, pflegte man ſich keine Gedanken zu machen.

Als der Herzog von Wellington nach Waterloo auf eigene Fauſt die Bourbons nach Paris führte, weil ſie ihm als die Geeignetſten erſchienen, da fand er bei dem alten Blücher, obgleich dieſer gar nicht damit einverſtanden war, keinen Widerſtand, weil er, Blücher, als General ſich mit der Politik nicht zu befaſſen habe. Eine weniger pedantiſche Anſchauung hätte der Geſchichte unſeres Jahrhunderts vielleicht eine andere Wendung gegeben. Daß ein Staatsmann den Generalscharakter als eine der Politik nützliche Beigabe betrachtet oder daß man einen General für das politische Amt des Staatsmannes gern den Vorzug giebt, hat die neuere Zeit bewiesen, und so wird wohl die politische Befähigung gewisser leitender Geister, auch wenn sie Soldaten sind, nicht ganz von der Hand zu weisen sein. Politik ist auch vom militärischen Staatsmann nicht zu trennen, auch wenn er nur der Chef einer für eine Großmacht zu leitenden Admiralität wäre."

Gewiß. Warum sollen die Militärs nicht auch Politiker sein? Auch Graf Moltke war das. Daß dieser bei den Erörterungen über die Luxemburger Frage anderer Meinung war als der damalige Kanzler, steht längst geschichtlich fest. Fürst Bismarck hat selbst gelegentlich davon im Reichstage berichtet. Jetzt wird diese Thatsache von Sybel mit dem Zusatz erwähnt, daß Moltke seine Meinung dem Monarchen gegenüber zurückgehalten habe, da zu Ratschlägen nur der verantwortliche Staatsmann berufen sein konnte. Im Übrigen schrieben die B. N. N.:

„Es hat in unseren neuesten Kriegen Führer und Inhaber wichtiger Ämter gegeben, von deren Wirken die Öffentlichkeit ver=hältnismäßig wenig erfahren hat. Schon im Jahre 1866 hatte der Generalmajor von Stosch als Oberquartiermeister bei der Armee des Kronprinzen in bedeutsamen Augenblicken bewiesen, wie er jedesmal die Dinge schnell zu übersehen, das Richtige zu treffen, mit Energie zu handeln wisse, daß er in Augenblicken verhängnis=voller Entscheidung eine „mehr als gewöhnliche Menschenkraft ein=zusetzen" hatte. Wenngleich damals sein Name in der Öffentlich=keit wenig genannt wurde, galt er seinem Kriegsherrn als das, was er war, und in der Folge sah man ihn, beim Ausbruch des französischen Krieges, zum Generalintendanten der Armee ernannt. In wie hohem Maße er seiner Aufgabe gerecht wurde, ist seitdem jedermann bekannt, nicht so bekannt, wie er sich mit den Mängeln des ungeheuren Verwaltungsapparates, mit den Hemmnissen, die sich der Verproviantierung im Rücken einer so großen Armee ent=gegenstellen, abzufinden wußte. Im feindlichen Lande gegenüber einer insurgierten Bevölkerung war es nicht leicht, allen Organen jenes Apparates den rechten, heldenmütigen Eifer einzuflößen, wie ihn die Überwindung aller Hemmnisse erforderte. Nur so wurde der Rechtsabmarsch vor Sedan ermöglicht und nur so die dauernde Ernährung der Armee vor Paris und derer im Felde zustande gebracht. Kein Wunder, daß er bei so hervorragender administrativer Thätigkeit als ein zuverlässiger Gehilfe in Notfällen angesehen wurde. Das kam zur Geltung, als er gegen Ende November von Versailles zu der Armeeabteilung des Großherzogs von Mecklenburg geschickt wurde, um mit zwei preußischen Infanteriedivisionen und einem schon sehr geschwächten bayrischen Korps den Andrang der großen französischen Loirearmee zu brechen. Mittels vierwöchentlicher fast täglicher Kämpfe gelang es in dem Maße, daß er schon vor Weihnachten nach Versailles zurückkehren konnte. Während des Jahres 1871 blieb er als Adlatus des Generals von Manteuffel bei den Okkupationstruppen in Frankreich und erhielt dann die Leitung der Marine, deren bis dahin geteilte Administration ein einheitliches straffes Regiment notwendig machte.

Wenngleich er jene Teilung nicht mehr vorfand, galt es doch die Beseitigung formaler Hemmnisse, eine Aufgabe, der ein weniger politisch geschulter General kaum gewachsen war. Denn weder das unerschütterliche Vertrauen des Kaisers noch das des Kronprinzen vermochten ihm den Boden ganz zu ebnen, da an gewisser ausschlaggebender Stelle in der Marine selbst ein einheitliches Regiment überhaupt nicht mit Wohlwollen betrachtet wurde; aber jenes ungeteilte Vertrauen war doch die Grundlage, auf der es ihm gelang, solch' Regiment sich zu schaffen und zu erhalten.

Vorsichtig tastend in allem, was ihm als Neuling fremdartig gegenüberstand, wußte er die Punkte zu unterscheiden, wo er allen Untergebenen „etwas von dem scharfen stolzen Selbstgefühl", von der Energie und treibenden Kraft mitteilen konnte, die dem Kriegsseemann für die höchsten Leistungen seines Berufs noch unentbehrlicher sind wie dem Soldaten des Landheeres. Daß er die Mittel zu einer straffen Disziplin in den ihm selbst geläufigen Überlieferungen des Heeres suchte und fand, ist erklärlich. Ohnehin

wurde ihm dazu redlich in die Hand gearbeitet. An Unzufrieden=
heit darüber und über die Anspannung, der der Einzelne sich zu
unterwerfen hatte, fehlte es nicht, und das Äquivalent wurde zu=
weilen darüber vergessen. Und doch hätte es niemandem entgehen
dürfen, wie jeder mit wahrer Freundeswärme vertreten wurde,
der, sei es in Gefahr, sei es in irgend welchen schwierigen Lagen,
Festigkeit und Kraft bewiesen hatte. Es ist vorgekommen, daß er
in solchen Fällen wiederholt vor höheren Instanzen die eigene
Stellung einzusetzen kein Bedenken getragen hat.

Zu jener Zeit hatten sich, nach der vergrößerten Machtstellung
des Reiches, die Aufgaben der Marine um sehr viel mehr gesteigert,
als man mit der Zahl der Schiffe, der Offiziere und ausgebildeten
Mannschaften zu folgen imstande war; das erforderte eine hohe
Anspannung des Einzelnen und schonungslose Inanspruchnahme
der Menschenkraft. Daß die Kritik dabei nicht mäßig war, ist
erklärlich; und das System des Schiffsbaues blieb nicht unberührt,
und in der That ist der General von Stosch eine zeitlang der
Schule gefolgt, die den Kreuzerkrieg als das für uns gebotene
predigte, wie es eine solche Schule auch heute noch giebt. Er
selbst hat sich bald bekehrt und streng verurteilt, was er in der
Kriegführung zur See die sogenannte „Wertschätzung des Räuber=
krieges" nannte. „Das Sengen und Brennen, Rauben und Er=
pressen — so schreibt er — entscheidet keinen Krieg, es ver=
bittert ihn nur. Die Entscheidung liegt ganz allein in der Schlacht
und in Schlachtschiffen, und der Admiral, der nur einen Augen=
blick in seinen Berechnungen dieses Ziel aus den Augen läßt, be=
geht einen Kapitalfehler."

Bei der Ernennung des Generalleutnants von Stosch zum
Chef der Admiralität am 2. Januar 1872 gab es eine Strömung
in der öffentlichen Meinung, die einen General der Landarmee
ungern auf dem neuen Platze sah. Indessen das Beispiel anderer
Länder, namentlich auch Englands, entschied gegen dieses Vorurteil.

Die Verwaltung des Herrn von Stosch hatte das Unglück,
daß in ihre Zeit der Untergang des „Großen Kurfürsten" vom

31. Mai 1878 fiel. Die öffentliche Meinung konnte von der entsetzlichen Katastrophe nicht den Gedanken an schwere Verschuldung trennen. Das Kriegsgericht hat im Besitze des Materials diese Verschuldung in Bezug auf die Führer der kollidierten Schiffe nicht in demselben Maße gefunden. Das Volksgericht ist auch in Bezug auf die Verurteilung dessen, was man spezifisch das „System Stosch" nannte, von der Mehrzahl der Sachverständigen und schließlich auch vom Reichstage in dessen am 4. März 1880 gefaßten Majoritätsbeschlusse als mehr oder weniger im Irrtum befunden worden.

Manche Blätter behaupteten damals, Fürst Bismarck habe die leichte Beruhigung des Reichstages nicht geteilt. Das mag sich so verhalten haben.

Über das Verhältnis des Herrn von Stosch zum Fürsten Bismarck ist die Legendenbildung sehr geschäftig gewesen. Die Bemerkungen, welche Fürst Bismarck über den früheren Chef der Admiralität und seine Beziehungen zu den Liberalen in einer Rede vom 26. Juni 1884 einfließen ließ, riefen eine interessante Zeitungspolemik hervor. Die „Magdeburger Zeitung" besaß in Berlin einen Gelegenheitskorrespondenten, der, sobald die Sauregurkenzeit über die Berliner penny-a-liners hereinbrach, aus der Not eine Tugend zu machen und sich aufs Flunkern zu legen pflegte. Er besaß in dieser Kunst eine erstaunliche Fertigkeit und bewies dies auch jetzt wieder, indem er die Enthüllungen des Fürsten-Reichskanzlers über die seiner Zeit geplante Etablierung einer Ära Stosch, oder wie es die „Nordd. Allg. Ztg." nannte, eines preußischen Ministeriums Gladstone in seiner Weise ausspann. Herr von Stosch wurde von ihm als ein konservativer Mann bezeichnet, wogegen die „Nordd. Allg. Ztg." protestierte. Der Korrespondent, sagte sie, werfe den General von Stosch allerdings noch nicht ganz über Bord; er gebe zu, daß die Liberalen nicht ungern mit ihm verkehrt hätten, daß er ein sehr sachkundiger Mann gewesen sei u. s. w. Aber weil von Stosch als General in zu einseitigen konservativen Vorstellungen aufgewachsen sei, so sei er — nach der

Ausführung des Korrespondenten der „Magdeburger Zeitung" —
kein für die Liberalen annehmbarer Kandidat für das Reichskanzler=
amt gewesen. Diese Beweisführung, so fuhr die „Nordd. Allg.
Ztg." fort, sei charakteristisch: ein General könne nicht Reichskanzler
werden, denn er sei notwendig konservativ. Sollte dieses Argument
aber nicht erst später erfunden sein, nachdem Herr von Stosch
vom politischen Leben bereits zurückgetreten sei?

Gegenüber den Versuchen der liberalen Blätter, Herrn von
Stosch von sich abzuschütteln, hielt die „Nordd. Allg. Ztg." daran
fest, daß derselbe vielmehr sehr innige Beziehungen zu den Liberalen
unterhalten habe, und schrieb dann weiter:

„Wenn der Korrespondent der ‚Magdeburger Zeitung' das
Vertrauen des Herrn Rickert besitzt, so möchten wir ihm raten,
dem genannten Herrn die Frage vorzulegen: Wie wird man in
Danzig Reichstagsabgeordneter? Die Antwort, die er darauf er=
hält, wird ihn darüber belehren, daß der ehemalige Chef der
Admiralität dem Liberalismus stets insoweit gewogen war, daß er
denselben in den Parlamenten vertreten zu sehen wünschte. Herr
von Stosch stand mit den sogenannten Hofliberalen, den Herren
Rickert, von Bunsen, von Forkenbeck u. a. nicht nur im Verkehr,
wie das der Korrespondent übrigens selbst zugesteht, er war auch
bereit, ihnen seine Beziehungen zum Hofe zur Verfügung zu
stellen. Gesetzt aber auch, Herr von Stosch wäre kein Liberaler
gewesen, das thema probandum, daß der genannte General nicht
der Reichskanzlerkandidat der Herren Rickert und Genossen gewesen
sei, wäre damit noch keineswegs erwiesen."

„Wir haben bereits im Jahre 1880 darauf hingewiesen, daß
die Liberalen sich das von ihnen neu zu bildende Ministerium
etwa in der Form dachten, wie das Ministerium Gladstone sich seiner=
zeit gebildet hatte. Die konservative Regierung in England ist
gestürzt worden durch eine Koalition von Whigs, Radikalen und
katholischen Irländern, drei Parteien, von denen keine für sich die
Mehrheit hatte und die nur in dem negativen Streben, die
Konservativen von der Regierung zu verdrängen, einig und dafür

stark genug waren. Im Jahre 1880 haben wir erlebt, daß sich eine ähnliche Koalition zusammensetzte zur Verteidigung der Politik Rickert gegen die Regierungspolitik. Die heterogensten Elemente, die Nationalliberalen, die Fortschrittsleute, Sezessionisten und Ultramontanen schlossen sich damals als Kampfgenossen aneinander. Es sollte nach dem englischen Muster ein Koalitionsministerium geschaffen werden, in welchem die Rolle des Herrn Gladstone dem damaligen Chef der Admiralität zugedacht war. Wenn die ‚Frei= sinnigen‘ heute sich dagegen verwahren, daß sie jemals an einen Reichskanzler von Stosch gedacht haben, so ist das wohl verständlich, aber hübsch ist es nicht, daß sie nun, nachdem sie ihren Kandidaten für politisch tot erklärt haben, ihn als einen Konservativen und daher für die Stellung eines Reichskanzlers unfähigen General hinstellen. Auch wird ihnen eine solche Verdunkelung der Thatsachen schwerlich gelingen. Daß Herr von Stosch ihr Kandidat war, ist ein zu gut beglaubigtes Faktum.“

Später kam das offiziöse Blatt auf die Angelegenheit Stosch= Bismarck zurück. Es schrieb: „Trotzdem wir in unsrer Nummer 310 vom 5. d. M. die Phantasieen der ‚Magdeburger Zeitung‘ auf das nüchterne Gebiet der nackten Thatsachen zurückgeführt und die letzteren richtig gestellt haben, giebt das gedachte Blatt seinen Versuch zu einer Legendenbildung in Sachen Stosch nicht auf und beruft sich auf „bekannte Tatsachen“, die freilich das Mißgeschick haben, niemandem, außer jener Zeitung selbst, bekannt zu sein.“

Die „Magdeburger Zeitung“ bezeichnete es nämlich als be= kannte Thatsache, daß

der Kanzler mit dem Marineminister in starke Meinungs= verschiedenheiten geraten war,

diese zu einer Krisis führten, welche beide Staatsmänner veranlaßte, ihre Demission zu erbitten,

Herr von Stosch vom Fürsten Bismarck beleidigt zu sein glaubte.

Auf Grund dieser angeblichen Thatsachen wiederholte die

„Magdeburger Zeitung" ihre früheren Behauptungen, indem sie wörtlich anführte:

„Graf von Moltke wurde vom Kaiser veranlaßt, den Konflikt zu heben. Dies geschah mit Erfolg, wenigstens insofern, als Herr von Stosch zufolge eines sehr gnädigen kaiserlichen Handschreibens im Amte zu bleiben willig war, und auch Fürst Bismark setzte sich über das Vorgefallene hinweg, denn der Kaiser hatte ihn in seiner bekannten Herzlichkeit zu beruhigen verstanden. Als Fürst Bismarck von der wichtigen Audienz beim Monarchen, die den Streit beilegte, in den Reichstag kam, wo mit großer Spannung der Verlauf der peinlichen Angelegenheit verfolgt worden war, improvisierte der Abgeordnete von Bennigsen unter dem Beifall der übergroßen Mehrheit des Hauses ein Vertrauensvotum, das der Reichskanzler hoch aufnahm."

Die ‚Magdeburger Zeitung' — so erwiderte die Norddeutsche Allgemeine — glaubt mit einer Siegesgewißheit, die sonst nur das Zeichen der Wahrheit zu sein pflegt, uns an diese Dinge erinnern zu sollen, und bemerkt sodann, daß die beiden Staatsmänner in einem kühlen Nebeneinander bis zu dem Rücktritt des Herrn von Stosch blieben, dessen Beziehungen zu den Liberalen immer dieselben geblieben sind. Der Artikel schließt: „Das vermeintliche Projekt, ein welfisch-polnisch-ultramontan-freisinniges Koalitionsministerium zu schaffen, in welchem der preußische Marineminister eine Gladstonerolle spielen sollte, ist mit Recht eine ‚Räubergeschichte' genannt worden und verdient keine weitere Abfertigung."

Der Wert dieser Thatsachen steht mit der Kenntnis der „Magdeburger Zeitung" von den grundlegenden Bestimmungen der Reichsverfassung und der Reichsnormen auf gleicher Stufe.

Zunächst ist — sagte die Norbb. Allg. Ztg. — Graf von Roon der einzige preußische Marineminister gewesen. Da Art. 51 der Reichsverfassung nur eine Kriegsmarine des Reichs unter dem Oberbefehl des Kaisers kennt, und der Kaiser nur einen einzigen verantwortlichen Minister, nämlich den Reichskanzler hat, so konnte

von einem besonderen Marineministerium weder in Preußen noch
im Reiche die Rede sein. Vielmehr wurde durch den Allerhöchsten
Erlaß vom 1. Januar 1872 bestimmt, daß die obere Marine-
behörde den Namen „Kaiserliche Admiralität" und einen Chef zum
Vorstande erhalten sollte, welcher die Verwaltung unter der Verantwortlichkeit des Reichskanzlers und den Oberbefehl nach den
Anordnungen des Kaisers zu führen hat. Auf Grund dieser ver-
fassungsmäßigen und in Ausführung der Verfassung erlassenen
Vorschriften konnte Herr von Stosch niemals Marineminister sein;
er ist auch nur Chef der Admiralität gewesen und als solcher am
2. Januar 1872 ernannt worden. Wenn überhaupt die bei uns
nicht vorhandene Bezeichnung „Marineminister" gebraucht wird,
so könnte sie lediglich auf den Reichskanzler, der sämtliche Mi-
nisterialbefugnisse im Reiche in seiner Person vereinigt, Anwendung
finden.

Soweit die Unkenntnis der Magdeburgerin im Recht; nunmehr zu ihren angeblich „bekannten Thatsachen"!

Es ist nicht Thatsache und nicht wahr, daß der Reichskanzler
mit Herrn von Stosch im Konflikt gewesen war.

Demgemäß ist es nicht Thatsache und nicht wahr, daß Graf
von Moltke irgend welchen Auftrag zu einer Vermittlung gehabt,
noch eine solche aus eigener Initiative versucht hat.

Es ist nicht Thatsache und nicht wahr, daß der Kaiser „in
seiner bekannten Herzlichkeit" den Reichskanzler zu beruhigen gehabt hätte. Ob Se. Majestät aus irgend einer Veranlassung ein
Handschreiben an den damaligen Chef der Admiralität erlassen
hat, ist uns unbekannt, und stellen wir es der „Magdeburger
Zeitung" anheim, in dieser Beziehung ihre Information durch
Herrn von Stosch selbst ergänzen zu lassen.

Es ist nicht Thatsache und nicht wahr, daß Herr von
Bennigsen „unter dem Beifall der übergroßen Mehrheit des Hauses"
ein Vertrauensvotum für den Fürsten Bismarck improvisiert und
daß dieser die „Ovation hoch aufgenommen" hat. Wir fordern
die „Magdeburger Zeitung" auf, ihren Roman an der Hand der

stenographischen Berichte in das Gebiet der Geschichte zu überleiten
und den Wortlaut des „von Bennigsen improvisierten Vertrauens=
votums" und „seine beifällige Aufnahme" durch den Reichskanzler
zu publizieren.

Thatsache dagegen ist, daß ein Konflikt zwischen dem damaligen
Präsidenten des Reichskanzleramts Minister Delbrück und dem
Chef der Admiralität von Stosch im Jahre 1876 stattgefunden
hat, und daß der Reichskanzler im darauffolgenden Jahre auf der
Tribüne des Reichstages von dieser Differenz Mitteilung machte.
Diese Thatsache müßte allerdings allgemein bekannt sein und hätte
namentlich einem politischen Blatte, wie es die „Magdeburger
Zeitung" sein will, nicht entgangen sein dürfen. Wir wollen
deshalb, um nicht bloß die staatsrechtlichen, sondern auch die ge=
schichtlichen Lücken in der Kenntnis unserer Magdeburger Kollegin
zu ergänzen, diesen thatsächlichen Hergang hier wiederholen.

Der Chef der Admiralität von Stosch hatte gegen das Reichs=
kanzleramt einen monatelangen Kampf darüber geführt, daß er mit
weniger als 32 Millionen für den Marineetat nicht durchkommen
könnte. Nachdem dann durch die von dem Minister Delbrück an=
gerufene, verfassungsmäßige Entscheidung des Reichskanzlers die
Summe auf 28 Millionen ermäßigt war, von denen ungefähr 18
Millionen durch vorhandene Restfonds gedeckt und 10 Millionen
in den Etat eingestellt wurden, hat Herr Delbrück die letztgenannte
Summe in loyaler Weise und mit Einsetzung seiner ganzen Per=
sönlichkeit in dem Reichstage verteidigt. Es mußte daher auf das
außerordentlichste befremden, daß Herr von Stosch auf die be=
scheidene Äußerung eines liberalen Abgeordneten in der Budget=
kommission, daß die Marine auch mit 4³/₄ Millionen zufrieden
sein könnte, sofort und ohne weiteres eine Ermäßigung um etwa
5¹/₄ Million zugestand. Herr Delbrück fühlte sich durch dieses
ihn kompromittierende Verhalten seines Kollegen mit Recht verletzt
und erklärte dem Reichskanzler angesichts eines solchen désaveu's
nicht länger im Amte bleiben zu können. Es gelang indessen dem
Fürsten Bismarck, den Minister Delbrück zu beschwichtigen und

ihn trotz des gegen ihn von dem Chef der Admiralität gerichteten offenen Angriffs zum Bleiben zu bewegen.

Diese „Thatsachen mögen vielleicht den Schreibern des Artikels in der „Magdeburger Zeitung" vorgeschwebt haben, und da dieselben, wie wir bereits zu bemerken Gelegenheit hatten, in der Terminologie der Reichsverfassung nicht ganz zu Hause zu sein scheinen, so haben sie offenbar den Präsidenten des Reichskanzleramts mit dem Reichskanzler selbst verwechselt.

Es bleibt uns ungeachtet aller erhobenen Widersprüche nur noch übrig, unsere Angaben über das „Preußische Ministerium Gladstone" unsererseits zu wiederholen und aufrecht zu erhalten. Auf Verlangen sind wir sogar imstande, noch mehr Kandidaten desselben zu benennen.

Um den Ausdruck „Räubergeschichten", mit welchem die „Magdeburger Zeitung" unsere Mitteilungen bezeichnet hat, zurückzugeben, sind wir zu höflich. Wir unsererseits können im Gegenteil unsere Bewunderung über das novellistische Talent unserer Kollegin nicht zurückhalten. Sie muß vorzügliche Feuilleton-Redakteure haben, aber im Interesse der richtigen Information ihrer Leser möchten wir ihr doch empfehlen, die Grenze des bekannten Strichs nicht zu überschreiten und nicht zu oft „über dem Strich" mit „unter dem Strich" zu verwechseln."

So die „Nordd. Allg. Ztg." Dasselbe Blatt entnahm bald darauf an leitender Stelle dem „Rhein- und Naheboten" vom 17. Juli einen die Kandidatur zum Reichstag in Bingen-Alzei betreffenden Brief des Dr. von Schauß (vom 7. Juli) in einem längeren Auszug, in welchem es u. a. hieß: „Damals (1879) habe ich den Abgeordneten Herrn Rickert, der nun wieder Hauptredner in Sprendlingen war, nicht einmal, sondern wiederholt äußern hören, nun müsse ernstlich an die Entfernung des Reichskanzlers aus seinem Amte gegangen werden. Den Nachfolger hatte Herr Rickert schon in der Tasche; dieser war der frühere Minister von Stosch, wie nun mit vollem Recht in den Zeitungen berichtet wird. Der innerste Grund dieser Aktion war damals die Hoffnung,

10*

daß die preußischen Ostseeprovinzen und die östlichen Häfen Memel und Danzig in größere Protektion genommen würden."

v. Stosch galt schon in den 60er Jahren als ein politisch Liberaler, weil er wie sein Freund, General von Voigts-Rhetz, die zweijährige Dienstzeit unter bestimmten Voraussetzungen für möglich hielt und Gegner der sogenannten Preßordonnanzen (1863) gewesen war. Als Liberaler auf kirchenpolitischem Gebiete zeigte er sich 1894, indem er im Herrenhause eine scharfe Rede gegen die Novelle zur evangelischen Kirchenverfassung hielt. Viel wurde der Name des Generals anläßlich des Tagebuches Kaiser Friedrichs genannt. Im Hause von Stoschs hatten die Beratungen statt-gefunden, an denen Roggenbach, Geffcken und andere teilnahmen. Schon in den 70er Jahren begann von Stosch seine Memoiren niederzuschreiben, sie sind in den 80er Jahren vollendet worden. Sie werden zweifellos ein charakteristisches Licht auf manche Per-sonen und Ereignisse werfen.

Die freisinnige Presse malte nach dem Tode des Generals seine Beziehungen zu Bismarck in der folgenden Weise aus. „Dem Fürsten Bismarck war Stosch nicht genehm. Er mißtraute ihm wegen der freundlichen Beziehungen des Ministers zum Kronprinzen. Er erblickte in Stosch vielleicht nicht ganz mit Unrecht den möglichen Nachfolger. Fürst Bismarck mißfiel auch das freundliche Verhältnis des Marineministers zur linken Seite des Reichstages. Im Jahre 1881 veranlaßte Fürst Bismarck seinen Sohn Wilhelm in öffent-licher Versammlung der Fortschrittspartei den Vorwurf zu machen, daß sie zu große Geldbewilligungen für die Marine eintreten ließe. In den Sessionen 1876 und 1877 versuchte Fürst Bismarck den Marineminister zu beseitigen. In der Session 1877 klagte Fürst Bismarck Herrn von Stosch vor der Front des Reichstages, wie in den Erinnerungen von Eugen Richters „Im alten Reichstag" ausführlich zu lesen, der mangelnden parlamentarischen Tapferkeit an in den Verteidigungen des Budgets gegenüber dem Abg. Richter. Die Autorität oder die Überredungsgabe des Herrn Richter sei viel stärker als die seinige gegenüber der Marineverwaltung.

Stosch reichte darauf seine Entlassung ein. Aber der abgeschossene Pfeil prallte auf den Schützen selbst zurück. Kaiser Wilhelm zeigte in diesem Falle dem Fürsten Bismarck seinen eigenen Willen. Nunmehr reichte Fürst Bismarck selbst seine Entlassung ein. Als der Kaiser auch dieses Gesuch ablehnte, blieb Fürst Bismarck zehn Monate auf seinen Besitzungen von Berlin abwesend. Sechs Jahre darauf erneuerte Herr von Stosch sein Abschiedsgesuch, als der Kriegsminister von Kameke seine Entlassung nahm. Die beiden Minister hatten sich gegenseitig verpflichtet, dem Fürsten Bismarck gegenüber zusammen zu stehen und zusammen zu fallen. Auch Kameke wurde durch den Fürsten Bismarck durch den Vorwand beseitigt, daß er im Reichstage den Angriffen der Fortschrittspartei gegenüber nicht energisch genug auftrete. Es wurde Kaiser Wilhelm schwer, das Entlassungsgesuch von Stoschs zu bewilligen. In der Kabinettsorder, welche das Abschiedsgesuch genehmigte, hieß es, daß Stosch in der That Ungewöhnliches geleistet habe, indem er die Entwickelung der jungen Marine in kaum zu hoffender Weise gefördert und sie in feste und sichere Bahnen gebracht habe."

Wir erkennen gern an, daß General von Stosch sowohl an politischer Einsicht als auch als Chef der Admiralität seinem Nachfolger ungleich überlegen und von einem weitaus größeren Verständnis für seine Aufgabe an der Spitze der Marine erfüllt war. Wenn seitens der demokratischen Presse in den Nekrologen des Generals sein angeblicher Gegensatz zum Fürsten Bismarck als entscheidend für den Rücktritt von der Admiralität hingestellt wurde, so ist darauf zu erwidern, daß entscheidend für den Rücktritt des Generals von Stosch sowohl wie des Kriegsministers General von Kameke die Frage der Steuerfreiheit der Offiziere war, in der sie sich im Gegensatz zu den Auffassungen des hochseligen Kaisers befanden.

Graf von Caprivi.

Am 1. Februar 1890 fand jene Audienz des Herrn von Caprivi bei Sr. Majestät dem Kaiser statt, von welcher ange= nommen wird, daß sie für die Nachfolgerschaft entscheidend gewesen sei, nachdem schon einige Zeit vorher der Kaiser in Hannover ge= wesen war und mit Herrn von Caprivi konferiert hatte. Die Wände in den Palästen unserer Großen haben nun einmal Ohren, und so ist auch jene Unterredung vom 1. Februar nicht vor Ent= hüllungen geschützt geblieben, freilich erst nach Wochen. Darnach hat der Kaiser sich etwa in folgender Weise gegen Herrn von Caprivi ausgesprochen: „Ich habe Sie kommen lassen, um Ihnen zu sagen, daß Sie sich für alle Fälle bereit halten müssen." Er fügte einige Bemerkungen hinzu, die den General in dem Glauben erhielten, es handle sich um eine militärische Versetzung. Der General war nicht wenig bestürzt, als endlich Se. Majestät er= klärte: „Über kurz oder lang wird der Reichskanzlerposten vakant. Ich habe Sie zum Nachfolger Bismarcks designiert. Mein Groß= vater hat bereits Sie als solchen mir bezeichnet, nämlich für den Fall des Todes Bismarcks. Es scheint aber, daß ich mich früher von ihm trennen muß. Er ist meinem Vorgehen in der Arbeiter= frage so abgeneigt und bequemt sich demselben so schwer an, daß unsere Wege nicht lange mehr werden zusammen gehen können." Der General habe erwidert, nur ein kaiserlicher Befehl könne ihn

veranlassen, einen Posten einzunehmen, für den ihm alle Vorbe=
dingungen fehlten, namentlich ein genügendes Urteil über politische
Dinge. „Das brauchen Sie nicht", fiel der Herrscher ein, „Sie er=
halten Ihre Instruktionen."

In der Presse wurde die auf Herrn von Caprivi gefallene
Wahl des Nachfolgers Bismarcks, sobald sie am Tage der Ent=
lassung desselben bekannt wurde, mit den Worten charakterisiert:
„Herr von Caprivi zählt nicht zu den „politischen Generalen"
à la Gerlach und Manteuffel. Er hat keinerlei Beziehungen zu
dem Parteiwesen und Parteitreiben. Seine Ernennung würde den
Übergang zu einer reinen Beamtenregierung bedeuten, welche die
Parteien als gleichberechtigt ansieht und behandelt und anzeigt,
daß vorerst der Kaiser, wie nach dem Tode von Mazarin Ludwig XIV.
von sich erklärte, sein eigener Kanzler sein wolle."

Die Bismarck=Organe wollten wissen, Herr von Caprivi sei
wegen antibismarckischer Beziehungen, die bis in die Zeit der Reichs=
glocke zurückreichen, längst Kandidat der durch ihre Verbindung
mit dem Hofe auf den Sturz Bismarcks hinarbeitenden Centrums=
partei gewesen, ehe er derjenige des Kaisers geworden sei. Für
die Beziehungen Caprivis zum Centrum spreche die Erinnerung
daran, daß unmittelbar nach seinem Eintritt ins Amt das Centrum
zur Hauptstütze der Regierung befördert wurde und die Intimität
zwischen dieser Partei und der Regierung die Steigerung erfuhr,
die in der Apotheose Windhorsts bei dessen Tode kulminierte, dem=
nächst den Polen als Centrumsgästen zugute kam und durch Ein=
bringung des Schulgesetzes handgreiflich zum Ausdruck gelangte.
Nach Zurückziehung dieser Vorlage sei dem äußeren Anscheine nach
das Wohlwollen des Centrums für den heutigen Kanzler unverändert
dasselbe geblieben. — Wenn Windhorst in seiner letzten Unter=
redung mit dem Fürsten Bismarck (14. März 1890) den General
von Caprivi als Nachfolger im preußischen Präsidium bezeichnet
habe, so brauche er die Information hierüber nicht aus dem Munde
des Kaisers gehabt zu haben, wohl aber verfüge das Centrum über
manche Verbindungen bei Hofe, auch abgesehen von der französischen

und katholischen Frau eines zur Zeit des Kanzlerwechsels bei Hofe angesehenen Pädagogen.

Der Kaiser hatte im Laufe des Jahres 1889 nicht bloß auf dem sozialpolitischen Gebiete die Schwenkung ausgeführt, die ihn von Bismarck trennte. Auch seine veränderte Haltung zum Centrum entfernte ihn mehr und mehr von dem bis dahin leitenden Staats= mann. Er zeichnete die hervorragendsten Centrumsführer aus. Dem Herrn von Franckenstein wurde bei seinem Tode im Januar 1890 das Zeugnis ausgestellt, der Kaiser ehre in ihm einen Mann von vornehmer Gesinnung, von wahrem Patriotismus, der für sein bayerisches und deutsches Vaterland allezeit ein warmes Herz hatte. Das war noch zu Bismarcks Zeit. Nach derselben erfolgte die Apotheose Windthorsts bei seinem Tode.

Der Hauptinhalt der Unterredung des Monarchen mit dem General von Caprivi vom 1. Februar 1890, die Designation des= selben zum Nachfolger Bismarcks, ist lange ein Geheimnis geblieben, auch für Fürst Bismarck selber, der keine Ahnung davon hatte, als er zwei Tage später dem Kaiser als Nachfolger in der Ministerpräsidentschaft keinen Anderen vorschlug, als — den General von Caprivi.

Fürst Bismarck äußerte sich in einer späteren Zeit über die Unterredung vom 1. Februar mit dem Kaiser wie folgt: „In einer Zeit, wo ich nicht daran denken konnte, daß der Kaiser mich gerne los wäre, sprach ich einmal mit Sr. Majestät von der Möglichkeit, daß das Reichskanzleramt versuchsweise von der preußischen Minister= präsidentschaft getrennt werden könnte, einer Möglichkeit, die viel= leicht zum ersten Male dann sich wieder einstellen würde, wenn ich tot wäre. Damals sagte ich dem Kaiser, für diesen Fall würde ich ihm raten, an die Spitze des preußischen Ministeriums einen schneidigen General zu stellen. Ich that das, weil ich der Meinung war, daß Verhältnisse eintreten könnten, wo die damaligen Chefs der drei wichtigsten preußischen Ressorts an der nötigen Schneidig= keit zu wünschen übrig ließen. Der Chef der Polizei war liberal, der Chef des Kriegswesens war liberal und Schwadroneur, der

Chef der Staatsanwaltschaften zwar nicht gerade liberal aber doch zerfahren und unsicher. Beispielsweise nannte ich, weil der mir gerade zuerst einfiel, den Namen Caprivi — aber mein Vorschlag galt nicht dieser Persönlichkeit, sondern nur dem Generalsrange und der Schneidigkeit. Bezüglich letzterer habe ich mich gründlich getäuscht. Es ist mir das nicht oft passiert. Bis dahin war mir Caprivi immer eine sympathische Persönlichkeit gewesen. Er war stramm und aufrecht, kurz im Reden und überhaupt schweigsam. Als ich seine ersten Reden als Ministerpräsident und Reichskanzler in den Parlamenten las, da wußte ich, daß ich mich getäuscht hatte. Wie mir nun später gesagt worden ist, hat sich der Kaiser schon damals Caprivi von Hannover herüber kommen lassen, und ohne mein Wissen mit ihm verhandelt. Wenn Windthorst wirklich gesagt hat, Caprivi werde mein Nachfolger, oder er sei seit langem dazu bestimmt gewesen, so hat er nicht mit meinem, sondern mit des Kaisers Kalb gepflügt. Ich habe außer vor dem Kaiser vor niemanden den Namen Caprivis in solchem Zusammenhange genannt und meine bezügliche Unterredung mit dem Kaiser war ohne Zeugen. Lange übrigens, bevor der Kaiser mich rundweg auffordern ließ, meine Entlassung zu erbitten, was ich zu thun mich weigerte, indem ich passiven Widerstand leistete, hat er mich unter Gründen der Schonung meiner Gesundheit von Berlin und aus dem lebendigen Zusammenhang der Dinge ferngehalten. Es war keineswegs mein Bedürfnis und mein Wunsch, wenn ich oft so lange von Berlin abwesend war."

Schon während der Krise im März 1890 wurde gesagt, Fürst Bismarck sei der Ansicht, daß Windthorst in dem zu seinem Sturze geschmiedeten „Komplott" eine bedeutende Rolle gespielt habe. In welcher Weise, ist wohl ersichtlich. Auffallend mußte es erscheinen, daß, nachdem der Kaiser am 1. Februar Caprivi zum Nachfolger Bismarcks designiert hatte, am 3. Februar Bismarck den General zunächst als Ministerpräsidenten vorgeschlagen hatte, nun auch Herr Windthorst denselben Kandidaten in petto hatte. Sollten alle drei nur zufällig auf eine und dieselbe Persönlichkeit sich vereinigt

haben? Bismarck hatte über seinen Vorschlag vom 3. Februar
nicht ein Wort verlauten lassen. In Friedrichsruh sagte der
Fürst einer Deputation: „Ihm sei mit dem Besuche Windthorsts
eine Falle gestellt worden." Von wem? Ein ander Mal bemerkte
er, die Germania müsse über die Vorgänge vom März 1890 genau
unterrichtet sein, da ihre Leiter bei den fraglichen Ereignissen
wesentlich mitgewirkt hätten. Nach der „Nordd. Allg. Ztg." hat
der erwähnte Besuch in der ganzen Krise nur insofern eine Rolle
gespielt, als der Reichskanzler sich weigerte, seinen Verkehr mit
Abgeordneten einer Kontrolle zu unterwerfen. In welchem Lichte
aber muß wohl die Sache dem Kaiser vorgestellt worden sein, daß
er Aufklärung darüber vom Kanzler verlangte?

Der Bismarckhaß brachte dem Herrn von Caprivi bei seinem
Amtsantritt einen jubelnden Empfang entgegen. Damals wurde
gesagt, mit einer ganz ungewöhnlichen, und namentlich für die
kritische Natur gerade dieses Kanzlerwechsels symptomatischen Einmütigkeit bringe das deutsche Volk dem Manne, welchen das Vertrauen seines Monarchen auf den verantwortungsvollen Tripel-
posten eines deutschen Reichskanzlers, preußischen Ministerpräsidenten
und Ministers des Auswärtigen berufen, warme Sympathie entgegen. In der Wahl dieser Persönlichkeit bekunde sich aufs
glänzendste der politische Takt und die Urteilsreife unseres jungen
Kaisers, welcher ersichtlich mit echt staatsmännischer Ein- und
Voraussicht die Zeitlage überschaue. „Ein Mann, der vermöge
seines Berufes als Militär über den Parteien steht und unter
allen Umständen stehen muß, das ist just der Rechte, der bei der
gegenwärtigen Parteizerklüftung in Deutschland als erster Stell-
vertreter des Herrschers uns nottut. Keine Partei darf ihn zu
den Ihrigen zählen, aber alle Parteien dürfen eben deshalb gleiche
Billigkeit von ihm erwarten. Caprivis Berufung war demnach
— soweit überhaupt menschliche Vorausberechnung gehen kann —
eine Meisterthat Kaiser Wilhelms."

So ein ultramontanes Blatt 1890. Eine Meisterthat! Das
nachbismarckische Zeitalter, das alles überstrahlen sollte, was vorher

gewesen, wurde eingeweiht mit der Abkommandierung des Generals von Caprivi zur Wahrnehmung der Geschäfte des leitenden Staatsmanns und mit einem Regierungssystem, das seine grelle Beleuchtung durch die Entlassung eben dieses Generals gefunden hat.

Sehr scharf ging die „Schlesische Ztg.", also ein vollständig unabhängiges Organ, das annähernd die Mitte zwischen nationalliberalen oder konservativen Anschauungen hält, mit dem Grafen Caprivi nach seiner Entlassung ins Gericht. Das Blatt schilderte den Grafen als einen Mann, dessen Naturell schon jeder energischen Initiative widerstrebe, der stets geneigt sei, allen Kämpfen auszuweichen, die den Erfolg nicht mit Sicherheit voraussehen ließen, und in dessen Geiste niemals ein selbständiger staatsmännischer Gedanke gereift wäre.

„Zum Staatsmann fehlte dem Grafen Caprivi nicht weniger als Alles, nämlich die leitende Idee. Wenn der künftige Chronist die leitenden Gesichtspunkte der Caprivischen Politik zusammenfassen wollte — was könnte er sagen? Nichts! Graf Caprivi ist für das Zedlitzsche Volksschulgesetz als preußischer Ministerpräsident mit Feuer eingetreten, ebenso für die Kolonialpolitik und für die Handelsverträge. Aber war auch nur eine dieser staatsmännischen Aktionen seiner eigenen Initiative entsprungen? War er nicht immer das Organ der Willensmeinung anderer? Und eben darum, weil er niemals von eigenen Ideen geleitet war, vermochte er die ihm gestellten Aufgaben auch niemals mit unbeugsamer Energie durchzuführen. Daher die überzarte Rücksichtnahme auf die Wünsche der Gegner, daher die stete Bereitschaft zum Nachgeben und Entgegenkommen. Graf Caprivi ist ein Ehrenmann, aber die ihm als einem leitenden Staatsmanne gestellten Aufgaben überragten weit das Maß seiner Fähigkeiten und standen mit der Richtung derselben nicht im Einklange. So hat er die Ehre und die Würde des Vaterlandes geschädigt, wo er die Sicherheit desselben befestigen wollte, wie in den Kolonialverträgen. So hat er Wunden geschlagen, wo er sie heilen sollte, wie in den Handelsverträgen. So hat er den nationalen Gedanken beleidigt und die

Zukunft des preußischen Staates gefährdet, wo er die Gegensätze ausgleichen und Streitpunkte aus der Welt schaffen wollte, wie in der Polenfrage! Dazu kam ein Mangel — milde gesagt — an politischem und persönlichem Takte, wie er in den bekannten gegen den Fürsten Bismarck nach Wien gerichteten „Uriasbriefen" zutage trat. Als Entschuldigung für manche Thaten und Unter= lassungen des Grafen Caprivi mag ja der Umstand ins Gewicht fallen, daß er völlig unbekannt mit den verschlungenen Fäden der Diplomatie war, als er die Erbschaft des genialsten Diplomaten der Welt antrat. Daß er sie aber anzutreten sich entschloß, läßt ohne Zweifel entweder auf eine unverzeihliche Selbstüberschätzung schließen, oder auf eine völlig mechanische Auffassung der Pflichten, die ihm der Gehorsam gegen den Monarchen auferlegte."

An einer anderen Stelle des nämlichen Artikels heißt es:

„Erst allmählich hat unser Kaiser erkannt, wie sehr von ihm die Fähigkeiten des Grafen Caprivi überschätzt worden sind, und schwer genug mag ihm das Eingeständnis seines Irrtums geworden sein. Aber er ist eine Natur von wahrhaft fürstlicher Offenheit, und am höchsten stehen ihm doch das Glück seines Volkes und die Ehre des Vaterlandes. Deutlich trat in seinen letzten Reden sein Mißfallen mit der schwächlichen Konzessionsbereitschaft „des neuen Kurses" in innerpolitischen Fragen — speziell in der polnischen — hervor, und dieses Mißfallen mußte schließlich eine persönliche Spitze gegen den leitenden Staatsmann annehmen, dessen Eigenart nicht nur der Reichspolitik, für die allein er in den letzten Jahren verantwortlich war, sondern auch der preußischen den Stempel ohnmächtiger Schwäche aufgedrückt hat. Das immer deutlicher zutage tretende Widerstreben des Kaisers gegen die schwächliche Haltung seines selbstgewählten ersten Ratgebers stimmte durchaus zu der von seiten des Fürsten Bismarck seit dem Beginne der staatsmännischen Laufbahn des Grafen Caprivi gegen dessen Politik gerichteten Opposition."

Im Kopfe der „Schlesischen Zeitung" stellte sich demnach die Sache so dar, daß Graf Caprivi so lange die Ehre und Würde des Vaterlandes geschädigt, Wunden geschlagen, wo er heilen sollte, den nationalen Gedanken beleidigt und die Zukunft des preußischen Staates gefährdet hat, bis endlich — nach Jahren — der Kaiser dahinter gekommen ist und ihm, wie schon einmal einem Minister, erklärt hat: Sie haben mir einen schönen Salat angerichtet, worauf, wie ebenfalls Graf Zedlitz, Graf Caprivi schnell das Weite gesucht. Dabei ist das Wunderbare, daß nach der Meinung der „Schlesischen Zeitung" selber Graf Caprivi nie einen eigenen Gedanken gehabt hat, daß weder Kolonial= und Handelspolitik, noch sonst eine staatsmännische Aktion seiner eigenen Initiative entsprungen ist, daß er vielmehr immer nur das Organ der Willensmeinung anderer gewesen ist. Wen kann die „Schlesische Zeitung" mit diesen „anderen" meinen? Doch wohl nur einen Höher=stehenden. Denn wer hätte sonst den Grafen Caprivi als Organ seiner Willensmeinung gebrauchen können? Und so erleben wir denn das in der That unerfreuliche Schauspiel, daß ein vollständig un=abhängiges, zwischen nationalliberalen und konservativen An=schauungen stehendes Blatt sich nicht scheut, Vorwürfe auf Vor=würfe zu häufen, von Schädigung der Ehre und Würde des Vaterlandes, von Wundenschlagen, der Beleidigung des nationalen Gedankens u. s. w. zu sprechen, wo handgreiflich niemand gemeint sein kann, als — wir wagen das Wort kaum auszusprechen. Wir bedauern aufrichtig, die Thatsache konstatieren zu müssen, daß wir heute dahin gelangt sind, in der Presse — denn die „Schlesische Zeitung" steht nicht allein — direkte Anrempelungen der Krone zu finden, die jedenfalls als ein schweres Übel unserer Zeit zu be=zeichnen sind. Diejenigen, die in der Kolonialpolitik, in den Ver=trägen, in der Polenfrage u. s. w. nichts als nationale Sünden sehen, machen in der That den Grafen von Caprivi vergebens zum Sündenbock. Er ist das Organ der Willensmeinung eines andern gewesen, und es ist notorisch, daß, was dieses Organ ge=trieben hat, die ureigenste Politik eines andern in allen Stücken war. Graf Caprivi hat auch wiederholt es öffentlich erklären dürfen, daß er keine eigene Politik treibe, sondern die Sr. Majestät.

Es ist oft darauf hingewiesen worden, **Graf Caprivi** sei Soldat. Am 27. November 1891 erklärte er dem **Vorwurfe** der Amtsmüdigkeit gegenüber, auf seinem Platze zu bleiben, so lange es dem Kaiser gefalle. Er sagte nicht: so lange es sein Gefühl der politischen und staatsrechtlichen Verantwortlichkeit gestatte. Dieser General betrachtete die Reichskanzlerschaft eben auch als ein Kommando, für welches nur der oberste Kriegsherr verantwortlich war.

Die „Schlesische Zeitung" sagte: in den Kolonialverträgen sei die Ehre und Würde des Vaterlandes geschädigt worden. Graf Caprivi erklärte seinerseits, er sei damit nur dem Befehle des Kaisers nachgekommen. Kann unter solchen Umständen die „Schlesische Zeitung" ihre Sprache verantworten? Der deutsch-englische Vertrag vom 1. Juli 1890 entsprach genau unserer damaligen Politik England gegenüber. Hatte der politische Kompaß bis dahin nach Rußland gewiesen, Kaiser Wilhelm II. richtete ihn nach Bismarcks Entlassung sofort nach England. Man weiß, welche Glorifikation seine Reisen dahin im liberalen Deutschland und England fanden, und welche Wirkung dieselben für die russische Politik hatten.

Als unmittelbar nach den Besprechungen des deutschen Kaisers mit dem Prinzen von Wales und dem Marquis von Salisbury auf der zweiten Reise nach England im August 1890 und nach den Ordensauszeichnungen des Reichskanzlers von Caprivi und des deutschen Botschafters in London, Graf von Hatzfeldt, Kaiser Wilhelm II. wieder den Zaren aufsuchte, da fand er in Rußland nichts als höfliche persönliche Gastfreundschaft und kühle politische Ablehnung. Bismarck setzte daher der zweiten Kaiserreise nach Rußland seinen Widerspruch entgegen. Er warnte, das hochmütige Russentum zu verwöhnen. Der Erfolg zeigte, wie richtig der Fürst geurteilt hatte, die Aufnahme entsprach den Erwartungen nicht. Die Truppenschau war eine nichtssagende Parade, und verstimmt und unbefriedigt kehrten die preußischen Herrschaften nach Berlin zurück. Ein neuer feierlicher Besuch in England sollte nun die

Scharte auswetzen. England, das seinen Vorteil versteht, versäumte nicht, die deutschen Gäste mit unerhörtem Jubel, mit nie dagewesener Pracht zu empfangen. Vertiefte man doch so den Gegensatz zwischen Berlin und Petersburg und gewann eine Deckung gegen den Moskowiter, der Englands verhaßtester Rivale ist. Die Antwort auf diesen demonstrativen Empfang blieb nicht aus. Die französische Flotte erschien in Kronstadt und bewies, daß ein Zusammenwirken Rußlands und Frankreichs gegen die deutsche Ostseeküste eine strategische Möglichkeit sei. Der Zar hörte stehend die Marseillaise an, Brüderküsse wurden ausgetauscht, anzügliche Reden in Menge gehalten.

In seiner ersten Thronrede, in der vom 25. Juni 1888, gedachte Kaiser Wilhelm II. zwar der Beziehungen zu Österreich-Ungarn und Italien mit großer Wärme, erwähnte der persönlichen Freundschaft des Herrschers zu dem Zaren, schwieg dagegen von England absolut. Es ist später behauptet worden, daß dieses Schweigen auf einen persönlichen Befehl des Kaisers zurückzuführen sei. Es lag dem ein Familienzwist zu Grunde, während die Beziehungen der beiderseitigen Regierungen nichts zu wünschen übrig ließen, wie das später Lord Salisbury nach der Entlassung Bismarcks gegenüber verleumberischen Behauptungen der „Kreuzzeitung" mit den Worten bekräftigte: „Ich stelle in absoluter Weise in Abrede, daß irgend eine Entfremdung in den Beziehungen zwischen England und Deutschland, als Kaiser Wilhelm II. den Thron bestieg, geherrscht hat." Im Jahre darauf machte der deutsche Kaiser den Versöhnungsbesuch in Osborne. Aber erst nach der Entlassung Bismarcks zeichnete sich die deutsch-englische Intimität mit einer Schärfe am politischen Horizont ab, die in Petersburg und Paris überaus schnell den Gedanken an das Gegengewicht aufkommen ließ, das Herr von Caprivi in Osnabrück glaubte wiederum als ein Gleichgewicht bezeichnen zu dürfen.

Genug, der veränderten Richtung des politischen Kompasses entsprang das deutsch-englische Abkommen vom 1. Juli 1890.

Im Februar des nächsten Jahres führte Herr von Caprivi aus, daß am 2. Mai 1890 Se. Majestät der Kaiser vor Einleitung der Verhandlungen nach einem Immediatvortrag des Reichskanzlers die Entscheidung gab, daß erstens die für Kolonialzwecke verfügbar zu machenden Gelder in erster Linie auf Ost-Afrika zu verwenden seien, zweitens, daß durch die jetzt beginnenden Verhandlungen eine Regelung der Interessensphären, zunächst der nördlichen, dann der südlichen, bewirkt werde, daß im Notfalle die Aufgabe von Witu, vorbehaltlich der Befriedigung etwa deutscher Ansprüche, als Kompensation zulässig sei; drittens, daß die Übernahme der Hoheits-rechte in dem innerhalb der deutschen Zone liegenden Küstenstrich auf das deutsche Reich anzustreben u. s. w. „Nach dieser aller-höchsten Direktive", sagte Herr von Caprivi, „die, ich wiederhole es, unter dem 2. Mai v. J. gegeben ist, ist die deutsche Regierung vorgegangen, sie ist davon auch keinen Schritt abgegangen. Noch heute steht die Kolonialregierung auf dem Boden dieser Direktive."

Die Denkschrift, die im Monat Juli veröffentlicht wurde, stellte an die Spitze der allgemeinen Gesichtspunkte das Bestreben, unsre durch Stammesverwandtschaft und durch die geschichtliche Ent-wickelung beider Staaten gegebenen guten Beziehungen zu England weiter zu erhalten und zu befestigen und dadurch dem eigenen Interesse, wie dem Weltfrieden zu dienen.

Hierin kennzeichnete sich allerdings recht scharf die Ver-schiedenheit des Standpunktes, mit welchem die deutsche und die englische Regierung in die Verhandlungen hineinging. Deutscher-seits setzte man sich von vornherein eine Schranke, indem man kolonialen Zwist nicht für bedeutend genug erklärte, um sich dar-über in einen ernsten Streit einzulassen, und einen Schlüssel für manche Abmachungen fand man in dem Bekenntnis, daß unser Kolonialbesitz bei weitem nicht wertvoll genug gewesen sei, um England gegenüber fest aufzutreten. Die britische Regierung ver-trat den entgegengesetzten Standpunkt, sie wollte alles, was sie hatte, erhalten und hauptsächlich ihre bisherigen Besitzungen er-weitern und abrunden. Das Entgegenkommen gegen Deutschland

stand ihr erst in zweiter Linie; nur wenn das deutsche Reich den
Wünschen Englands, wie sie auf den fertiggestellten Karten von
1889 dargelegt waren, nachkam, war man gewillt, mit Deutsch=
land in Freundschaft zu leben.

Am Schlusse der Denkschrift wurde die Wiedergewinnung von
Helgoland erwähnt und dieselbe als Ersatz für in Afrika un=
befriedigt gebliebene Wünsche bezeichnet und hinzugesetzt: „Für
England selbst ist der Besitz von Helgoland niemals wertvoll ge=
wesen." Das ganze Abkommen wurde damals auf das äußerste
beschleunigt, da der Kaiser die Sache erledigt haben wollte, um
seine Nordlandsfahrt beginnen zu können und nach dieser in Eng=
land zufriedene Gesichter zu sehen. So entstand der erste der
Verträge, von denen die „Schlesische Zeitung" die starke Be=
hauptung wagt, die Ehre und Würde des Vaterlandes sei dadurch
geschädigt worden. Man sagte später, einige der letzten Maßregeln
unserer überseeischen Politik, der energische und wirksame Protest
gegen das englisch=congolesische Abkommen, die Vereinigung eines
ansehnlichen Geschwaders in den ostasiatischen Gewässern, die so=
fortige Entsendung zweier Kriegsschiffe nach der Delagoabai und
das entschiedene Auftreten in der samoanischen Sache verrieten eine
festere Hand, als wir seit Jahren in diesen Dingen gewohnt waren.
Die „Neue Preuß. Ztg." setzte ausdrücklich hinzu, daß alle diese
Thatsachen, namentlich auch die Verstärkung unserer Schutztruppe
in Südwest=Afrika, die uns den schönen Erfolg der Gefangennahme
Witbois eingetragen hat, auf die persönliche Initiative Sr. Ma=
jestät zurückzuführen sei. Ganz gewiß, so gut wie unsere gesamte
Kolonialpolitik seit 1890. Ist später ein gewisser Umschwung be=
merkbar, so ist dieser so neu, wie die Abwendung von den Polen
in Thorn oder die Aufforderung an die Konservativen in Königs=
berg sich wieder um den Thron zu scharen wie ehemals. Wer die
eigentlichen Wünsche und Stimmungen unseres Volkes noch zu er=
kennen vermag, weiß, daß eine englische Freundschaft nach den Er=
fahrungen der letzten Jahre bei uns wenig Boden findet, weil
immer die Befürchtung vorliegt, daß uns schließlich die Rolle des

uneigennützigen Helfers zufällt und der Dank bestenfalls in Worten einzuziehen ist. Gewiß darf Graf Caprivi, indem er sich zum Organ der Willensmeinung eines Anderen machte, davon nicht freigesprochen werden, daß er in seinen Begründungen vielfach übers Ziel hinausschoß. Er hat die Preisgabe wichtiger deutscher Interessen und Besitztümer an England mit der Notwendigkeit, die teure englische Freundschaft dafür einzutauschen, in einer Weise motiviert, die am Ende auch nach oben hin stutzig machen konnte. Hat er doch von konservativer Seite das harte Wort hören müssen: „Wer die wunderbare Idee, Englands Freundschaft erkaufen zu können, proklamieren konnte, muß wenig Stolz und wenig Sinn für deutsche Ehre besitzen, denn in ihrem Grunde hat sie doch zu viel Ähnlichkeit mit einem politischen Bestechungsversuche. Und wer glaubt an den Erfolg? England hat Freundschaft für uns nur insofern, als es seine eigenen Interessen gebieten. Danach handelt es auch ohne die deutschen Geschenke."

Sofort nach den Februarerlassen des Kaisers von 1890 zog Herr Richter aus der neu proklamierten Sozialpolitik in seinem Blatte die Schlußfolgerung: „Kann die bisherige Schutzzollpolitik nach der Veröffentlichung der kaiserlichen Erlasse vom 4. Februar noch aufrecht erhalten werden? Die Erlasse beruhen auf der Voraussetzung, daß es Pflicht der Regierungen ist, durch internationale Verständigungen die Hindernisse aus dem Wege zu räumen, welche die internationale Konkurrenz auf dem Weltmarkte der Verbesserung des Loses der Arbeiter entgegenstellt. Bereits macht die englische Presse darauf aufmerksam, daß die Aufrechterhaltung der Schutzzollpolitik mit diesem Ziel nicht verträglich ist. Die künstliche Verteurung der ausländischen Konkurrenz durch die Zölle nötigt die betreffenden Industriezweige in den einzelnen Staaten, die Arbeitsbedingungen zu verschlechtern, um trotz jener künstlichen Hemmnisse einen Absatz in das Ausland zu ermöglichen. In noch drastischerem Widerspruch steht zu den Grundsätzen in den kaiserlichen Erlassen diejenige Politik, welche durch Zölle sogar die notwendigen Lebensmittel für die Arbeiter verteuert. Der kaiser

liche Erlaß spricht von der Fürsorge für die Erhaltung der Gesundheit der Arbeiter. Die Erhaltung der Gesundheit der Arbeiter
ist nicht bloß bedingt durch die Andauer der Arbeitszeit, sondern
auch durch eine reichliche und kräftige Ernährung. Die Ernährung
des Arbeiters wird verkümmert durch die künstliche Verteurung
der Lebensmittel, insbesondere der Brot= und Fleischpreise."

Diesen Gedankengang eignete sich der Kaiser an. Die Sozialpolitik verlangte die Verbilligung der notwendigsten Lebensmittel, und diese wurde von den Handelsverträgen erwartet. Ein
zweiter Gesichtspunkt kam hinzu: die wirtschaftliche Kräftigung der
Bundesgenossen, wie Graf Caprivi sich ausdrückte, und was man
auf anderer Seite eine Tributzahlung an Österreich und Italien
genannt hat. Wir wollten uns deren Unterstützung erkaufen, wie
diejenige Englands durch unsere Kolonialpolitik. Die deutsche Landwirtschaft wurde auf Abschreibungen verwiesen. Unsere Handelsverträge pro 1891 führten sodann zu den feindseligen Schritten,
die Rußland in seiner Zollgesetzgebung demnächst that, und die
uns wiederum zwangen, die Wiederherstellung guter Beziehungen
durch den Vertrag von 1894 zu erkaufen.

Graf Caprivi hat wacker in dem begonnenen Kampf um alle
diese Verträge gekämpft und der Lohn dafür ist ihm nicht vor-
enthalten worden. Der Kaiser hat ihn nach dem Zustandekommen
der ersten Verträge gegen die Angriffe der Agrarier in sichern
Schutz genommen, nicht nur bei Eröffnung des Teltower Kreis-
hauses, sondern auch bei dem Hoffeste im Neuen Palais eine Lob-
rede auf den geleiteten Staatsmann gehalten; er brachte ihm bei
beiden Gelegenheiten ein besonderes Hoch und verkündete in unverkennbar freudiger Stimmung die Ernennung des Herrn von
Caprivi zum Grafen. Die Befriedigung, welche aus den Worten
des Kaisers sprach, galt in erster Reihe der Vollendung des ersten
Abschnittes des handelspolitischen Werkes, welches die Reichsregierung unternommen hat. Sie galt aber zugleich dem Eifer,
dem Fleiße und der Thatkraft, welche der Nachfolger des Fürsten
Bismarck in dem schwierigen Amte bethätigte, bei dem er unter

dem unvermeidlichen Vergleiche mit seinem Vorgänger und unter
den Angriffen von Friedrichsruh zu leiden hatte.

Die Reden des Herrschers richteten sich gegen jene Kreise,
welche die neuen Handelsverträge, wie es die Herren Stöcker,
von Kardorff, Kropatschek und Genossen thaten, als eine schwere
Schädigung der Landwirtschaft behandelten. Ihnen gegenüber
wurde die Erwartung ausgesprochen, daß die Landwirte empfinden,
es werde das »suum cuique« im höchsten Maße auch ihnen
gegenüber zur Anwendung gebracht. Im Gegensatze zu der
„Kreuzzeitung“ und zu dem Fürsten Bismarck nannte der Kaiser
die Verträge geradezu „eine rettende That“; er lobte auch die
Mehrheit, zu der beiläufig die freisinnige Partei und die Sozial=
demokratie gehörten.

In nicht minderm Grade gab der russische Vertrag dem
Monarchen Gelegenheit, sich des Grafen Caprivi gegen die An=
griffe der konservativen Opposition auf das Wärmste anzunehmen.
Dem damaligen Minister des Innern, früheren Unterstaatssekretär
für Elsaß=Lothringen, erklärte er in einem Gespräche, er stehe
hinter seinem Reichskanzler, und werde an seinem verfassungs=
mäßigen Rechte unbedingt festhalten, die Herren Konservativen
möchten sich nicht einbilden, daß er sich von ihnen einen Reichs=
kanzler aufdrängen lasse. War nicht auch noch die Königsberger
Rede ein Vertrauenszeugnis für Caprivi?

Die Thorner Rede gegen die Polen hätte eher schon als eine
Desavouierung Caprivis gelten können. Aber bis dahin war auch
in der polnischen Frage der Reichskanzler nichts als ein Organ
fremder Willensmeinung gewesen. Der Kaiser war den Polen
weit entgegengekommen. Als Veranlassung der grundsätzlichen
Schwenkung ihnen gegenüber galt die freundlichere Haltung, welche
die polnischen Reichstagsabgeordneten namentlich bei Militär= und
Marineforderungen angenommen hatten. Der Kaiser erwies sich
dafür empfänglich und dankbar. Er zog wiederholt polnische
Reichsboten in seinen engeren Kreis und zeichnete sie besonders
aus. Die klugen Polen, die ihren Vorteil allezeit wahrzunehmen

wissen, schmeichelten sich mit der Hoffnung, daß es ihrer äußerlichen Liebenswürdigkeit und Gewandtheit wieder einmal gelungen sei, ihre Sonderziele zu erreichen. Unterstützt wurden sie in dieser An= schauung dadurch, daß der neue Oberpräsident von Posen nicht mit dem Vorsitz in der Ansiedlungskommission betraut wurde, und daß der neue Kultusminister alsbald eine Verfügung erließ, worin er die Erteilung von Privatunterricht in der polnischen Muttersprache auch in den Volksschulen und durch Volksschullehrer gestattete.

Was sonst noch geschehen, veranlaßte einmal die „Kreuzzeitung" zu dem Ausspruch, daß unsere kurzsichtige Polenpolitik jene Wendung der russischen Politik herbeigeführt habe, welche Frankreich zum ge= fügigen Vasallen Rußlands machte. Ein Fehler, den wir nur mit dem ungeheuerlichen Mißgriff der napoleonischen Politik im Jahre 1863 vergleichen können, und den damals Bismarck so meisterlich zu nutzen verstand. Eine Polenpolitik, wie Graf Caprivi sie treibt, ist möglich nur im Moment eines endgültigen Bruches mit Rußland, aber dann mit dem Unterschiede, daß es nicht notwendig sein wird, sie auf unsere Kosten und unter Preis= gebung der Gedanken Friedrichs des Großen und Kaiser Wilhelms I. zu führen.

Die Haltung der Polen in der Militärfrage von 1893 brachte ihnen die Drahtmeldung des Kaisers an den Reichstagsabgeordneten von Koscielski ein:

„Neues Palais, 17. Juli: Ich danke Ihnen und Ihren Landsleuten für Ihre Treue zu Mir und Meinem Hause. Sie sei ein Vorbild für Alle! Für Ihre hingebende Arbeit verleihe Ich Ihnen den Kronenorden zweiter Klasse."

Ein Jahr später sagte der Kaiser in Thorn:

„Die Polen mögen es sich gesagt sein lassen, daß sie nur dann auf Meine Gnade und Teilnahme rechnen dürfen, wenn sie sich unbedingt als preußische Unterthanen fühlen."

Graf Caprivi hat die Polenpolitik des Kaisers so kräftig ver= treten, wie die gesamte kaiserliche Politik in allen ihren Handlungen. Auf keinem Gebiete der Staatsverwaltung aber ist der Kaiser mit seinen persönlichen Ansichten und Willensäußerungen mit so fest umschriebenem Programm hervorgetreten, als auf dem der niederen und höheren Schulbildung, sogar in dem Grade, daß er bis auf die Regulierung des Religionsunterrichts der Volksschule und bis auf eine Verurteilung des lateinischen Aufsatzes der Gymnasialabiturienten sich selbst eingelassen hat. Es ist hier an den Allerhöchsten Erlaß vom 1. Mai 1889 zu erinnern, in welchem es hieß: „Um den Religionsunterricht in dem angedeuteten Sinne (gegen die sozialdemokratischen Irrlehren) fruchtbarer zu machen, wird es erforderlich sein, die ethische Seite desselben mehr in den Vordergrund treten zu lassen." Es sollte jetzt mehr Gewicht auf die Moral gelegt, das Auswendiglernen von Bibelsprüchen, von Liedern aus dem Gesangbuche, von Glaubensartikeln beschränkt werden, überhaupt der konfessionelle Charakter des Religionsunterrichts zurücktreten. In weniger als einem Jahre gab es wieder einen andern Kurs. Der Goßlersche Volksschulgesetzentwurf machte den Religionsunterricht der Verfassung gemäß wieder konfessionell. Dann abermals ein Jahr, und ein neuer Gesetzentwurf machte die ganze Schule konfessionell und warf den Staat aus ihr heraus. Nach vier Wochen hatte es auch damit ein Ende. Die Grundanschauung des Monarchen ist in dem Erlasse vom 1. Mai 1889 niedergelegt. Von diesem Standpunkte des bloßen moralischen Religionsunterrichts aus ließ er durch den Kultusminister die Bezirksregierungen anweisen, darauf zu achten, daß in der Volksschule die Einprägung der Glaubenslehre zurückzustehen habe gegen die „Ethik". Dann wechselten in den Anschauungen über die Volksschulen schnell die entgegengesetzten Einwirkungen, von den Manen Windthorsts bis zu Herrn von Helldorf. Und Herr von Caprivi? Vom Volksschulgesetze Goßlers meinte er im November 1890, daß eine straffere Zusammenfassung der Leitung des Volksschulwesens durch den Staat auf die Denkart der künftigen Generation besser und sicherer einwirken werde, als es bisher der Fall war. Ein Jahr später kam der Zedlitzsche Gesetzentwurf und nun galt ihm umgekehrt die Abdikation des Staates zu Gunsten der Kirche als das beste Mittel gegen die Sozialdemokratie. Graf Zedlitz hatte bei seiner ersten Vorstellung im Herrenhause noch geäußert: „Nicht ein Wort habe ich gesagt, als wolle die Regierung die Volksschule an die katholische Kirche ausantworten. So lange ich die Ehre habe, das Kultusministerium zu vertreten, können Sie sicher sein, daß dieses nicht geschehen wird." Wie man nun auch darüber denken mag, wie weit die Volksschulgesetzvorlage des Grafen Zedlitz, die ein halbes Jahr später erfolgte, eine Ausantwortung der Volksschule an die katholische Kirche bedeutete, jedenfalls hatte der Kultusminister bei dieser Vorlage mit einem höheren Willen gerade so zu rechnen, wie sein Vorgänger bei der zweiten Sperrgelder= vorlage. Nach den Ehrenbezeugungen des Kaisers für Windthorst bei dessen Tode sollte diesem gleich einem nationalen Heros ein ewiges Andenken gestiftet werden in einem Schulgesetz, das von den Windthorstschen Anträgen zum Goßlerschen Entwurf seinen Ausgangspunkt nahm. Nichts falscher als die fixe Idee, die man in der Ministerkrise so oft ausgesprochen hörte, als sei Graf Zedlitz auf eigene Faust mit einer lediglich seinen Stempel tragenden Vorlage vorgegangen, deren wirklichen Gehalt der Kaiser erst später erkannt und sofort alsdann verworfen habe. Graf Zedlitz hat die allgemeinen Gedanken des Monarchen in dem Gesetz= entwurf niedergelegt. Er konnte das, weil er in der Hauptsache mit ihm zusammentraf, und, wo das nicht der Fall war, da durfte er darauf rechnen, daß die parlamentarische Diskussion die Schärfe des Entwurfs glätten, daß der Landtag die Vorlage durch ein Kompromiß auf ein Niveau bringen werde, wo er, der Minister, sich nicht mehr mit seiner im Herrenhause abgegebenen Erklärung im Widerspruche befand. Graf Zedlitz ist ein Mann der vollendetsten konzilianten Formen. Er war zu den weitgehendsten Konzessionen an die Mittelparteien bereit und hat das auch in der Kommission hinlänglich bewiesen.

Die Vorlage war aber im übrigen — was die allgemeine Tendenz betrifft — das eigenste Werk des Kaisers und hatte die Billigung des Ministeriums gefunden. Graf Zedlitz hat, nachdem

er sich als Mandatar des Monarchen desavouiert sah, sein Mandat
zurückgeben zu müssen geglaubt. Sein Weg ist aber bis zuletzt
niemals mit dem des Kaisers auseinander gegangen, er hat nichts
gegen den allerhöchsten Wunsch und Willen gethan, nicht denselben
getäuscht oder etwas Eigenes durchsetzen wollen. Er ist noch aus
der Kommission heraus mit dem Träger der Krone in fortwährender
Fühlung geblieben. Der Kaiser hat ihm wiederholt durch den Reichskanzler während der Kommissionsberatungen versichern lassen, daß
er hinter ihm stehe.

Was von Graf von Zedlitz gilt, gilt von Herrn von Caprivi.
Dieser war gewiß, die Ansichten zu bekennen, die an maßgebender
Stelle herrschten. Monate waren seit der Ausarbeitung des Entwurfes vergangen, und die Öffentlichkeit glaubte mit Recht, was
beide Männer wußten, nämlich, daß sie die regis voluntas aus-
führten, daß sie des Königs Kurs steuerten. Sie erfüllten ihre
Pflicht gegen die Krone, bis diese auf andere hörte.

Bei dem Mahle, welches im Februar 1892 beim Reichskanzler stattfand, und zu dem sich auch der Kaiser eingestellt hatte,
erklärte auf eine Bemerkung des Abgeordneten Dr. Baumbach,
daß die Sozialdemokratie im Einschlummern sei, der Kaiser mit
Nachdruck diese Annahme als eine verkehrte. Wenn die Sozialdemokratie sich erst im Besitze der notwendigen Machtmittel wisse,
werde sie keinen Augenblick mit einem energischen Vorstoß gegen
die bestehende Gesellschaftsordnung zögern. Der Kaiser widersprach
auch entschieden der Auffassung, daß mit Humanität und allgemeiner Menschlichkeit gegen die Umsturzbewegung etwas aus-
gerichtet werden könne; nur eine auf ein entschiedenes Bekenntnis
gestützte Religiösität könne heutzutage hier wirksam und helfend
eingreifen.

Wurde auch durch die „auf ein entschiedenes Bekenntnis gestützte Religiösität" das Wesen des Zedlitzschen Entwurfs keineswegs erschöpfend charakterisiert, so wollte doch ohne Zweifel der
Monarch damit der großen Bewegung gegen den Entwurf entgegentreten.

Jedenfalls mußte man auch aus der Rede des Kaisers auf dem Brandenburger Provinziallandtage (am 24. Januar) gegen die Nörgler entnehmen, daß der Monarch — mitten in der Aufregung des Landes über den Volksschulgesetzentwurf — sich direkt gegen diese wandte.

Jene Rede des Kaisers war geradezu eine Klärung der verwirrten Situation, in der wir uns befanden. Man hatte in den letzten Tagen viel nach der persönlichen Stellung gefragt, welche der Monarch zu dem Volksschulgesetzentwurf einnähme. Gegenüber der Version, daß der Kaiser lebhaft das Zustandekommen des Schulgesetzes unter Zustimmung der Nationalliberalen und Freikonservativen wünsche, wurde als die eigentümlichste Wahrnehmung der letzten Woche die Thatsache hervorgehoben, daß der Kaiser an den beiden parlamentarischen Abenden, an welchen er teilgenommen hatte, zuerst bei Herrn von Bötticher, dann bei Herrn Miquel das Volksschulgesetz in der That mit keiner Silbe erwähnt hatte. An beiden Abenden hat sich der Monarch in mehrstündiger animierter Unterhaltung bewegt, welche sich namentlich am letzteren auch auf die verschiedensten politischen Themata erstreckte. Die auffallende Ignorierung der brennendsten Tagesfrage wurde dahin gedeutet, daß der Kaiser sich jeder Einflußnahme auf dieselbe enthalte oder daß er sich in dieser Frage nicht engagieren wolle. Man sah sich also von dieser Seite her in den Beratungen über das schließliche Schicksal der Schulgesetzvorlage vor das Ungewisse gestellt. Nunmehr hatte aber der Monarch, ohne das „Schulgesetz" in seiner Rede zu erwähnen, doch mit Bezug auf dasselbe sich dahin geäußert: „Mein Kurs ist der richtige und er wird weiter gesteuert."

Sollte diese Rede des Kaisers, was doch selbstverständlich, Grund und Zweck haben, und zwar mitten in der gewaltigen Aufregung über das Schulgesetz, mitten in einer Zeit, wo kein anderes Thema die Gemüter beschäftigte, und wo alles Nörgeln und alles mißvergnügliche Parteigerede lediglich auf dieses sich bezog, so konnte sie sich auch nur auf die Agitation gegen das Schulgesetz beziehen.

Die Rede war eine Kriegserklärung gegen die Liberalen und andere, denen zugerufen wurde: „Und der Volksschulgesetzentwurf wird doch Gesetz! Wer es nicht haben will, der mag sich den deutschen Staub von den Pantoffeln schütteln."

Es ist wahr, Preußen und ganz Deutschland atmeten auf, als es hieß, Graf Zedlitz sei von höherer Stelle fallen gelassen und mit ihm das Volksschulgesetz. Aber so groß die Genugthuung war, so konnte man doch dem plötzlich gestürzten Minister die Teilnahme an seinem tragischen Geschick nicht versagen. Tragisch war es in der That. Das Schulgesetz erschien, so wie es war und in der Kommission des Abgeordnetenhauses in allen seinen Teilen festgehalten wurde, als eine Unmöglichkeit für Preußen. Aber Graf Zedlitz war an die Spitze des Ministeriums für Kultus- und Unterrichtsangelegenheiten berufen, um das Schulgesetz gerade so, wie es war, für Preußen zu schaffen. Es sollte ein anderes sein, wie das Goßlersche, es sollte vor allem das Zentrum befriedigen. Und als Graf Zedlitz mit seinem Opus die Zustimmung des Gesamtministeriums und der Krone gefunden, als der Ministerpräsident nicht aus dem bloßen Gefühle der Kameradschaft gegenüber dem immer höher anschwellenden Strom der Kundgebungen gegen die Vorlage eingetreten war, sondern in dem Bewußtsein, einen Kardinalpunkt der ganzen kaiserlichen Politik, der sich keineswegs nach Belieben aus derselben wieder herausnehmen lasse, zu vertreten und als sodann die klerikal-konservative Mehrheit des Abgeordnetenhauses mit vereinten Kräften vorwärtsging und zur Durchbringung des Ganzen in ihrem Sinne entschlossen war — da verschwanden mit einem Male Graf Zedlitz und sein Werk in dem Augenblicke, wo niemand es ahnen konnte. So erfreulich diese Thatsache an sich erschien, so unerfreulich war auch den Gegnern des Gesetzes die Art, in welcher sich das Drama abspielte. Graf Zedlitz und Graf Caprivi waren der Gewißheit, daß sie des Königs Kurs steuerten, und daß dieser Kurs nicht geändert werde. Sie erfüllten ihre Pflicht gegen die Krone und wurden auf dem Wege zum Siege geschlagen. Das war das ungewöhnliche Gepräge

dieser Krise, daß sie allen parlamentarischen Grundsätzen widersprach. Hätte die Regierung im Landtage eine Niederlage erfahren,
so wäre der Rücktritt der beteiligten Minister folgerichtig gewesen.

Die Konservativen vom Schlage des Herrn von Helldorf
hatten hinterher noch die Stirn, dem Grafen Zedlitz den infamen
Vorwurf zu machen, daß er bewußt gegen den Willen des Monarchen Politik gemacht und seinen König zu dupieren versucht
habe, ein Vorwurf, der zugleich den Grafen Caprivi traf, nachdem
dieser durch seinen Rücktritt vom Ministerpräsidium sich ausdrücklich
mit dem Kultusminister solidarisch erklärt hatte. Und doch steht
fest, daß die Darstellung des „Konservativen Wochenblattes" eine
unwahre ist, und daß Graf Zedlitz noch wenige Stunden vor dem
entscheidenden Kronrat überzeugt war, daß seine Haltung bei der
Beratung des Volksschulgesetzes an Allerhöchster Stelle volle
Billigung fand. —

Als Mazarin gestorben war, erklärte Ludwig XIV., der damals 23 Jahre alt war, in seinem Staatsrat, von nun an wolle
er selbst regieren. Seither sind mehr als zwei Jahrhunderte vergangen. Der Absolutismus ist überall in Europa, Rußland ausgenommen, beseitigt. Bei der heutigen Ausbildung der Gesetzgebung und Verwaltung, bei der heutigen Erweiterung der
Staatszwecke und der Staatsthätigkeit ist diese Selbstregierung des
Herrschers ohne die schwersten Unzuträglichkeiten unmöglich. Das
System des sic volo sic jubeo hat zu einer Auflösung der Solidarität des Ministeriums und der Stetigkeit der Regierung geführt. Solidarität und Stetigkeit können zumal da nicht bestehen,
wo der Monarch sein Ohr noch anderen Ratgebern als den Ministern leiht, wie das bei Friedrich Wilhelm IV. der Fall war.
Dann gerät die Regierung in eine schwankende widerspruchsvolle
Bewegung. Das erzeugt dann Mißmut und Unzufriedenheit bei
der Bevölkerung und schädigt auch das Ansehen der Regierung
dem Auslande gegenüber, so daß derartige Regierungen auch ge-
wöhnlich solche sind, die vielleicht das Beste wollen, aber es nie
erreichen. Gerade der Umstand, daß Kaiser Wilhelm I. sich in

Regierungssachen lediglich an seine Räte hielt, trug wesentlich zu den großen Erfolgen seiner Regierung bei.

Für die Anarchie, welche zuletzt in der preußisch-deutschen Regierung anläßlich der Erörterung von Maßregeln gegen den Anarchismus so grell hervorgetreten ist, darf Graf Caprivi nicht allein verantwortlich gemacht werden. „Was auch sonst im einzelnen" — sagte die „Nationalzeitung" nach der Krise vom Oktober 1894 — „zum Lobe oder zum Tadel seiner 4½ jährigen Amtsführung zu sagen ist — darüber kann kein Streit herrschen, daß die bedenklichen Zustände, die bei uns herrschen, sich gerade unter ihm und durch seine Mitschuld herausgebildet haben. Nicht durch seine alleinige Schuld; der Keim war vorhanden, sonst wäre Graf Caprivi nicht der Nachfolger des Fürsten Bismarck geworden, und für die weitere Entwickelung sind alle Minister, welche seit dem März 1890 im Amte waren und sind, mitverantwortlich. Wenn es unverkennbar war, daß der Einfluß eines einzelnen Ministers wenig bedeute zur Verhütung der zahlreichen und verschiedenartigen Erscheinungen, die allmählich den in Rede stehenden Gesamteindruck hervorgebracht haben, so mußte um so einleuchtender die Notwendigkeit festen Zusammenhaltens und gemeinsamen Handelns der Regierung sein in allen Fällen, in denen ministerielle Ratschläge gefordert wurden oder in denen es als eine politische Pflicht erscheinen mußte, solche auch unverlangt in Ehrerbietung zu geben. Der innere Kampf, in welchem die Regierung Caprivi-Eulenburg endete, hat dargethan, wie unmöglich für diese Regierung eine derartige Pflichterfüllung gegen Krone und Land geworden war."

Wir erinnern noch an jene Artikel, mit denen die „Nordd. Allg. Ztg." auf die Anhänger des Finanzministers Miquel losschlug, aber — wie mit Händen zu greifen war — den letzteren meinte und in denen sie vor aller Welt die Uneinigkeit innerhalb der Regierung gerade dadurch noch besonders demonstrierte, daß sie diesen Angriff ausdrücklich zur Verteidigung des Reichskanzlers unternahm. Den Sturz Caprivis stellte die liberale Presse dar wie folgt:

„Im preußischen Ministerrat am Freitag den 19. Oktober 1894 wurde der Standpunkt Caprivis von den preußischen Kollegen in einem Umfange geteilt, wie er ihn selbst nicht erwartet hatte. Graf Eulenburg war vollständig isoliert. Korrekter Weise hätte derselbe sofort dem Kaiser sein Portefeuille zurückgeben müssen.

Statt dessen inszenierte er am folgenden Tage, am Sonnabend, den Empfang der ostpreußischen Deputation und verlieh dadurch einer Adresse eine Bedeutung, in welcher im schroffen Gegensatz zu den tags vorher festgestellten Ansichten des Ministerrats eine „straffe Gesetzgebung und energische Exekutive" zur raschen Unterdrückung der Sozialdemokratie verlangt wurde. Die Eulenburgische Presse nutzte dies sofort aus und charakterisierte die Antwort des Kaisers an die Deputation als ein Vertrauensvotum für Eulenburg. Die Caprivische Presse trat solcher Auslegung entgegen, indem sie darauf hinwies, daß der Kaiser alle Wohlgesinnten auffordere, der Sozialdemokratie entgegenzutreten, und daß der Kaiser hoffe, ohne Erschütterung Deutschlands diesen Kampf zu führen. Gerade in diesen Ausführungen bekunde sich die Uebereinstimmung des Kaisers mit Caprivi.

Der Reichskanzler unterließ nicht, den Kaiser auf den Charakter dieser Deputation aufmerksam zu machen, besonders auf den Führer derselben, Graf Gröben, und dessen Auftreten im Reichstag bei der Diskussion über den Antrag Graf Kanitz.

Zugleich damit reichte Graf Caprivi am Dienstag, 23. Oktober, seine Entlassung ein. Dieselbe enthielt die Erklärung, daß der Kanzler ein ferneres Zusammenwirken mit dem Grafen Eulenburg bei den vorhandenen Meinungsverschiedenheiten für ergebnißlos erachte. Der Kaiser fuhr darauf nachmittags bei dem Reichskanzler vor und versicherte ihn in jeder Beziehung seiner Uebereinstimmung.

Hiermit schien die Krisis beendigt, allerdings zu Ungunsten des Grafen Eulenburg.

Die Familie Eulenburg aber hatte noch eine weitere Veranstaltung in petto. Gerade in diesen kritischen Tagen hatte Graf Philipp zu Eulenburg, der Botschafter in Wien, den Kaiser zu einer Jagdpartie auf sein Gut Liebenberg bei Zehdenick im Kreise Templin eingeladen. Dorthin fuhr der Kaiser am Dienstag Abend. Hier fand er alle Eulenburgs, auch den Minister= präsidenten, den Oberhofmarschall aus Berlin, den Obermarschall Grafen Eulenburg=Prassen und einen Major Grafen zu Eulenburg. Erst hier reichte Graf Eulenburg Beschwerde über die Haltung der Caprivi=Offiziösen, insbesondere über einen Artikel der „Kölnischen Zeitung" vom Mittwoch den 24. Oktober, über die Verhandlungen im Ministerrat, ein.

Dieser Artikel war aus Berlin vom Mittwoch datiert und bereits Mittwoch Abend in der „Kölnischen Zeitung" veröffent= licht, er muß also telegraphisch übermittelt worden sein. Der= selbe lautet:

„Die erneuerte Kundgebung des kaiserlichen Vertrauens und der kaiserlichen Bestimmung, die dem Reichskanzler Grafen Caprivi in Bezug auf seine Vorschläge zur weiteren Bekämpfung der Um= sturzparteien zu teil geworden ist, wird in sehr erfreulicher Weise dazu beitragen, die Lage zu klären. Man weiß, daß der Reichs= kanzler ein entschiedener Gegner von Ausnahmegesetzen ist, und daß auch die Erfahrungen, die er während der letzten vier Jahre gemacht hat, ihn in dieser seiner Ueberzeugung nicht haben um= stimmen können; wohl aber hat er, und zwar nicht seit heute und gestern und auch nicht seit der Ermordung des Präsidenten Carnot, die ihm unterstellten Behörden, vor allem das Reichs= justizamt angewiesen, an der Hand der einzelnen Vorkommnisse zu prüfen, wie weit das gemeine Recht, insbesondere das Reichs= strafgesetzbuch, für eine energische Bekämpfung der Ausschreitungen der Umsturzparteien ausreiche und wie weit die bisherige Hand= habung der bestehenden Bestimmung zu wünschen übrig gelassen habe. Soweit es notwendig erscheint, bestehende Lücken in der Reichsgesetzgebung auszufüllen, hat dabei der Reichskanzler stets als den maßgebenden Gesichtspunkt betont, daß es dringend er=

wünscht sei, für die Bekämpfung der Umsturzparteien thunlichst
alle bürgerlichen Parteien zu gemeinsamer Zustimmung zu vereinigen, nicht aber sie durch übertriebene Maßnahmen zum Kampfe
unter einander herauszufordern. Graf Caprivi hat es deshalb
wieder betont, daß es besser und wirksamer sei, etwas Positives
unter thunlichst einheitlicher Zustimmung aller Ordnungsparteien
zu erzielen, als weitgehende Forderungen aufzustellen, die scheinbar,
aber auch nur scheinbar, den Eindruck einer großen Willensfestigkeit
und Thatkraft hervorrufen könnten, die aber thatsächlich lediglich
die bürgerlichen Parteien zersetzen und dadurch nur den Zielen
gerade der Umsturzparteien dienen würden. Die jüngsten Erscheinungen in der deutschen Presse, die statt einer Sammlung
der Kräfte weit mehr eine Fehde aller gegen alle zeigten, vermochten den Kanzler lediglich in seiner Auffassung zu bestärken.
Einen schroffen Gegensatz zu dieser Auffassung nahm der preußische
Ministerpräsident Graf Botho Eulenburg ein. Er hatte Vorschläge gemacht, von denen ihm selbst von vornherein klar sein
mußte, daß er sie weder in dem gegenwärtigen noch in einem
neugewählten Reichstag würde durchsetzen können. Graf Eulenburg
hat inzwischen diese seine Vorschläge selbst zurückgezogen; aber
wenn er dann auch im Grundsatz den Caprivischen Gesetzentwurf
zur Grundlage der weiteren Behandlung machte, so stellte sich
doch bald bei der Beratung heraus, daß auch auf dieser Grundlage eine Verständigung schwer zu erzielen war. Der Reichskanzler
hielt daran fest, daß keinerlei Bestimmungen getroffen werden
dürften, die bei sachgemäßer Anwendung durch die Gerichte und
Behörden dazu führen könnten, in Zeiten scharfer politischer
Kämpfe auch gegen die bürgerlichen Parteien ausgenutzt zu werden.
In der einstündigen Unterredung, die er gestern mit dem Kaiser
hatte, sind nun alle diese Anschauungen, wie uns verbürgt mitgeteilt wird, zur vollen Geltung gelangt. Der Kaiser hat sie
durchweg gebilligt, dem Kanzler seine volle Unterstützung versichert."
So die „Köln. Ztg."

Am Donnerstag Abend erst kehrte der Kaiser nach Berlin

zurück. Inzwischen hatte am Donnerstag Nachmittag die Konferenz der Minister der Einzelstaaten stattgefunden und war auch hier eine Übereinstimmung mit den Ansichten des Grafen Caprivi bekundet worden.

Man hielt die Situation für unverändert und war allgemein verwundert, daß Graf Eulenburg sich immer noch nicht bequeme, seine Entlassung einzureichen. Der Reichskanzler Graf Caprivi hatte schon am Dienstag sein Preßbüreau angewiesen, sich aller Angriffe auf Eulenburg zu enthalten, um neue Machinationen von dieser Seite zu verhindern.

Am Freitag Vormittag fand der Bittgottesdienst im russischen Botschaftshotel statt. An diesem nahmen neben dem Kaiser die Grafen Caprivi und zu Eulenburg teil. Unmittelbar nach diesem Gottesdienst empfing der Kaiser hintereinander zuerst den Grafen Caprivi, dann den Grafen zu Eulenburg und hierauf die süd= deutschen Gesandten im Schlosse zu Berlin. In der Unterredung des Kaisers mit dem Grafen Caprivi erfolgte die entscheidende Wendung. Caprivi kam als entlassener Reichskanzler in sein Palais zurück und gab hiervon sofort seiner Umgebung und den Staatssekretären Kenntnis. Der Kaiser aber versicherte den süd= deutschen Gesandten, daß die Entlassung Caprivis keine Änderung herbeiführen werde in Bezug auf die von Caprivi empfohlene Politik zur Bekämpfung des Umsturzes; denn diese Politik habe auch seine Billigung gefunden.

Was hat nun die Wendung veranlaßt? Nach unseren Nach= richten, welche in der Hauptsache übereinstimmten mit der Mit= teilung der „Kreuzzeitung", hat der Kaiser dem Kanzler die Haltung der offiziösen Presse gegenüber dem Grafen zu Eulenburg zum Vorwurf gemacht, namentlich den Artikel der „Köln. Ztg.". Ganz besonders soll der Kaiser sich, nach der „Kreuzzeitung", verletzt gefühlt haben dadurch, daß in der „Köln. Ztg." und in der „Nordd. Allg. Ztg." betont wurde, daß „der Kaiser hinter dem Kanzler stehe."

Die Nachricht erscheint uns kaum glaublich; denn es ist

beispielsweise doch auch eine gebräuchliche Redewendung, daß das Volk hinter seinen Abgeordneten stehen, d. h. zu denselben Vertrauen haben müsse.

Genug, der Kaiser soll vom Grafen Caprivi eine öffentliche Desavouierung der offiziösen Artikel und der Darstellung über den Verlauf der Ministerkrisis als Genugthuung für den Grafen zu Eulenburg verlangt haben. Dies lehnte Graf Caprivi ab, indem er erklärte, dem Artikel fernzustehen und deshalb auch keinen Grund zur Dementierung zu haben. Hierauf erfolgte die Entlassung.

Somit ist also in einer für das Inland und Ausland hochpolitischen Frage die letzte Entscheidung erfolgt aus einer verhältnismäßig geringfügigen Veranlassung."

Diesem der Caprivipresse entnommenen Bericht stellen wir die genaue Chronik der auf die Kanzler- und Ministerkrise bezüglichen Ereignisse vom 19. bis zum 30. Oktober gegenüber.

19. Oktober. Staatsministerialsitzung, in welcher Graf Eulenburg mit den übrigen Ministern bemüht war, inbetreff der gegen die Umsturzparteien zu ergreifenden Maßregeln eine Einigung herbeizuführen, die auch gelang. Der Ministerpräsident stand in dieser Sitzung keineswegs allein und hatte daher auch keine Veranlassung, dem Kaiser sein Portefeuille zurückzugeben.

20. Oktober. Der Kaiser empfängt die ostpreußische Deputation, die sich zu Anfang der Woche an das Hofmarschallamt mit der Bitte um Vermittelung einer Audienz gewandt und darauf, bevor der Ministerrat am 19. stattgefunden, den Bescheid erhalten hatte, daß die Audienz auf den 20. festgesetzt sei.

23. Oktober. Graf Caprivi reicht sein Entlassungsgesuch ein, welches in erster Linie die Meinungsverschiedenheiten mit dem Grafen Eulenburg auseinandersetzte und die Erklärung enthielt, daß der Kanzler ein ferneres Zusammenwirken mit dem Grafen Botho von Eulenburg für ergebnislos erachtete. Also es bezweckte, den Rücktritt des letzteren herbeizuführen.

Nachmittags 2 Uhr erschien der Kaiser bei dem Kanzler und

Politische Generale. 12

erklärte sich auf dessen Auseinandersetzung hin durchaus einver=
standen mit dem vom Grafen Caprivi in Hinsicht auf die Sozial=
demokratie beabsichtigten Vorgehen. Als der Kanzler aufs neue
seinen Gegensatz zum Grafen Eulenburg hervorhob, befahl der
Kaiser, daß der preußische Ministerpräsident von der kaiserlichen
Entscheidung benachrichtigt werde. Das konnte zur Folge haben,
daß Graf Eulenburg seinen Abschied nehmen werde. Der Kaiser
aber scheint es für selbstverständlich gehalten zu haben, daß der
Minister sich unterwerfe. Bei dem Besuche im Reichskanzleramt
sagte der Kaiser zum Grafen Caprivi: „Bitten Sie sich ein Zeichen
Meines Vertrauens aus", der Reichskanzler benutzte dieses An=
erbieten, um in der nächsten Nummer der „Nordd. Allg. Ztg."
die Notiz der Öffentlichkeit zu übergeben, daß der Kaiser hinter
dem Reichskanzler stehe.

Denselben Tag fuhr der Kaiser zur Jagd nach Liebenberg.

Graf Eulenburg empfängt die Nachricht von der kaiserlichen
Entscheidung durch den Grafen Caprivi und richtet sofort sein
Entlassungsgesuch nach Liebenberg.

24. Oktober. Graf Eulenburg erhält vom Kaiser die tele=
graphische Aufforderung, sich am folgenden Tage nach Liebenberg
zu begeben. Der Minister war zu der dort stattfindenden Jagd
nicht eingeladen.

25. Oktober. Am Morgen dieses Tages wird in Berlin
der seitdem vielberufene Artikel der „Köln. Ztg." bekannt, der am
Mittwoch Morgen von Berlin nach Köln telegraphiert war und
den Besuch des Kaisers bei Caprivi vom 23. zum Gegenstand
hatte.

In dem Artikel war ebenfalls triumphierend verkündet, daß
der Kaiser hinter dem Reichskanzler stehe. Graf Eulenburg hat
sich in Liebenberg bei dem Kaiser über die Haltung der Caprivi-
offiziösen nicht beschwert, insbesondere nicht über den an jenem
Tage ihm noch unbekannten Artikel der „Köln. Ztg." Dieser ist
erst nach der Rückkehr von Liebenberg am 25. spät abends zu seiner
Kenntnis gelangt. Der Kaiser erhält auf der Fahrt von Lieben=

berg nach Berlin im Zuge den Artikel der „Köln. Ztg." und hat noch in der Nacht zum Freitag mit dem Chef des Civilkabinetts über die Haltung der Caprivipresse gegenüber Graf Eulenburg eine lange Unterredung.

Inzwischen hatte schon am Nachmittag desselben Tages die Konferenz der Minister der Einzelstaaten stattgefunden, wo der am 19. in der Sitzung des Staatsministeriums vereinbarte Entwurf angenommen wurde.

26. Oktober. Der Kaiser, der die Reise zur Hofjagd nach Blankenburg antreten wollte, gab diese auf. Der Chef des Civilkabinetts, Herr von Lucanus, überbringt dem Reichskanzler die Aufforderung des Kaisers, die Angaben des Artikels der „Köln. Ztg." in Abrede zu stellen. Der Kaiser wollte nicht, daß der bestehende Gegensatz zwischen Kanzler und Ministerpräsident in solcher Schärfe hingestellt werde, wie es in dem rheinischen Blatte geschehen war, und ferner wünsche der Kaiser zu verhüten, daß seine Entscheidung zu Gunsten des Grafen Caprivi so aufgefaßt werde, als bliebe sie auch für die Zukunft gegen schärfere Maßregeln, als die jetzt für opportun erachtete. Graf Caprivi lehnte jedoch die Aufforderung, die Angaben der „Köln. Ztg." in Abrede zu stellen, ab, und damit war sein Rücktritt entschieden.

Es wird gesagt, daß Caprivi dem Herrn von Lucanus gegenüber erklärt habe, er stehe zu jenem Artikel in keiner Beziehung, sei aber mit seinem Inhalt vollkommen einverstanden. An dem Bittgottesdienst im russischen Botschaftshotel gegen Mittag nahmen der Kaiser, die Grafen Caprivi und zu Eulenburg teil. Nach dieser Feier Empfang Caprivis im königlichen Schlosse, wo er seine Entlassung erhielt. Der Empfang beschränkte sich auf wenige Minuten.

Unmittelbar nach Caprivi empfing der Kaiser den preußischen Ministerpräsidenten, der ebenfalls seine Entlassung anbot und erhielt. Dieselbe wurde in der folgenden Weise in der Presse motiviert: „Die Wiedervereinigung der Ämter des Reichskanzleramts und des Ministerpräsidiums stand für den Fall des Ausscheidens eines der beiden fest; gegenwärtig aber, nachdem Graf Eulenburg in der Tagesfrage, auch im preußischen Staats= ministerium unterlegen war, konnte er keinenfalls Kanzler werden; trat Graf Caprivi jetzt zurück, so mußten beide Ämter neu besetzt werden."

Depesche nach Straßburg, welche den Fürsten Hohenlohe= Schillingsfürst und den Unterstaatssekretär nach Potsdam beruft.

Der Kaiser empfängt den bayrischen Gesandten, Grafen von Lerchenfeld, den sächsischen Gesandten, Grafen von Hohenthal, den württembergischen Gesandten, Freiherrn von Varnbüler und den badischen Gesandten von Jngermann, die er von den Vorgängen in Kenntnis setzte. Hierauf fuhr der Kaiser wieder nach Potsdam zurück. Der Reichskanzler Graf Caprivi begab sich von der Audienz ins Reichskanzlerpalais zurück und machte bei den Staats= sekretären ꝛc. Abschiedsbesuche.

29. Oktober. Die eingetretene große Veränderung in der Reichs= und Staatsleitung findet an der Spitze des Reichsanzeigers folgenden amtlichen Ausdruck:

Se. Majestät der Kaiser und König haben allergnädigst geruht:

Dem Reichskanzler, Staatsminister der auswärtigen An= gelegenheiten, General der Infanterie, Grafen von Caprivi, unter Verleihung des hohen Ordens vom Schwarzen Adler mit Brillanten,

sowie dem Präsidenten des Staatsministeriums und Minister des Innern, Graf zu Eulenburg, unter Belassung des Titels und Ranges eines Staatsministers, sowie unter Verleihung des Sterns der Großkomture des königlichen Hausordens von Hohenzollern mit Brillanten die nachgesuchte Entlassung aus ihren Ämtern zu erteilen.

Allerhöchstihren Statthalter in Elsaß=Lothringen, Fürsten zu Hohenlohe=Schillingsfürst, Prinzen von Ratibor und Corvey, zum Reichskanzler, Präsidenten des Staatsministeriums und Minister der auswärtigen Angelegenheiten und den Unterstaatssekretär im Ministerium für Elsaß-Lothringen, von Köller, zum Staatsminister und Minister des Innern zu ernennen.

Da Graf Caprivi thatsächlich bereits am Freitag Nachmittag unmittelbar nach seiner Rückkehr aus dem Schlosse jede Amts= handlung einstellte, so hat vom 26. bis zum 29. eine Art Vacuum im Reichsdienst bestanden, das auf Grund des Stellvertretungs= gesetzes von den einzelnen Ressortchefs ausgefüllt worden ist; bei der Entlassung des Fürsten Bismarck im Jahre 1890 war der Nachfolger bekanntlich bereits zur Stelle, während diesmal die ersten Schritte, um einen Nachfolger zu finden, erst am Freitag erfolgt sind.

30. Oktober. Die ministerielle Lage erhält zunächst ihre Signatur durch eine von Sr. Majestät dem Kaiser vollzogene Kabinettsorder, laut welcher der Staatssekretär Freiherr Marschall von Bieberstein unter Belassung in seiner bisherigen Stellung zum königlich preußischen Staatsminister ernannt worden ist.

Als erster Akt der neuen Regierung ist dieser Schritt von symptomatischer Bedeutung. Seine Erklärung mag er in dem Wunsche finden, den Fürsten Hohenlohe in seiner Eigenschaft als preußischer Minister des Auswärtigen von der Vertretung seines Ressorts in preußischen Ministerialsitzungen und namentlich im preußischen Landtage zu entlasten, auch mag der weitere Wunsch maßgebend gewesen sein, den Staatssekretär des Auswärtigen dem Staatssekretär des Innern im Range gleichzustellen, wie dies seinerzeit auch mit dem verstorbenen Staatssekretär von Bülow der Fall war, der gleichfalls den Rang und Titel eines preußischen Staatsministers erhielt.

Der vielberufene Artikel der „Köln. Ztg." ist, wie die „Köln. Ztg." versichert, weder vom Grafen Caprivi noch von einem seiner Beamten oder überhaupt von irgend einer amtlichen Stelle aus beeinflußt und veranlaßt gewesen. Es ist bemerkenswert, daß auch der „Reichsbote", dem man nach seiner politischen Haltung einer besonderen Vorliebe für die Person des Grafen Caprivi kaum zeihen wird, daran festhielt, daß der Artikel der „Köln. Ztg." ohne Wissen Caprivis entstanden ist. Der „Reichsbote" begründete seine Überzeugung dahin:

„Ausschlaggebend für unsere Überzeugung ist ein von einem unserer Mitarbeiter selbsteingesehener vertraulicher Brief eines höheren Beamten der Reichsregierung, der am 23. morgens, also vor der Audienz mit dem Kaiser, welche die Zurückziehung des ersten Entlassungsgesuchs Caprivis zur Folge hatte, geschrieben ist und der sich an der Hand von direkten Informationen aus der Reichskanzlei auf das entschiedenste und abfälligste über Angriffe auf den Grafen Eulenburg ausspricht, die an demselben Morgen in hiesigen Blättern veröffentlicht wurden. In diesem Briefe werden diese Vorstöße gegen Eulenburg nicht nur als für Caprivi im höchsten Grade unerwünscht bezeichnet, sondern auch grundsätzlich abgelehnt, und selbst der Verdacht ausgesprochen, es könne sich dabei sogar um eine „bewußt feindselige" Aktion handeln. An demselben Tage aber ist der Artikel der „Köln. Ztg." hier verfaßt und am Mittwoch in Köln abgedruckt worden. Daraus ergiebt sich aber als zweifellos, daß Graf Caprivi nicht allein wirklich nichts mit dem Artikel zu thun hatte, sondern daß er seinen Tendenzen entgegenlief."

Wir haben hier nur einen neuen Beleg für das Verhältnis Caprivis zu seiner Presse überhaupt: was er nicht inspirierte oder inspirieren ließ, ersetzten andere aus Gefälligkeit für ihn, wofür sie meist dankbare Anerkennung fanden, nicht selten aber ein Desaveu ihres Übereifers sich gefallen lassen mußten. Es ist schon erwähnt, daß Graf Caprivi am 26. Oktober Herrn von Lucanus gegenüber erklärte, er stehe zu dem Artikel über den Grafen Eulenburg in keiner Beziehung, sei aber mit seinem Inhalt vollkommen einverstanden.

Es wird von verschiedenen Seiten hervorgehoben, daß der Kaiser schon vor längerer Zeit innerlich entschlossen war, sich von seinem Kanzler zu trennen. Für diesen Entschluß dürften, wie oben schon angedeutet ist, Erwägungen bestimmend gewesen sein, die mit der Entfremdung rechneten, die zwischen dem Kanzler und denjenigen parlamentarischen Kreisen je länger je mehr offenbar eingetreten war, deren Mitwirkung bei der gesetzgeberischen Thätig= keit eine Regierung dauernd nicht entbehren kann. Das schließt nicht aus, daß der Kaiser für das früher Geleistete dem Kanzler Dank wußte, und daß es ursprünglich in der Allerhöchsten Ab= sicht lag, der augenblicklichen Sachlage gegenüber den gegenwärtigen status der Regierung einstweilen in seiner Gesamtheit aufrecht zu erhalten. Nachdem die Durchführung dieser Absicht sich durch unvorhergesehene Umstände als unmöglich erwiesen hatte, mußte der Kaiser in konsequenter Durchführung seiner Absichten sich dazu entschließen, schon jetzt zu einer Umgestaltung der Dinge zu schreiten, die er zunächst einer etwas späteren Zeit vorbehalten hatte.

Graf Caprivi hat es gerade in letzter Zeit in geradezu auf= fälliger Weise versäumt, mit dem Kaiser in persönlicher Berührung zu bleiben, ebenso wie er sich von den ihm unterstellten Be= amten allzusehr abschloß. Sein militärischer Adjutant, Major von Ebmeier, und der Leiter der Reichskanzlei und persönliche Freund Caprivis, Geheimrat Göhring, waren vielleicht die einzigen Personen, denen er unbedingtes Vertrauen entgegenbrachte. Alle übrigen Beamten, die zufolge ihrer Stellung mit dem Reichskanzler persönlich zu verkehren hatten, mußten sich streng innerhalb der Grenzen ihrer Ressorts halten; persönlichen Einfluß hat auf den Grafen Caprivi innerhalb seiner 4½jährigen Kanzlerschaft kein einziger gewonnen. Fürst Bismarck war auch persönlich schwer zugänglich; bei ihm verstand es aber der damalige Leiter der Reichskanzlei, Geheimrat Rottenburg, der dank seinen persönlichen liebenswürdigen Charaktereigenschaften allgemeinstes Vertrauen genoß und überall hin Fühlung unterhielt, seine reiche Kenntnis der Personen und Verhältnisse bei schwierigen Anlässen in den Dienst des Ersteren zu stellen und dadurch der Sache ungeheure Dienste zu leisten. Er paßte den günstigen Augenblick ab, wo ihm die Sache spruchreif schien, und dann trat der Fall sehr selten ein, daß der Fürst, der ohne die stille Vorarbeit Rotten=

burgs vielleicht schnell zu einem für den Beamten unerwünschten
Entschluß gelangt wäre, sachlichen Gründen nicht zugänglich ge=
wesen wäre, und die Angelegenheit die erwünschte Erledigung nicht
gefunden hätte. Diese wertvolle Gabe Rottenburgs besaß der
spätere Leiter der Reichskanzlei nicht. Hohe Ressortbeamte,
die zum Vortrag beim Grafen Caprivi erschienen, machten vielfach
die Beobachtung, daß sie bei diesem ein vorgefaßtes Urteil vor=
fanden, das durch ihren Vortrag nicht mehr umzustoßen war.
Wie Graf Caprivi als alter Soldat nur unbedingten Gehorsam
gegen seinen kaiserlichen Herrn kannte, so verlangte er oft diesen
selben unbedingten Gehorsam von seinen Beamten, mochte seine
Auffassung nun richtig sein oder nicht. Dadurch hatte sich im
Laufe der Jahre eine gewisse schematische Handhabung der Geschäfte
herausgebildet, die dem Ganzen nicht immer zum Besten gereichte.
Über die soldatenmäßige Wahrnehmung seines Amtes im besten
Sinne des Wortes ist Caprivi nie hinausgekommen. Der offene,
freie Blick, die schöpferische Initiative auch noch sehr viel anderes,
fehlten dem Grafen Caprivi. Es wäre ein Irrtum, wollte man
annehmen, daß Graf Caprivi gern oder auch nur nicht gern ging.
Er ging ungern. Er hing mit allen Fibern an seiner Stelle,
deren Verlust er schmerzlich empfand. Graf Caprivi ist und
war nicht so selbstlos, daß seine hohe und einflußreiche Stelle
ihm nicht geschmeichelt hätte. Er war sich im Gegenteil dessen
sehr bewußt, daß er der erste Beamte im Deutschen Reich und
der Nachfolger des großen eisernen Kanzlers war.

Diesem aus höheren Beamtenkreisen kommenden Urteil wäre
noch hinzuzufügen, daß Graf Caprivi von jeher in außerordent=
lichem Grade von sich eingenommen und dabei sehr eigensinnig
war. Diese Selbsteingenommenheit ließ ihn jede sachliche Kritik,
ja selbst einen von seiner Ansicht abweichenden Vortrag seiner
Untergebenen als eine Art persönlicher Beleidigung empfinden und
der Belehrung war er — im Gegensatz zu seinem großen Vor=
gänger, der gelegentlich gern aussprach, im Laufe der Jahre ge=
lernt zu haben — nur schwer zugänglich. Jedenfalls hat die

erste Reichskanzlerschaft nach Bismarck ein überaus jähes und
klägliches Ende genommen.

Die Nachricht vom Rücktritt des Grafen Caprivi wurde von
den englischen, französischen und russischen Blättern mit großem
Bedauern aufgenommen. Sie gaben sich die Miene, als könnten
sie durchaus nicht begreifen, was den Anlaß zu der ihnen über-
raschend und plötzlich gekommenen Entscheidung geben konnte, und
verloren sich in Betrachtungen, welche sich alle gegen die Person
des deutschen Kaisers wendeten. Jene Trauer war verdächtig, da
sich nicht absehen läßt, was jene Nationen veranlassen konnte,
darüber zu trauern, wenn Deutschland eines „großen Staatsmannes" verlustig geht. Wir haben nicht vergessen, daß sie
andere Töne anschlugen, als Fürst Bismarck den Weg von der
Wilhelmstraße nach Friedrichsruh nahm; und der war doch
mindestens ein gleich „großer Staatsmann" wie der Graf Caprivi.
So war ihr Jammer ein schlechter Dienst, den sie dem Scheidenden erwiesen, und gleich geringen Eindruck machte es in Deutschland, wenn unsere Polen ihm eine gute Zensur ausstellten.

In welche Zustände sind wir in der kurzen Zeit seit Bismarcks
Entlassung geraten? Der große Staatsmann hatte uns ein wohl-
geordnetes, sicher und fest gefügtes Staatswesen hinterlassen, und
nach nur vier Jahren ist dieses einer wilden Brandung innerhalb
der Regierung steuerlos preisgegeben. Das gut monarchisch wie
konstitutionell regierte Preußen und das ebenso verwaltete Reich
sind auf eine Stufe der Verwirrung gesunken, wie kaum ein
zweiter Staat Europas. Grausamer konnte die Entlassung Bismarcks von der Geschichte, als dem großen Weltgerichte, wohl
nicht gerächt werden. Im Herbst 1894 machten die die Um-
bildung der Regierung begleitenden Erscheinungen im Inlande
und Auslande überall den ungünstigsten Eindruck. Nicht bloß
das, was geschah, als auch die Färbung und Beleuchtung, die es
durch mannigfache frühere und auf ganz anderen Gebieten neben-
her stattgefundene Erscheinungen erhielt, verstimmte und beun-
ruhigte. Die Menschen vertragen es nun einmal nicht, wenn der

Gang der öffentlichen Angelegenheiten bedingt erscheint durch unberechenbare persönliche Entschlüsse; begründet oder unbegründet,
der Eindruck ist ein ärgerlicher, da derartige Entschlüsse, wenn im
Laufe der Jahre ihre Anzahl wächst, notwendiger Weise Widersprüche unter einander enthalten müssen, über die schließlich die
Bosheit sich noch lustig macht.

„Mit wachsendem Mißbehagen," so ging während der damaligen
Zeit die Klage aus einer Zeitung in die andere, „verfolgt man
im Lande die Gestaltung der innerpolitischen Lage. Seit 14 Tagen
stehen wir nun schon mitten in der Ministerkrisis, und noch ist
kein Ende abzusehen. Der Drang, Minister zu werden, scheint
bei vielen hohen Beamten jetzt nicht sehr groß zu sein. Wenn
die Herren Tessendorf, Koch, von Willamowitz, vielleicht noch
mehr Herren, ein Portefeuille ablehnten, so haben sie wahrscheinlich
der Sache nicht recht getraut. Herr von Willamowitz hat vielleicht
seines Vorgängers sich erinnert, der auf ein Jahr nach Berlin
ging, um Kultusminister zu werden, und jetzt, bei voller Rüstigkeit, sehr bedauert, unthätig bleiben zu müssen. Die Stellung
eines Oberpräsidenten ist verhältnismäßig sicherer, weit davon ist
gut vor dem Schuß. Wir sehen sonst etwas mitleidig auf andere
Länder herab, in denen die Lösung von Ministerkrisen ebenso langwierig und schwierig ist, wie die Krisen selbst häufig sind. Bald
muß uns der Hochmut doch ein wenig vergehen. Gegen den
Schluß des Bismarckschen Regiments wurde diesem vorgerechnet,
daß er ein Viertelhundert Minister verbraucht habe. In der
neuen Ära nach ihm geht es aber noch flotter. In 4½ Jahren
sind in Preußen fast ein Dutzend Minister von ihren Sesseln
verschwunden. Man kann heute Abend mit einem Vertrauensvotum fröhlich zu Bette gehen und morgen in aller Frühe von
Herrn von Lucanus herausgetrommelt werden mit der „Anregung",
ein Abschiedsgesuch aufzusetzen. Man kann ein Oberpräsidium
angeboten erhalten in einem Augenblick, wo man meinte, Minister
zu sein. Da es dem neuen Kurse an Stetigkeit mangelt, ist es

für einen gewissenhaften Minister nicht leicht, rechtzeitig das
Rechte zu ahnen. So geht es nicht weiter! ist ein beliebtes und
viel mißbrauchtes Wort. Auch jetzt hört man es sehr häufig.
Wird es doch so weiter gehen? Reich, Staat und Monarchie
werden dann jedenfalls keinen Vorteil davon haben."

Das war das Ende des gehorsamen Generals Caprivi!

———

Graf von Walderſee.

„Mit Graf Walderſee iſt mein Verhältnis ſehr gut geworden; er hat Vertrauen zu mir gefaßt, und wir beſprechen alle gemeinſchaftlichen Intereſſen ohne Unbequemlichkeit und mit voller Offenheit. Letztere iſt ein großer Vorzug des Grafen, der auf dem hieſigen Felde der Intrigue und Doppelzüngigkeit nicht hoch genug anzuſchlagen iſt."

So hat Fürſt Bismarck wörtlich und eigenhändig im Monat September geſchrieben, freilich nicht im Jahre 1889, ſondern im Jahre 1851, wo er als Bundestagsgeſandter mit dem Onkel des ſpäteren Chefs des Generalſtabes, dem erſten preußiſchen Bevollmächtigten in der Bundesmilitärkommiſſion, dem ſpäteren Kriegsminiſter, zu thun hatte. Mit dem Nachfolger des Grafen Walderſee in Frankfurt, dem General Reitzenſtein, ſtand Herr von Bismarck nicht mehr ſo gut. Er ſchreibt im Dezember 1854: „Den General Reitzenſtein in Fühlung zu halten, iſt nicht ganz leicht; er ſitzt ziemlich ſteif auf ſeinem Generalleutnants=Pferd, und hat leicht Beſorgnis inbetreff der Selbſtändigkeit ſeiner Stellung. Mit Walderſee wurde es mir leichter, in einem Geſchirre zu ziehen." Man ſieht, Herr von Bismarck hat ſehr frühzeitig die Militärs in ihrem Selbſtändigkeitsbewußtſein kennen gelernt. Zu mehr als leiſen Friktionen mochte es wohl in Frankfurt noch nicht kommen. Dort war es auch, wo

Herr von Bismarck auf die „Kreuzzeitung" oft schon sehr böse wurde.
In dem badischen Kirchenstreit schrieb Herr von Bismarck an den
Minister Manteuffel: „Alle Umstände weisen darauf hin, daß es
sich hier nicht um eine Zwistigkeit zwischen der badischen Regierung
und dem Erzbischof von Freiburg handelt, sondern um die Sache
aller protestantischen Obrigkeiten gegenüber dem streitbaren, uner=
sättlichen und in den Ländern evangelischer Fürsten unversöhn=
lichen Geiste, welcher seit dem letzten Jahrzehnt einen Teil des
katholischen Klerus beseelt, ein Geist, für welchen erlangte Kon=
zessionen stets die Basis neuer Konzessionen bilden und dessen
Forderungen zu berücksichtigen, jede Regierung Anstand nehmen
muß." Die „Kreuzzeitung" dachte anders. Sie sprach von der
badischen Regierung, welche mit dem hölzernen Schwerte der
Büreaukratie dem gewaltigen Aufschwunge der römischen Kirche
entgegentreten wolle, in einer Weise, daß sie zwei Tage hinter=
einander konfisziert wurde. Herr von Bismarck bemerkte dazu:
„Ich verstehe es nicht, wie jemand, der unzweifelhaft von einer
warmen Vaterlandsliebe beseelt ist, sich in diesem Grade von jeder
preußischen Anschauungsweise frei machen kann, wenn ich auch zu=
gebe, daß mich der Borussianismus in derartigen Fragen einseitig
und befangen macht." Als Prinz Napoleon in Berlin war, schrieb
Herr von Bismarck nach Berlin: „Die Taktlosigkeiten der „Kreuz=
zeitung" verdienten eine ernste Zurechtweisung;" und im Jahre
1857 bemerkte er in einem Schreiben an den Minister: „Die
„Kreuzzeitung" könnte auch etwas Klügeres thun als in den
Chorus der sittlichen Entrüstung österreichischer Blätter über an=
gebliche Provokation französischer Einmischung in deutsche Fragen
einzustimmen; sie sollte lieber Österreich ins Gewissen reden, daß
es Frieden mit uns sucht und hält, anstatt uns überlaufen zu
wollen. Diese Theoretiker reden, als ob Österreich gar kein
Ausland mehr für Preußen wäre, und als ob wir vollständig in
Präsidial=Deutschland aufzugehen hätten. Nicht durch das Bücken
vor österreichischer Anmaßung, sondern dadurch, daß wir die Zähne
zeigen und auf die notwendigen Konsequenzen einer schlechten Be=

handlung Preußens offen aufmerksam machen, werden wir zu besseren Verhältnissen in Deutschland kommen können."

Der Gegensatz zwischen Herrn von Bismarck und der „Kreuz= zeitung" war also frühzeitig ein prinzipieller. Doch hielt ersterer immer noch den Fraktionsverband fest. Er war im April 1852 vom Minister von Manteuffel aufgefordert worden, nach Berlin zu kommen; der König selbst wünschte, daß er in der zweiten Kammer sich an einer Abstimmung beteiligte und zwar gegen seine eigene Partei, welche damals die Fraktion Gerlach war. Herr von Bismarck kam aber nicht, vielmehr lieferte er zu seiner Ent= schuldigung folgende Verteidigung der Fraktionspolitik im allge= meinen:

„Wenn ich mich öffentlich durch ein Votum oder gar durch eine Rede gegen die Ritterschaft von dieser lossage, so würde das gerade in dem entschlossensten und innersten Wesen unserer Partei einen unheilbaren Spalt lassen, und ich würde das verlorene Ver= trauen einer politischen Stütze in der Kammer und im Lande so leicht nicht wiedergewinnen. Daß die Stellung, in welche unsere Ritterschaft in dieser Sache geraten ist, eine schiefe und mehr durch Parteiumtriebe als durch sachliche Gründe herbeigeführt ist, habe ich Sr. Majestät wiederholt erklärt; will man aber als Mitglied einer Partei Einfluß behalten oder auch es nur bleiben, so darf man sich auch von den Thorheiten seiner Partei nicht feindselig lossagen, wenn man sie nicht sich unterwerfen kann."

Mit der allmählichen Lösung des Fraktionsverbandes steigerte sich die Feindschaft des Staatsmanns und des feudalen Organs. Daß während der Krankheit Friedrich Wilhelms IV., als die Frage: „Regentschaft oder Stellvertretung?" zur Entscheidung kam, die „Kreuzzeitung" einen Standpunkt einnahm, welcher sie in einen nicht zu überbrückenden Gegensatz zum König Wilhelm I. brachte, gehört zu dem langen Sündenregister, das noch lange Fürst Bismarck von Zeit zu Zeit der „Kreuzzeitung" vorhalten ließ. „Der „Kreuzzeitung" geht jeder politische Instikt ab, so sehr, daß sie bei den wichtigsten und entscheidensten Momenten unserer politischen Entwickelung sich stets auf der verkehrten Seite befand, beim Auskehren jedenfalls nicht am Stiel des Besens", dieser Vorwurf ist die Summe jenes Sündenregisters geworden.

Mit ganz ungeteilter Genugthuung wurde im September 1862 Herr von Bismarck als Minister in Berlin von niemand empfangen, auch von den Konservativen nicht. Zwar jubelte die „Kreuzzeitung" bei der Nachricht von seiner Ernennung zum Minister und sagte mit Anspielung auf Herrn v. d. Heydt: „Das kaufmännische Inter- mezzo hat jetzt ein Ende." Aber in die Freude der Partei mischte sich doch der Gedanke an allerlei Absonderlichkeiten, die von dem neuen Minister bekannt waren. Hatte dieser doch erst vor kurzem, nämlich in einem Briefe vom 18. September 1861, sich über die deutsche Politik der konservativen Partei ziemlich abfällig ausge- sprochen. Man hatte ihm das Programm des „Preußischen Volks- vereins" zugeschickt, das aus dem Stil der negativen Fassung gar- nicht heraus kam und die Solidarität der konservativen Interessen aller Länder sehr einseitig betonte. Darauf hatte Herr von Bis- marck von dem „gott- und rechtlosen Souveränitätsschwindel der deutschen Kleinfürsten" gesprochen, als dem Schooßkind der konser- vativen Partei in Preußen, von dem „Unsinn der Bundesverfassung, von dem zimperlichen Zurückschrecken von der Idee einer Volks- vertretung im Bunde, überhaupt von den vagen Ausfällen der Konservativen gegen angeblich revolutionäre Bestrebungen".

Wie die liberale Partei darauf rechnete, daß das „lustige Intermezzo" des Ministeriums Bismarck nicht lange währen könne und, sobald man sich von seiner Unfähigkeit überzeugt habe, not- wendig ein liberales Regiment wieder ans Ruder gelangen müsse, so gab es auch auf der entgegengesetzten Seite Stimmen, welche nicht bloß im geheimen sich sagten, Herr von Bismarck sei zwar trefflich geeignet, das Abgeordnetenhaus niederzutreten, sei aber nicht der Mann, darüber hinaus die Geschicke Preußens zu leiten. So traten Herr von Bismarck und die Kreuzzeitungspartei eigentlich nur ad hoc zusammen, d. h. gegen das die Heeresreform ab- weisende Abgeordnetenhaus. Im Anfang des Monats August 1866 erschien Herr von Kleist-Retzow an der Spitze einer Deputation von Gesinnungsgenossen bei Herrn von Bismarck in Prag, um denselben zu bewegen, mit Berufung darauf, daß die preußische Verfassung für die erweiterten Aufgaben des vergrößerten Staates nicht zugeschnitten sei, dieselbe zu beseitigen und eine neue zu oktroyieren. Herr von Bismarck erwiderte der Deputation: „Haben Sie die Einwilligung des Kronprinzen?" Die Art, wie die „Kreuzzeitung" sich mit der Auseinandersetzung gegenüber Österreich, mit den Entthronungen deutscher Fürsten, einem auf allgemeinem, gleichem Stimmrecht begründeten Parlament ohne Herrenhaus abzufinden wußte, ließ die entschiedenste Wandlung wahrnehmen, weil alle jene Maßregeln von der höchsten Tragweite auf dem Gebiete des Staatswesens den Grundsätzen der „Kreuzzeitung" von heiliger Allianz, Legitimität, ständischem Staat so sehr als irgend denkbar widersprachen. Es fehlte aber nicht an Friktionen mit Herrn von Bismarck. Die „Kreuzzeitung" wollte nichts von einer Majorisierung Preußens im Norddeutschen Bunde wissen, nichts von einer Preisgebung des alten preußischen Wesens. Auf sie und ihre Partei bezog sich jener Brief Bismarcks, den er im Jahre 1869 an den Fürsten Putbus schrieb, worin es hieß: „Wenn das Herrenhaus sich der Regierung entgegenstellen will, so giebt es so viele Gebiete innerhalb der preußischen Politik, auf denen dies nicht nur mit Nutzen für unsere Gesamtentwickelung, sondern auch mit praktischem Erfolge von unmittelbarer Anschaulichkeit und unter unabweislichem Hervortreten der Wirksamkeit des Herrenhauses geschehen kann. In der deutschen Politik sind aber der Regierung so tiefe und feste Geleise vorgezeichnet, daß sie ohne schwere Schädigung des Staatswagens gar nicht aus denselben herauskann. Die Regierung, wenn sie nicht die Politik von 1866 aufgeben will, kann nicht weichen, sie muß den Handschuh aufnehmen und jedes Ministerium, welches dem jetzigen folgt, muß dies im verstärkten Maße thun". (Der Brief verteidigte auch die Errichtung eines obersten Bundesgerichtshofes in Leipzig, gegen die sich die Konservativen, weil mit der preußischen Verfassung im Widerspruch stehend, ablehnend verhielten.)

Solche kleine Begegnungen störten immer noch nicht die Harmonie der beiden streitenden Teile. Erst um die Jahreswende von 1871—1872, mit dem Wechsel der Redaktion in der „Kreuz=zeitung", besann sich diese wieder auf sich selbst. Die liberale Wirtschaftspolitik, der Beginn des Kulturkampfes mit dem Schul=aufsichtsgesetz u. s. w., der Rücktritt des Ministers von Mühler, die Verwaltungsreform des Grafen zu Eulenburg schlugen dem Faß den Boden aus. Es erfolgten Droh= und Absagebriefe an die Regierung. Bismarck wurde beschuldigt, den „Kompaß des Ewigen" verloren zu haben.

Man brauchte sich nur die Frage vorzulegen, wie würde sich der Kulturkampf und die Reichsgesetzgebung überhaupt ohne den Abfall der konservativen Partei gestaltet haben? Von der konser=vativen Partei verlassen, mußte die Regierung anderweitig die Unterstützung suchen, deren sie zur Erhaltung und Belebung der neuen Reichsinstitutionen bedurfte, und sie fand sie bei den National=liberalen. In Verbindung mit diesen aber war sie genötigt, den Kampf gegen den Ultramontanismus nach einer anderen Taktik zu führen, als sie es an der Spitze der konservativen Partei ge=konnt hätte.

Nachdem seit dem Jahre 1879 die Beziehungen des leitenden Staatsmannes zu den Hochkonservativen durch die Wirtschaftspolitik sich wieder gebessert hatten, wurde in den nächsten Jahren der Friede abermals durch die militärischen Hintermänner der „Kreuz=zeitung" gestört. In diesem Blatte trieb ein Kriegsheld sein Wesen, der die deutsche Regierung und die Nation unausgesetzt wegen unzureichender nationaler Gesinnung schulmeisterte, weil sie nach seiner Ansicht das Ausland viel zu glimpflich behandelten. Man vernahm von unverantwortlichen Militärs eine Sprache, als wenn man längst auf Frankreich oder Rußland hätte losschlagen müssen. Der Staatsmann, der das deutsche Reich gegründet, wurde gewogen und zu leicht befunden. Indem die „Neue Preuß. Ztg." bei jedem Zwischenfall an der französischen oder bei jeder Truppen=verschiebung an der russischen Grenze sofort „Losschlagen" komman=

dierte und sich in der Rolle gefiel, nationaler zu sein als Kaiser Wilhelm und Fürst Bismarck, mußte notwendig das deutsche Volk der Existenz einer Kriegspartei in Berlin sich bewußt werden. Aber das leiseste Hinweisen auf eine solche Kriegspartei, welche die „Kreuzzeitung" ganz offen vertrat, brachte diese in Harnisch. „Es sei schamvoll", sagte sie, „das deutsche Volk glauben zu machen, daß der höchste Beamte des Reiches nicht volle Hingebung und nicht immer den richtigen Anschluß an die Leitung seiner Politik seitens hochgestellter Militärs fände." Das sagte dasselbe Blatt, das eine solche Hingebung und einen solchen Anschluß fort= während leugnete, und wenn man das konstatierte, so hieß es, es sei eine frivole Gewissenlosigkeit und ein seltener Unverstand, der= gleichen zu behaupten.

Aber auch das „Militär=Wochenblatt" brachte Artikel, die mit den Intentionen der damaligen offiziellen Reichspolitik keines= wegs in Einklang zu bringen waren. Ein solcher Artikel erschien im Jahre 1886 und stellte sich als der wärmste Panegyrikus auf den Fürsten Alexander von Bulgarien dar. Es hieß darin:

„Der 1879 zum Fürsten von Bulgarien erwählte Prinz Alexander von Battenberg, ehemals Premierlieutennt im königlich preußischen Regiment der Gardes=du=Corps und seitdem auf den berühmten Rosen Bulgariens nicht gerade beneidenswert ge= bettete, regierende Fürst in Sofia, der Hauptstadt Bulgariens, fühlte sich durch den in jenem Augenblick für ihn völlig über= raschenden Philippopeler Vorgang vor die Wahl gestellt, entweder selbst an die Spitze der ohne sein Zuthun ins Werk gesetzten, nun aber in Fluß gekommenen und, wenn auch aufständischen, so doch nationalen Bewegung zu treten, oder — sich nicht mehr als Fürst der Bulgaren zu betrachten, d. h. abzudanken. Er hielt dafür: entweder er identifizierte sich mit dem Hoffen und Wünschen seines Volkes und fühlte und handelte als Bulgare mit diesem, oder er unterließ dies und war dann Herrscher ohne Beherrschte, ein Fürst, dem die Herzen seines Volkes entrückt, ein Fremdling ihm, wie ehedem. Mit schnellem Entschluß entschied Fürst Alexander

sich für das erstere. Mehr als alle Diplomaten der Kongreß=
mächte hatte er als regierender Fürst des von den letzteren ge=
schaffenen Landes die nationalen und wirtschaftlichen Mängel
dieser Staatsbildung empfinden können, und genauer als er hatte
kein Nichtbulgare die Naturwüchsigkeit und Einhelligkeit der treiben=
den Kraft und die Tragweite der Erhebung würdigen lernen; er
am ehesten würde — so glaubte er ferner — die Erhebung an
weiteren Ausschreitungen hindern, sie dadurch in den Augen
Europas legalisieren und somit schließlich zur politischen Reife
und Anerkennung führen können. Und so trat Fürst Alexander,
der in den straffsten Grundsätzen der Ordnung und des Gehorsams
erzogene deutsche Prinz und ehemalige preußische Offizier, an die
Spitze jener politischen Erhebung und voll und ganz übernahm
er sofort die Verantwortung für alle Folgen derselben."

Die Offiziösen und Offiziellen in Berlin und Petersburg
führten eine andere Sprache. Sie nannten die Versicherung des
Fürsten, er sei von der Bewegung überrascht worden, eine Lüge.
Das „Militär=Wochenblatt" erklärte unumwunden: „Der Soldat
weiß solche Eigenschaften (wie die von dem Fürsten gezeigten) zu
schätzen. Der Weg zur That, zum Erfolg ist mit diesen und
nicht nur mit guten Gedanken gepflastert. Und hieraus ist es
denn auch zu erklären, daß man in der deutschen Heimat des
Fürsten und vorzugsweise in den Reihen der deutschen — viel=
leicht auch anderer — Offizierkorps dem persönlichen Eintreten
und dem entschiedenen Vorgehen des Fürsten angesichts der
Philippopeler Erhebung von Anfang an mit einer unverkennbaren
Sympathie folgte. Das kameradschaftliche Band, welches die
deutschen Offiziere mit dem Fürsten Alexander verbindet, und dem
dieser selbst stets ein lebhaftes, warmes Gedenken widmet, trug
zu dieser, übrigens durchaus persönlichen und darum mit taktvoller
Zurückhaltung sich äußernden Auffassung der Dinge mit bei.
Mit merkwürdiger Einmütigkeit nahm die gesamte deutsche Tages=
literatur von einiger Bedeutung, je länger, je mehr, die Partei
Fürst Alexanders."

Während ein russischer Agent von Sofia aus in einem Petersburger Blatte den Fürsten Alexander als „den größten Feind Rußlands, einen Feigling und unfähigen Militär" beschimpft hatte, sagte das „Militär-Wochenblatt": „Die Entschlossenheit und Kühnheit eines militärisch erzogenen, in preußischen Traditionen und Grundsätzen gereiften deutschen Prinzen, seine persönliche Tapferkeit und sein Glück, führten den Umschwung herbei." Am Schlusse hieß es:

„Einem Jugendstreiche vergleichbar war die Volksthat vom 18. September. Als ein höchst achtungswerter, zum Mitsprechen vollauf berechtigter Mann ist der junge bulgarische Staat aus dem daraus entstandenen Konflikte hervorgegangen. Das echte Soldatenherz in der Brust Fürst Alexanders hat das Richtige zu finden gewußt. Mit freudiger Ehrerbietung nennt ihn die deutsche Armee den Ihrigen."

Die „Kreuzztg." fand in der bulgarischen Frage, daß auf deutscher Seite nicht alles so wäre, wie es sein sollte. Sie trat der „Nordd. Allg. Ztg." entgegen, indem sie das Verdienst des Fürsten von Bulgarien hervorhob, das gethan zu haben, was in seinen Kräften stand, um den Mächten die Aufgabe der Erhaltung des Weltfriedens zu erleichtern, und zwar dadurch, daß er Bulgarien verließ. Die „Neue Preuß. Ztg." sagte damals, man solle das billiger Weise anerkennen, statt den Fürsten mit Anzapfungen zu verfolgen, die schlechterdings keinen andern Erfolg haben könnten, als den ohnehin ins Kraut geschossenen Übermut Rußlands bis ins maßlose zu steigern. Dasselbe Blatt sprach bei dieser Gelegenheit auch von „jenem servilen Übereifer", der den Frieden dadurch zu sichern glaube, daß er den dreistesten russischen Ansprüchen mit einer Zuvorkommenheit ohne Ende die Spitze abzubrechen bestrebt sei. Mit sachlichen Zugeständnissen, wenn sie ein ernstes Ziel im Auge haben, müsse man sich abfinden; die bekannte Methode gewisser Diplomaten aber, welche sich im 17. Jahrhundert und wohl auch später noch dem „Geschäft" zu Liebe bereit finden ließen, vor orientalischen Herrschern niederzuknien, sei immer verächtlich gewesen. Ein anderes Mal sprach die „Neue Preuß. Ztg." von der „subalternen Denkweise", welche den Ausdruck nationaler Sympathie für einen Fürsten aus deutschem Stamme mit der „Polenschwärmerei" der dreißiger Jahre zusammenstelle. Damals wären es in der That fremde Interessen gewesen, für die sich die Deutschen erwärmten; jetzt sei es un= zweifelhaft der Ausdruck wachsenden Nationalgefühls, womit wir es zu thun hätten, das solle man pflegen, nicht verspotten.

Gelegentlich einer längeren Betrachtung über die am 5. Juli 1895 in der Schweiz stattgehabte Sempachfeier nannte es ein deutsches Blatt eine „seltsame Erscheinung", daß in weiteren schweizerischen Kreisen auch heute noch mehr Vorliebe für Frank= reich besteht, als für uns, und daß die französische Sprache in diesen Kreisen selbst in kerndeutschen, noch immer die eifrigste Pflege findet, da doch in neuerer Zeit (man denke nur an Savoyen) nur von Frankreich die Schweiz Unbill und Drohung erfahren hatte, nimmer aber von deutscher Seite.

Hierauf erwiderte die „Kreuzzeitung": „Uns wundert das gar nicht. Eine psychologische Erfahrung lehrt, daß die einzelnen Menschen wie die Völker der Regel nach nicht durch Wohlthaten und Freundlichkeiten gewonnen werden, sondern nur durch die Furcht, durch die sich unwiderstehlich aufbringende Überzeugung einer Überlegenheit, die im gegebenen Falle nicht viel Federlesens macht. Alle großen Nationen der Welt lassen sich instinktmäßig von diesem Grundsatze leiten; alle wenden die Macht, die sie nun einmal haben, in diesem Sinne an; nur wir Deutschen können uns dazu nicht entschließen, und deshalb erleben wir es täglich, daß man uns nicht die Stellung einräumen will, auf die wir an sich Anspruch hätten, und die uns ganz von selbst zufallen würde, wenn wir nicht fortwährend in dem alten Irrtum befangen wären, daß sich die Welt durch „Entgegenkommen" regieren läßt. Sie hat es nie gethan, und wird es niemals thun. Der schlagendste Beweis ist die Aufnahme, welche die 50jährige Friedenspolitik des Deutschen Reiches im übrigen Europa gefunden hat. Es ist

dies der großartigste Versuch, der im ganzen bisherigen Verlauf
der Geschichte je unternommen wurde, um die Beziehungen der
Nationen mit einander freundlich zu gestalten und praktisch durch=
zuführen, was der Theorie nach stets eine Utopie bleiben muß
und wird. Wird diese Politik, obwohl sie der Welt Ströme von
Blut und Thränen erspart hat, dem Kaiser und seinem Kanzler
irgendwo gedankt? Zeigt sich ein Verständnis für die tief sittliche
Auffassung der Dinge, die ihr zu Grunde liegt?"

Die „Kreuzzeitung" erwiderte hierauf mit Nein und sprach
dann von einem Wechsel des Systems, indem sie zwar den Versuch
anerkannte, die europäische Politik auf eine andere Grundlage zu
stellen, als auf die der rohen Gewalt, indessen hinzufügte, man
habe im Interesse des Friedens durchaus keinen Grund, den
Drohungen derer, die ihn nur gezwungen halten, mit einer Zuvor=
kommenheit zu begegnen, die sie durchweg nur für Schwäche an=
sehen und als solche zu mißachten gewohnt sind. Engländer und
Franzosen sind Jahrhunderte lang mit ihrem Übermaß an Selbst=
bewußtsein weit besser gefahren, als wir mit dem Gegenteil. Für
das Übermaß treten wir nicht ein, das rechte Maß aber werden
wir uns allerdings angewöhnen müssen, wenn wir endlich einmal
das Ansehen genießen sollen, das uns nach Maßgabe unserer
Macht wie unserer Bedeutung für die Kultur der Welt ge=
bührt."

Die „Neue Preuß. Ztg." untersuchte auch einmal die Ver=
hältnisse in Elsaß=Lothringen und streifte dabei die auswärtige
deutsche Politik. Die Elsaß=Lothringer, sagte sie, hängen deshalb
so sehr an Frankreich, weil dieses ihnen die Genugthuung bot, einer
wirklichen Großmacht anzugehören, abgesehen von der hohen Stellung
der Franzosen als Kulturvolk. Die „Neue Preuß. Ztg." fand,
daß nicht bloß in Elsaß=Lothringen, sondern unsere ganze politische
Zukunft davon bedingt sei, ob wir den Nationen Europas mit dem
Selbstgefühl am rechten Orte entgegenzutreten verstehen, das nach
der Auffassung der Gebildeten im Reichslande bei einem großen
Volke ebenso selbstverständlich wie unerläßlich sei, das man aber

bei uns noch immer nicht in seiner ganzen ungeheueren Bedeutung zu würdigen wisse.

Die „Nat. Ztg." bemerkte am 4. Oktober 1887: „In der „Neuen Preuß. Ztg." treibt seit einiger Zeit ein Eisenfresser sein Wesen, der das deutsche Volk und die deutsche Presse unausgesetzt wegen unzureichender nationaler Gesinnung schulmeistert, weil nach der Ansicht dieses Bramarbas das Ausland nicht in genügendem Maße von oben herab behandelt wird. Jetzt rempelt er alle diejenigen Blätter an, welche in der Angelegenheit des jüngsten Zwischenfalls an der deutsch-französischen Grenze nicht unbedingt Deutschland mit dem Jäger Kaufmann identifizieren. Wenn die „Neue Preuß. Ztg." sich in der grotesken Rolle gefällt, nationaler zu sein, als Kaiser Wilhelm und Fürst Bismarck, so wollen wir sie darin nicht stören; sie muß aber nicht glauben, einen anderen als komischen Eindruck damit hervorzubringen."

Über die Kriegspartei vor der Rede des Fürsten Bismarck vom 6. Februar 1888 und nach derselben schrieb das „Deutsche Tageblatt":

„Die „Kölnische Zeitung" brachte vor einigen Tagen einen Stimmungsartikel aus St. Petersburg, der von vielen Blättern nachgedruckt wurde. Auffallend war hierbei, daß die „Post" einen der wichtigsten Sätze dieses Stimmungsbildes wegließ. Derselbe lautet: „Da ist so ziemlich der gesamte Generalstab, in höheren wie niederen Stellungen, dem der Krieg möglicherweise eine glänzende Laufbahn ohne allzu große persönliche Gefahr eröffnet. Viele in Befehlshaberstellen vom Regimentskommandeur abwärts stehende Offiziere träumen von den schönen Nebeneinkünften." Warum ließ die „Post" diesen Satz weg? War er ihr unbequem, weil sie bisher wacker mit Krieg geführt hat? In Rußland mag eine große Masse der gebildeten Bevölkerung aller Schichten vorhanden sein, die in einem Kriege mit Deutschland ihr Heil erblickt, aber das bedeutet bei dem friedliebenden Charakter des Zaren nichts, in dessen Worte Fürst Bismarck „absolutes Vertrauen" setzt, und ohne dessen Willen weder die Presse, noch die große Masse der Bevölkerung, noch die Kriegspartei des Heeres einen Krieg machen kann.

„Wenn man nun die Vorgänge in der russischen und deutschen Presse der letzten Monate überdenkt, und den Inhalt der Rede des Fürsten Bismarck vom 6. Februar dagegen hält, so ergiebt sich ein Gegensatz, wie er schroffer kaum gedacht werden kann, und man fragt sich unwillkürlich, wie es möglich war, daß der Kriegs= lärm in Deutschland einen so hohen Grad annehmen konnte gegen die Überzeugung des Fürsten; man muß diese Frage umsomehr stellen, als der Fürst erklärte, daß es keine „unvermeidlichen" Kriege gebe, daß für ihn die „Druckerschwärze nichts wiege" und als einige Tage später der Prinz Wilhelm, im Anschluß an die Worte des großen Kanzlers, die entschiedenste Verwahrung dagegen einlegte, daß er auf einen Krieg losdränge.

„Wir müssen gestehen, daß wir weder vom Fürsten Bismarck noch vom Prinzen Wilhelm etwas anders erwarten konnten, denn ein Hohenzoller kann einen Krieg, der einen allgemeinen Weltbrand bedeuten würde, niemals vom rein militärischen Standpunkte aus auffassen und herbeiwünschen. Wenn nun trotz dieser beiden hoch= bedeutsamen Manifestationen lange Zeit das Gefühl bestanden hat, daß bei uns einflußreiche Personen nicht denselben maßvollen Stand= punkt einnehmen, so müssen diese wohl übersehen, daß der Krieg von der Politik abhängig ist und nicht umgekehrt. Eine andere Erklärung kann es nicht geben. Fürst Bismarck bemerkte weiter, daß er wohl begreife, daß der Offizier Krieg wünschen müsse, denn ohne das hörte er beinahe auf, ein tüchtiger Offizier zu sein. Hier liegt nun augenscheinlich das punctum saliens. Der Fürst wollte mit seinen Worten keineswegs tadeln, daß der Offizier seine Hoffnung auf den Krieg setze, daß die Heeresleitung sich auf einen solchen mit allen Kräften vorbereite, daß dieselbe dafür einen mili= tärisch möglichst günstigen Zeitpunkt ausnutzen wolle, sondern seine Worte waren offenbar darauf gerichtet, daß die Kriegspartei — eine solche giebt es immer und in jedem Lande — nicht öffentlich d. h. in der Presse ihr Gebiet überschreite, weil sonst unbedingt zwischen der

Staatspolitik und den Bestrebungen der Kriegspartei wenigstens ein Widerspruch entstehen müsse. Daß der Fürst diesen Widerspruch nicht hoch anschlage, ging nun zwar aus der Beurteilung der „Drucker- schwärze" hervor, welche er derselben zuteil werden ließ, aber immerhin wurde dadurch der Widerspruch zwischen der Staatspolitik und der Druckerschwärze der Kriegspartei bestätigt. Hiernach ist eines sicher, nämlich, daß die Staatspolitik die Hand bei den Kriegsartikeln, welche seit Wochen bei uns in der „Kölnischen Zeitung" und in der „Kreuzzeitung" vorwiegend erschienen sind, nicht im Spiele gehabt hat, ja, daß diese Artikel gegen die Ab- sichten des Fürsten Bismarck veröffentlicht wurden, daß mithin ein spiritus rector bestehen müsse, welcher neben dem Fürsten Bismarck in der Staatspolitik zu dilettieren Neigung haben muß. Daß so etwas nicht nützen kann, sondern im Gegenteil die Staats- politik — wenigstens in den Augen der öffentlichen Meinung — eher bloßstellen muß, liegt auf der Hand. Der Krieg mit der Druckerschwärze ist also von drüben und hüben ein Akt für sich gewesen — losgelöst von den Bestrebungen der Staatenleiter, — ein Preßkampf der beiderseitigen Kriegsparteien. Derselbe ging soweit, daß sich selbst die beiden offiziösen militärischen Fachblätter, nämlich der russische „Invalide" und das „Militär-Wochenblatt" darin mischten, eine Erscheinung, welche bis dahin wohl noch nicht da war, und welche schlagend lehrt, welchen Einfluß die Kriegs- parteien in beiden Ländern erlangt hatten — sagen wir — denn wir hoffen, daß die Dinge nun ein Ende gefunden haben. Ja, wenn über Krieg und Frieden lediglich die rein militärischen Ver- hältnisse entschieden, dann müßte ein Nachbar über den andern herfallen, sobald der eine eine militärische Überlegenheit über den andern erlangt hätte, welche ihm den Sieg wahrscheinlich oder gewiß machte. So geht es aber im Staatenleben nicht, sondern der Krieg ist dasjenige Mittel der Staatspolitik, welches in der Not und zwar dann erst ergriffen wird, wenn sich alle anderen Versuche zu einer friedlichen Verständigung zu gelangen, als ver- geblich erwiesen haben. Nun aber haben solche Differenzen, welche einen

Krieg „unvermeidlich" erscheinen ließen, offenbar zwischen der Staats=
politik Rußlands und Deutschlands nicht bestanden, mithin konnten
die Preßartikel fortbleiben. Wann und wo ist es denn dagewesen,
daß den Kriegen der Staaten ein solcher Krieg in der Presse
voraufgegangen wäre, wie in den letzten Monaten, trotzdem wir
doch früher nachwiesen, daß die gesamten militärischen Maßnahmen,
welche sich an der russischen Westgrenze zu vollziehen im Begriffe
sind, die einzelnen Glieder eines Systems von langer Hand bilden,
welches bereits seit 10 Jahren ausgeführt wird, und welches gerade
in den letzten Monaten, während welcher der Krieg mit Drucker=
schwärze tobte, kaum eine nennenswerte Vervollständigung er=
fahren hat.

„Wir haben gegen die Antwort, welche die „Köln. Ztg." dem
bekannten Aufsatz im russischen „Invaliden" zuteil werden ließ,
nichts, damit aber war der Sache auch genug gethan und alles,
was dieser Antwort folgte, war vom Übel nach jeder Richtung
hin. Da seitdem nun aber noch vieles geschehen ist, so muß in
der That ein spiritus rector bestehen, denn ein großer Teil der
politischen Tagespresse scheint von diesem direkt beeinflußt zu
werden, in einem Sinne, welcher der Staatspolitik des Fürsten
Bismarck zuwiderläuft. Denn sonst ist es nicht zu verstehen, daß
z. B. zwei Blätter, wie die „Köln. Ztg." und die „Kreuzzeitung"
in dieselbe Kriegstrompete stießen, zwei Blätter, welche sich sonst
spinnefeind sind. In diese heterogenen Lager müssen also von einer
Stelle aus dieselben Kanäle führen, und das ist das Bedenkliche
an einer Kriegsagitation, welche das ganze Volk nach und nach in
eine andauernde, nachteilige, jeden öffentlichen Wandel lösende
nervöse Aufregung versetzt hat. Die Verantwortung, welche der
spiritus rector und die Hilfeleister desselben bei dieser Agitation
auf sich geladen haben, ist keine kleine. Sich gegen die Gefahren
eines Krieges optimistisch verschließen, führt zur Niederlage, Kriegs=
gefahren dauernd an die Wand malen, lähmt das ganze Volks=
wesen, beraubt es seiner Elastizität und treibt es schließlich in die
Apathie. Da in den früheren Zeiten ein Preßkrieg in Deutschland

unbekannt war, wie derjenige, den wir in den letzten Monaten erlebt haben, so muß sich „irgendwo" ein großer Wandel vollzogen haben, sonst wäre es nicht denkbar, daß wir seit Monaten eine Staatspolitik haben, welche keinen Krieg wünscht, und eine „andere", welche auf einen solchen in allen Tonarten hindrängt; und dieser Zwiespalt ist seit dem 6. Februar ein öffentlicher! Wir hoffen, daß derselbe damit ein Ende nehme, daß ein jeder auf dem Gebiete verbleibe, auf welchem seine Bestimmung liegt, und daß die Kriegs= partei sich etwas mehr ins Einvernehmen mit der Staatspolitik setze, als bisher; dann wird ihr auch eine Niederlage erspart bleiben, wie diejenige des 6. Februar."

Wer war der spiritus rector? Ein Anonymus, der in der „Neuen Preuß. Ztg." antwortete oder antworten ließ:

„Das „Deutsche Tageblatt" bringt in seiner ersten Ausgabe vom 14. d. M. einen Artikel: „Die Kriegspartei vor der Rede des Fürsten Bismarck und nach derselben", welcher zu dem Un= geheuerlichsten gehört, was in dieser schweren traurigen Zeit von einem deutschen Blatte geleistet ist. Wir würden dies Pamphlet nicht weiter berücksichtigen, wenn in demselben nicht die Behauptung aufgestellt wäre, daß vorwiegend die „Köln. Ztg." und wir Artikel einer unter einem besonderen spiritus rector bestehenden Kriegs= partei veröffentlicht hätten, welche der friedliebenden Staatspolitik des Fürsten Bismarck zuwiderliefen. Wir weisen diese Behauptung mit Entrüstung zurück. Alles, was wir an Nachrichten über die militärische Lage gebracht haben, war eine reine Aufzählung von Thatsachen und deren Bedeutung. Niemals aber ist uns ein= gefallen, daran irgend welche Erörterungen über die Führung der hohen Politik zu knüpfen. Diese letztere Behauptung konstruiert sich der spiritus rector des „Deutschen Tageblattes", um daraus ebenso lügenhafte Folgerungen, wie diese von ihm selbst zurecht= gemachte Voraussetzung zu ziehen. Es zeige uns doch das „Deutsche Tageblatt" eine Stelle, wo wir vom militärischen Standpunkt aus hohe Politik getrieben hätten. Wir haben in den letzten Monaten, wie alle deutschen Zeitungen und auch sogar die „Norddeutsche", nur militärische Meldungen über russische Rüstungsmaßregeln gebracht, und, wenn das „Deutsche Tageblatt" nach dieser Sache mit der Hand in seinen Busen greift, wird es dieselbe sicherlich aussätzig herausziehen. Das können wir aber bezeugen, daß wir die Nachrichten von unseren verschiedensten Mitarbeitern erhalten haben, die, soviel wir übersehen, wohl kaum mit denen der „Kölnischen" — bei deren Denunzierung uns nur wundert, daß dieselbe so ganz und gar ohne Zustimmung derer gehandelt haben sollte, welche ihr die bekannten Artikel über die russischen Fälschungen zugänglich gemacht haben — aus einer Quelle schöpfen. Von einem gemeinschaftlichen spiritus rector unserer, an sich ganz verschiedenen militärischen Mitarbeiter kann also schon gar keine Rede sein; wir begreifen aber noch viel weniger, wie die militärischen Nachrichten der „Köln. Ztg.", der „Post" u. a., sowie die unsrigen von derselben Persönlichkeit inspiriert sein sollen. Es ist überhaupt nicht einleuchtend, warum gerade wir im Verein mit der „Köln. Ztg." eine besondere Kriegspolitik getrieben haben sollen. Weshalb wird die „Post" nicht auch dem spiritus rector der Kriegspartei unterstellt, die in Alarmnachrichten und in der Besprechung des „Militär-Wochenblatt"-Artikels so großes geleistet hat? Weshalb wird die „Münchener Allg. Ztg." nicht aufgeführt, welche noch vor kurzem einen längeren Artikel über die militärischen Verhältnisse Ostpreußens brachte?

„Im übrigen behandelt der spiritus rector des „Deutschen Tageblattes" das rheinische Blatt als nicht ganz militärisch unmündig; er gestattet dem Weltblatte: wenigstens den Artikel des russischen ‚Invaliden' zu beantworten.

„Das Schmachvollste an dem Machwerke dieses „deutschen" Blattes ist aber die zweifellose Tendenz dieses Artikels, das deutsche Volk glauben zu machen, daß der höchste Beamte des Reiches nicht volle Hingebung und nicht immer den richtigen Anschluß an die Leitung seiner Politik seitens hochgestellter Militärs finde. Solche unerhörten, unbewiesenen Behauptungen in die Öffentlichkeit zu schleudern, zeigt von einer frivolen Gewissenlosigkeit, oder von einem seltenen Unverstande!

„Was denkt sich wohl der spiritus rector des „Deutschen Tageblattes" von der Stellung des „Militär-Wochenblattes"? Hat er die Bemerkungen der oft genug als offiziös bezeichneten „Post" über die Bedeutung des Wochenblatt-Artikels nicht gelesen? Weiß er nicht, wen er alles mit der Hineinziehung dieser Artikel in sein Pamphlet vor der Welt anklagt? Glaubt er denn, daß es erst seines Geistes und seines Tintenflusses bedürfe, um denen, die er anklagt, das Verhältnis zwischen Politik und Kriegführung klar zu machen?

„Welche Unterschätzung an Willenskraft läßt der Artikelschreiber des „Deutschen Tageblattes" dem Reichskanzler zuteil werden! Glaubt dieser Geist, es bedürfe erst seiner Belehrung, um den Kanzler auf das aufmerksam zu machen, was der Leitung der deutschen Politik unbequem werden könnte? Kleiner Kläffer!

„In der schweren traurigen Zeit, in welcher wir leben, sollte man wahrhaftig alles vermeiden, was nach außen hin selbst auch nur den Schein einer Disharmonie in den leitenden Kreisen er-kennen lassen könnte. Statt dessen aber haben sich in letzter Zeit deutsche Blätter in Angriffen selbst auf Mitglieder unseres heiß-geliebten Herrscherhauses wohlgefühlt; zu ihnen scheint auch der spiritus rector des „Deutschen Tageblattes" zu gehören. Hält er es doch sogar in dieser Sache für nötig, einem preußischen Prinzen ein Wohlverhaltungszeugnis zu schreiben. Ein Prinz des Königlichen Hauses steht über den Parteien und darf in keiner Beziehung in den Hader der Zeitungen gezogen werden. Man merkt, daß das „Deutsche Tageblatt" den Linksabmarsch angetreten hat; aber es wird ihm und seinem spiritus rector nicht gelingen, Zwietracht zwischen dem Kanzler und den leitenden Kreisen der Armee zu säen. Der Kanzler kennt die Armee, und die Armee vom ältesten und einflußreichsten Offizier zum jüngsten Leutnant, weiß, wie sie zum Kanzler steht. Als der greise Feldmarschall nach der großen Rede vom 6. Februar die Stufen zum Platze des Kanzlers hinaufstieg und dem höchsten Beamten des Reiches die Hand drückte, da fühlte wohl jeder im Hause, daß das treue Zusammenhalten dieser beiden Paladine unseres Kaisers, öffentlich bezeugt vor den Vertretern des deutschen Volkes, ein neuer Ausdruck der Friedensversicherungen und der im Rate und in der That geeinten deutschen Kraft sei."

Das Blatt, das sich so heftig äußerte, verherrlichte zwei Jahre später eine Schrift, die, gegen Bismarck gerichtet, dessen marklose auswärtige Politik und feige Kriegsscheu heftig angriff. Fürst Bismarck war im März 1890 kaum von der Bühne getreten, als ihm die Broschüre eines hohen Militärs nachgeschleudert wurde, in der der einzig leitende Gedanke seiner Politik dahin interpretiert wurde: den Frieden um jeden Preis zu erhalten. „Nirgends sehen wir sie getragen von Anschauungen und Zielen, die in dem historischen Werden der Dinge, in den natürlichen Gegenstellungen der Völker und Staaten ihre Begründung finden. Und doch wird auch unsere Zeit von solchen Gegenstellungen beherrscht . . . ." „Folgerichtig wäre es gewesen, die Rüstungen unserer Gegner gar nicht erst zu deren jetziger Ausdehnung gelangen zu lassen, sondern frühzeitig unseren feindlichen Nachbarn ein energisches quos ego zuzurufen und sie vor die Frage zu stellen, entweder den Krieg zu wagen oder ihre Armeen auf einer bescheidenen Stufe zu erhalten." Die Broschüre, die unter dem Titel »Videant consules« erschien, schloß mit den Worten:

„Das stolze Vorrecht der politischen Initiative, das wir noch 1871 unbedingt besaßen, haben wir uns aus der Hand winden lassen. — Heute sind wir nicht mehr in der Lage, uns den günstigsten Moment zum Kriege wählen zu können — unsere Gegner vielmehr können uns die Entscheidung aufzwingen, ja, wir können jeden Augenblick in die Lage kommen, ihnen mit mangelhafter Waffenrüstung entgegentreten zu müssen.

Jede günstige Gelegenheit aber, der rollenden Lawine Einhalt zu thun, haben wir unbenutzt vorübergehen lassen.

Noch einmal bot sie sich im Jahre 1887.

Die Franzosen hatten noch ihr altes Grasgewehr, wir hatten soeben das neue Magazingewehr M. 71/84 eingeführt, das, wenn auch an sich keine hervorragende Waffe, uns doch eine gewisse moralische Überlegenheit sicherte. Auch die Feldartillerie der Franzosen war noch nicht auf dem Höhepunkt der Organisation angelangt, auf dem sie sich heute befindet. Gegen unsere Festungen waren die französischen Geschosse machtlos, denn dieselben waren gesichert durch neue Entdeckungen, die uns die Franzosen damals noch nicht nachgemacht hatten.

Die französischen Sperrforts und sonstige Werke dagegen waren in ihrem damaligen Zustande unserer Artillerie in keiner Weise gewachsen. Vor allem war das neue französische Wehrgesetz noch nicht eingeführt, während wir mit der größtenteils schon durchgeführten, jedenfalls kriegsbrauchbaren Reorganisation, die das Gesetz vom 11. Februar 1887 uns gebracht hatte, den Franzosen hätten entgegentreten können. Auch die Russen waren noch nicht in dem Grade kriegsbereit, wie heute. Eine Einigung zwischen ihnen und den Franzosen war noch keineswegs erreicht; unsere Bundesgenossen dagegen waren uns sicher, und sehr wahrscheinlich hätte sich der Kampf abermals zu einem deutsch-französischen Duell gestaltet, in welchem alle Chancen für uns waren.

Diese Sachlage war denn auch in zahlreichen Kreisen erkannt, und diese Kreise drängten zu einem tapferen Entschluß; das Bemühen dieser entschlossenen Männer ist nicht an das Tages- licht der Öffentlichkeit getreten. Zweifellos jedoch ist es, daß der damalige Kronprinz diese Ansicht vertrat, und aller Grund liegt zu der Annahme vor, daß auch der Chef des Generalstabes (Graf Moltke) dieselbe teilte und seinen berechtigten Einfluß in diesem Sinne geltend machte. Von dieser Zeit hauptsächlich stammt die immer wieder auftauchende und stets geleugnete An- nahme einer politischen Unterströmung, die zum Kriege dränge. Wenn man sich unter einer solchen eine gegen die aktuelle Regierung oder einzelne Männer derselben gerichtete, im Dunkeln auf Schleich- wegen wühlende Kabale denkt, wie es in der Presse vielfach dargestellt worden ist, dann existiert allerdings eine solche Unterströmung nicht. Dagegen ist es ganz selbstverständlich, daß der Vertreter der Krone, der im Kriegsfalle für den Verlauf der Operationen verantwortlich gemacht wird, nicht nur die militärischen, sondern auch die politischen Verhältnisse unserer Nachbarn, der wahrscheinlichen Gegner, mit scharfem Auge verfolgt. Armeeleitung und Politik lassen sich im höheren Sinn überhaupt nicht trennen; sie müssen nicht nur in oberster Instanz in einer Hand ruhen, sie müssen auch einheitlich gedacht werden und der Leiter der auswärtigen Politik kann ebenso wenig ohne Kenntnis der strategischen Verhältnisse, wie der Chef des Generalstabes ohne Berücksichtigung der politischen Lage sachgemäß verfahren. Hält nun letzterer einen Krieg für unvermeidlich, so ist es nicht nur sein Recht, sondern auch seine Pflicht, den obersten Kriegsherrn über die vom soldatischen Standpunkt aus günstigste Konstellation der politischen und militärischen Verhältnisse Vortrag zu halten und mit allem ihm zu Gebote stehenden Mitteln seine Auffassung geltend zu machen.

In diesem Sinne hat zweifelsohne eine politische Unterströmung bestanden, die sich im Gegensatz wußte zu unserer offiziellen Politik, ob auch im Gegensatz zum Fürsten Bismarck muß dahingestellt bleiben. Erreicht hat sie jedenfalls nichts. Der Friede blieb erhalten, und alle die schweren Opfer waren umsonst gebracht, wo sich dann die Einführung des Magazingewehrs, die für den Kriegsfall ein glücklicher Griff gewesen wäre, nunmehr schon durch ihre finanzielle Tragweite als ein schwerwiegender politischer Fehler erwies.

Wie aber hier eine marklose Politik die seltene Gunst der Umstände unbenutzt ließ und durch ihr Verhalten den Gegnern nur Veranlassung gab, ihre Rüstungen zu beschleunigen und zu verstärken, so ist sie auch Rußland gegenüber nicht folgerichtig und energisch gewesen.

Als trotz aller diplomatischen Künste die Möglichkeit des Krieges nicht mehr ausgeschlossen schien, da begann man mit bestem Erfolge einen Finanzkrieg gegen Rußland, um den deutschen

Markt von russischen Werten zu entlasten und den russischen Kurs
zu drücken.

Es ist nur natürlich, daß Rußland aufs äußerste gereizt
ward. Als dann der Frieden gesichert war, ging man wieder
zum anderen Extrem über, unterstützte sogar, um den Gegner zu beschwichtigen, mit deutschem Kapital die russischen Finanzoperationen
und lieferte Rußland deutsches Geld für seine militärischen
Zwecke.

Wenn ein derartiges Verfahren, das immer nur die augenblickliche Lage ins Auge faßt, sich als geeignet erwiesen hat, den
unmittelbaren Zweck, den Frieden, zu erreichen, so kann sich doch
kein Einsichtiger der Erkenntnis verschließen, daß dieses Ziel erreicht worden ist durch Opfer von dauernder Bedeutung, daß das
politische Erstgeburtsrecht verkauft worden ist für ein Linsengericht."

Es war die „Kreuzzeitung", welche diese Schrift in en-
thusiastischer Weise besprach und die Gegner als „Politiker im
Frack" verspottete. Sie ist der Meinung, Wilhelm I. hätte sich
den Ruhm Friedrichs II. erwerben können, wenn er zum ersten
Reichskanzler nicht einen Zivilisten (Bismarck ist doch nur Titular-
General), sondern einen General gehabt hätte. „Friedrich der
Große war nicht ängstlicher Beobachter der politischen Strömungen,
denen er sein Fahrzeug anvertraute, sondern er schuf selbst die
Ströme; er wartete nicht, bis seine Nachbarn ihn zum Kampfe
zwangen, nachdem sie den günstigsten Zeitpunkt für gekommen
hielten, und ihm politisch und militärisch die Gesetze des Handels
vorschrieben, sondern packte mit der starken Hand hohenzollernscher
Initiative, Entschlossenheit und Elastizität den Drachen des Wider-
standes, sobald er den Augenblick für passend hielt, an der Kehle
fest und rang mit den überstarken, feindlichen Mächten in furcht-
barem Kampfe, in dem er erst zu unterliegen und seine Kraft
sich zu erschöpfen drohte, bis die Menge seiner Widersacher
schließlich doch übermannt und überwunden, den Streit aufgeben mußte."

Wie schrumpft doch gegen diesen großen König die schwächliche

Gestalt eines Wilhelms I., des ersten deutschen Kaisers, zusammen! Zwar hat er unser Volk in Waffen von Sieg zu Sieg geführt, aber er hat doch immer erst gewartet, bis seine Nachbarn ihn zum Kriege zwangen. Und 1875, 1879, 1883, 1887, und wer weiß, wie oft, da ist Wilhelm I. immer von neuem vor dem Gedanken zurückgewichen, dem sterbenden Krieger ins Auge sehen zu müssen. Er wollte sein ein „Mehrer des Deutschen Reiches, nicht an kriegerischen Eroberungen, sondern an den Gütern des Friedens auf dem Gebiete nationaler Wohlfahrt und Gesittung." Die Weltgeschichte, wie sie sich im Kopfe der „Neuen Preuß. Ztg." malt, wird ihm solche Mattherzigkeit nicht hoch anrechnen. „Im Anfange, bis zum Kriege vor 1870/71, da klappte noch alles einigermaßen bei uns, da war auch Bismarck noch in vollster Manneskraft." Welche Gefahr also für Deutschland mit dem alternden Bismarck — einem Zivilisten — am Ruder der auswärtigen Politik. Ja, wenn ein General, ein Waldersee seine Stelle einnähme! Ein General ist allerdings nach Bismarck gekommen, aber nicht der richtige.

Es mußte, wenn man solche Sprache in der „Neuen Preuß. Ztg." und anderswo als abgeschwächtes Echo vernahm, ein spiritus rector bestehen, welcher neben dem Fürsten Bismarck in der Staatspolitik zu dilettieren Neigung zeigte. Man erfuhr darüber Näheres, als Graf Waldersee im Frühjahr 1891 als Chef des Großen Generalstabes plötzlich demissionierte. Außer der Ernennung des Grafen Schliessen II zum Chef des Generalstabes der Armee veröffentlichte die Nummer des „Militär-Wochenblattes" vom 11. Februar noch die „Versetzung" des ersten Adjutanten des früheren Generalstabs-Chefs, Major von Zahn, nach Mainz, sowie die „Versetzung" des Majors Liebert vom Großen Generalstab zum Generalstab des X. Armeekorps. Beide Generalstabs-Offiziere tauschten die Stellungen, der erstere mit dem Major von Rosenberg vom Generalstabe des Gouvernements von Mainz, der letztere mit dem Major von Flatow vom Generalstab des X. Armeekorps.

Man ersah daraus, daß der Wechsel des Dienstortes bei den beiden „Versetzungen" im Großen Generalstab entscheidend gewesen ist. Dieser Umstand, verbunden mit der Bemerkung der „Hamb. Nachr.", daß die betreffende Nummer des „Militär-Wochen-blattes" dem Kundigen einen vollgiltigen Beweis für die seiner Zeit geschilderten militärischen „Unterströmungen" liefere, muß zu dem Schluß führen, daß der seitherige erste Adjutant des Grafen Waldersee, Major von Zahn, und neben ihm besonders in kolonialpolitischer Richtung vielleicht auch Major Liebert mit jenen „Unterströmungen" in enge Verbindung gebracht wurden. Da nach der Andeutung des Hamburger Blattes seit vielen Jahren eine „bestimmte Persönlichkeit" angeblich als die Seele des militärischen Preßbüreaus genannt wurde, so würde man sich die Majore Liebert und von Zahn immerhin nur in einer Nebenrolle zu denken haben. Ersterer hatte nach seiner Rückkehr aus Sansibar im Reichstage ein straff-militärisches Vorgehen in Afrika empfohlen und hervorgehoben, daß es unsre Aufgabe sein müsse, das Ge-schlecht Buschiris, d. h. das Arabertum, vom afrikanischen Boden gänzlich zu vertilgen — eine Anschauung, die auf den weiteren Gang der Dinge und deren ruhige Entwickelung nur störend einwirken konnte. Liebert hatte infolgedessen seine Rolle als kolonialpolitischer Vertrauensmann der Regierung schon früh-zeitig ausgespielt, war jedoch auf Grund seiner Wahrnehmungen und angeknüpften Verbindungen in den Stand gesetzt, seine kolonialen Ideen auch außeramtlich weiter zu verfolgen. Die an-scheinend auf den Major von Zahn bezüglichen Bemerkungen des Hamburger Blattes leiteten vornehmlich auf die bekannten „Kriegs-treibereien" vom Jahre 1887 zurück, die unmittelbar an die Boulangerschen Barackenbauten anknüpften. Man erinnert sich, daß es die „Kreuzzeitung" damals war, in welcher die Ansicht, daß Deutschland seinen Nachbarn die Wahl des günstigsten Augen-blicks zum Kriege nicht überlassen dürfe, mit großer Entschiedenheit vertreten wurde, ebenso wie es die „Kreuzzeitung" war, die sich nach Bismarcks Entlassung rückhaltlos auf den Standpunkt der

Broschüre »Videant consules« stellte, in der es der Regierung offen zum Vorwurf gemacht wurde, im Jahre 1887 den für Deutschland günstigen Augenblick zum Kriege versäumt zu haben.

Im Zusammenhange mit den Andeutungen der „Hamb. Nachr." über die Bekanntmachungen des „Militär-Wochenblattes" war in einzelnen Blättern als der militärische Gewährsmann der „Kreuzzeitung" Major Scheibert genannt worden. Nunmehr veröffentlichte die „Kreuzzeitung" folgende, einen gewissen Zusammenhang ihrer Artikel mit dem Generalstabe immerhin bestätigende Erklärung: „Bei Gelegenheit der Wiederaufwärmung des Klatsches über militärische „Unterströmungen" ist auch meine Person mit Namen genannt worden; ich halte mich deshalb für verpflichtet, zu bestätigen, daß ich in der That die militärischen Artikel, auch solche über „Befestigungswesen" u. s. w. für die „Kreuzzeitung" geschrieben habe, welche größere, hier und da aber auch geringere Zustimmung in der Armee fanden. Nur den einen Grundsatz habe ich als Mitarbeiter an einem konservativem Blatte, welches die Erhaltung der deutschen Wehrkraft erstrebt, festgehalten, nichts zu veröffentlichen, was dem Auslande nützen oder der eigenen Armee schaden könnte. Ich habe es deshalb für meine Pflicht gehalten, bei zweifelhaften Fällen mir an den betreffenden Stellen stets das »non nocet« zu erbitten, welches nicht nur mir gewährt wurde und sicher auch fernerhin allen loyalen Anfragen bereitwilligst gewährt werden wird, da der Privatmann die Tragweite militärischer Artikel nicht immer zu übersehen vermag.

Berlin, den 14. Februar 1891.

Scheibert, Major z. D."

Durch die mitgeteilte Erklärung des Majors Scheibert in der „Kreuzzeitung" nahm die Angelegenheit des Grafen Waldersee eine neue, für ihn keineswegs günstige Wendung in der öffentlichen Meinung. War auch nicht wörtlich bestätigt, daß ein förmliches Preßbureau des früheren Generalstabschefs bestanden habe und konnte er auch nicht persönlich als der Urheber der Artikel ange-

sehen werden, welche zu den Gerüchten über „Kriegstreibereien",
über militärische Nebenströmungen Anlaß gaben, so war die Thatsache festgestellt, daß ihn die Verantwortung für die kriegslustigen
Auslassungen besonders der „Kreuzzeitung", welche die amtliche
Politik der Reichsregierung störten, unweigerlich trifft. Die Gerechtigkeit erfordert das Eingeständnis, daß unter diesen Umständen
die noch unvergessenen Ausführungen der „Hamb. Nachr." und
der Clausewitz-Artikel der „Norddd. Allg. Ztg." einer gewissen
Berechtigung nicht entbehrten; jetzt bekannte Major Scheibert, der
Verfasser der militärischen Artikel der „Kreuzzeitung", welche häufig
gegen die Regierung ankämpften und im Auslande Zweifel an der
Friedensliebe Deutschlands erregen konnten, diese Artikel vorher
„den betreffenden Stellen" vorgelegt zu haben, um sich das „non
nocet" zu erbitten. Die „betreffenden Stellen", unter denen nur
der Chef des Generalstabes und der ihn vertretende erste Adjutant
verstanden werden können, haben mithin jene Artikel ausdrücklich
zugelassen, sie haben sie durch ihr „non nocet" gebilligt; von der
Zulassung zur Veranlassung aber ist in diesem Falle kein weiter
Weg; denn in der Wirkung ist es einerlei, ob ein Schriftsteller
einen Artikel auf ausdrückliche Bestellung oder mit nachträglicher
Genehmigung der von ihm unschwer erratenen Ansichten der „betreffenden Stellen" veröffentlicht. Angesichts dieser Erörterungen
gewinnt die Meinung, daß die Versetzung des Grafen Waldersee
und seines ersten Adjutanten, und zwar ihre Entfernung aus
Berlin, einen ihrer Gründe in mittelbaren Beziehungen zu der
„Kreuzzeitung" und in dem Versuche, die Politik der Reichsregierung zu beeinflussen gehabt haben, an Wahrscheinlichkeit. Es
ist ebenso wahrscheinlich, daß an entscheidender Stelle auch die
viel erörterten Mitteilungen der „Preuß. Jahrb." über die russische
Reise des Kaisers, welche offenbar dem Reichskanzler von Caprivi
in hohem Maße unangenehm gewesen sind, auf die Umgebung des
Grafen Walderfee zurückgeführt wurden. Vielleicht hat man in
der nun wohl nicht zu bestreitenden Politik des Generalstabes
auch den Schlüssel zu dem Rätsel zu suchen, welches die Ent-

laffung des Kriegsministers von Verdy dem Volke aufgegeben hat.
Endlich aber ist die Thatsache von Bedeutung, daß Graf Waldersee,
troz der Absage des Kaisers an die „Kreuzzeitung", nicht jede
Beziehung zu dem militärischen Mitarbeiter derselben abbrach,
sondern dessen Arbeiten eines „non nocet" würdigte. Wenn schon
die Zuziehung des Fürsten Bismarck zu einem Mahle bei dem
General von Leszczynski als „Demonstration" aufgefaßt werden
konnte, mußte man dann nicht das Verhalten des Grafen Waldersee,
dessen Anwesenheit auch bei der Abschiedspredigt des Herrn Stöcker
von der Presse der Orthodoxie besonders hervorgehoben wurde und
dessen Gattin noch in dem Nachrufe als „prima und ultima ratio
der inneren Mission" gefeiert wurde, eine Deutung zulassen, als
sei es mit der Politik des Kaisers und seiner Regierung nicht in
Einklang zu bringen? Die militärischen Gründe mögen in erster
Linie für die Versetzung des Grafen Waldersee maßgebend gewesen
sein; politische Erwägungen aber können den Entschluß beschleunigt
haben. Ob man nicht vermutet haben wird, wie die militärischen,
so seien auch gewisse politische Artikel der „Kreuzzeitung", beispiels=
weise derjenige über das „monarchische Gefühl" oder über „Laodicaea"
mit einem „non nocet" an einflußreicher Stelle, wenn auch
sicherlich nicht von dem Grafen Waldersee selbst, versehen gewesen?
Jedenfalls konnte die Erklärung des Majors Scheibert, welche
derartige Fragen nahe legt, nur dazu beitragen, der öffentlichen
Meinung die Versetzung des bisherigen Generalstabschefs durchaus
begreiflich zu machen.

Herr Major Scheibert gab nun freilich eine neue Erklärung
in der „Voß'schen Ztg." ab, in der er sagte, jenes Blatt habe
aus seinem Eingesandten in der „Kreuzzeitung" eine Anzahl
Schlußfolgerungen gezogen, welche unrichtig seien. „1. Nur in
zweifelhaften „militärischen" Fällen prinzipieller Natur habe ich
nicht (wie die „Voß'sche Ztg." sagt) an „der" sondern stets an
„den" (wie in der Erklärung deutlich zu lesen) maßgebenden
Stellen mir Rats erholt. 2. Die sämtlichen in der „Voß'schen
Ztg." angeführten politischen Artikel habe ich, wie jeder andere

Leser der „Kreuzzeitung“, erst nach Ausgabe der Zeitung zu Gesicht bekommen. 3. Unterzeichneter hat als Zeitgenosse, Militärschrift= steller und Mitarbeiter auf dem Gebiete der inneren Mission mancherlei Beziehungen zu dem General Grafen von Waldersee gehabt, welche aber mit der politischen Haltung der „Kreuzzeitung“ umsoweniger zu thun hatten, als der General wiederholt in be= stimmten Fällen erklärt hat, daß er mit der Haltung jenes Blattes nicht einverstanden gewesen sei. 4. Sämtliche Folgerungen, welche die „Voß’sche Ztg.“ gezogen, sind daher gänzlich hinfällig, und ich fühle mich umsomehr verpflichtet, denselben entgegen zu treten, als sie sich gegen einen aktiven General zuspitzen, dem die Mittel fehlen, sich der Angriffe zu erwehren.“

Während es vorher die „Kreuzzeitung“ als eine Perfidie be= zeichnete, daß man angenommen hatte, unter den von Herrn Major Scheibert zuerst erwähnten „betreffenden Stellen“ sei eine „maß= gebende militärische Stelle“ zu verstehen, bestätigte die neue Er= klärung, daß Herr Scheibert in der That sich an „maßgebenden Stellen“ Rats geholt habe. Ob es sich dabei um eine oder mehrere Stellen gehandelt hat, ist in der Sache einerlei. Wie viele Personen sind denn in alle Verhältnisse derart eingeweiht, um ein „maßgebendes“ Urteil über die Unschädlichkeit eines militärischen Artikels abzugeben?

Der jetzige kommandierende General des IX. Armeekorps, General=Oberst der Kavallerie Graf von Waldersee hat eine außerordentlich gute Laufbahn gemacht. Ursprünglich gehörte er der Artillerie an. Mit 18 Jahren trat er aus dem Kadettenkorps als Sekonde=Leutnant am 7. September 1850 in das Garde= Artillerie=Regiment; in ihm verblieb er, vielfach als Adjutant ver= wendet, bis zum Jahre 1860, wo er als Major in den Generalstab versetzt wurde, dem er mit nur kurzen Unterbrechungen bis 1891 angehört hat. Den Feldzug 1866 machte Graf Waldersee im Hauptquartier mit; nach demselben wurde er Militär=Attaché in Paris. Bei Ausbruch des französischen Krieges begleitete er König Wilhelm als Flügeladjutant, wurde dann Chef des Generalstabs der Armeeabteilung des Großherzogs von Mecklenburg-Schwerin, die an der Loire operierte, endlich nach dem Friedensschluß deutscher Geschäftsträger in Paris. Ende 1871 wurde er Oberst und Kommandeur des jetzigen Königs-Ulanen-Regiments in Hannover, dessen Uniform er mit Vorliebe trug, seit er vom gegenwärtigen Kaiser in besonderer Anerkennung seiner militärischen Verdienste 1888 à la suite des Regiments gestellt worden war. 1873 wurde er Chef des Generalstabes des 10. Korps, als Nachfolger des Generals von Caprivi, des späteren Reichskanzlers, 1881 General-Quartiermeister und Vertreter des Chefs des Generalstabes der Armee, Feldmarschalls Grafen Moltke, und nach dessen Rücktritt am 10. August 1888 sein Nachfolger, nachdem er einige Monate zuvor zum General der Kavallerie ernannt worden war. Auch dem Herrenhause gehört Graf Waldersee an, in welches er 1889 durch besonderes königliches Vertrauen berufen wurde.

Der General Graf Waldersee trat frühzeitig als eine politische Persönlichkeit hervor. Er gehörte der konservativen Partei an. Berühmt geworden ist aus dem Jahre 1887 jene Waldersee-Versammlung, die als Komplott gegen Fürst Bismarck, als eine versuchte Kaptivirung des damaligen Prinzen Wilhelm für die Kreuzzeitungspartei galt. Kaiser Wilhelm I. hatte nach dem un-günstigen Ausspruche der Ärzte in San Remo am 10. November 1887 über den damaligen Kronprinzen sein tief bekümmertes Herz zu einer schweren Selbstüberwindung aufraffen müssen. Überaus schmerzlich war es für ihn, die Eventualität des frühen Todes seines Sohnes in Rechnung zu ziehen. Die geeignetsten Maß-nahmen wurden getroffen, namentlich war Prinz Wilhelm, soweit dies in wenigen Monaten anging, mit den Geschäften in den ver-schiedenen Ressorts der Regierung bekannt gemacht worden. Als durch das erwähnte ärztliche Gutachten die unmittelbare Thron-folge des Prinzen Wilhelm sehr wahrscheinlich gemacht war, erschien das System, welches dieser als Kaiser und König befolgen würde, als eine brennende Frage. Man war vielfach geneigt, demselben teils reaktionäre, teils kriegerische Gedanken zuzuschreiben. Dieser

Verdacht erhielt durch die plötzliche Nachricht von der bei dem Grafen Waldersee abgehaltenen Versammlung, an der Prinz Wilhelm neben Stöcker teilnahm, volle Nahrung. Man sagte, jenes Votum der Ärzte habe eine Partei alarmiert, welche es für ihr Recht und für ihre Pflicht halte, den Thronfolger bei Zeiten zu beeinflussen, und welcher die Gelegenheit nicht fehlte, mit demselben in Berührung zu treten.

Indem man die Sache so darstellte, als ob nicht einzig die Pflege des religiösen Sinnes in den breiten Schichten der evangelischen Bevölkerung unserer Großstädte und die Abhilfe eines geradezu erschreckenden kirchlichen Notstandes der Zweck der Versammlung war, sondern der Antisemitismus, die „Stöckerei und Muckerei", wurde der anwesende Prinz zum Mitschuldigen gemacht. Man suchte die Sache als eine politische Aktion darzustellen und machte ein Mitglied des preußischen Königshauses zum Gegenstand der öffentlichen Zeitungspolemik. Ein Blatt machte denselben darauf aufmerksam, daß infolge seiner Anteilnahme an der Versammlung „weite Kreise der Bevölkerung mit Besorgnis und Mißtrauen erfüllt seien". Die „Nat.-Ztg." schrieb damals, je höher eine Stellung sei, um so weitgehendere Folgerungen knüpften sich im Hoffen und Fürchten an die Handlungen ihres Inhabers, daher stamme die Aufregung im Volke; es sei leider nichts geschehen, um die hervorgerufenen Besorgnisse als so unbegründet zu kennzeichnen, wie es vermöge der Stellung des Prinzen Wilhelm sein müßte.

Bekannt ist die Stellung, welche die „Nordd. Allg. Ztg." in diesem Streit einnahm. Sie führte den Chor der Blätter, die den Entrüstungssturm gegen Stöcker und Genossen in Scene setzten. Es ist erst später bekannt geworden, daß dasselbe Blatt einen über jene Versammlung beruhigenden Artikel des Herrn von Puttkamer damals zurückwies. Man muß allerdings annehmen, daß Fürst Bismarck, als er in einer Korrespondenz mit dem Prinzen Wilhelm diesen warnte, sich auf vorzeitige Beziehungen

zu irgend einer Partei einzulassen, über die Absichten der Ver-
anstalter der Versammlung genau unterrichtet gewesen ist.

Im Februar 1889 machten gewisse Zeitungsartikel aus Berlin
großes Aufsehen, die sich auf die Nachfolge des Fürsten Bismarck
bezogen. Zum ersten Male wurde in der Kartellpresse unter den
Männern, welche als Nachfolger des Fürsten Bismarck in Betracht
kommen konnten, der Name des Grafen Waldersee genannt, des
Chefs des Generalstabes. Bisher war bei solchen Erörterungen
nur die Rede von Personen, wie Graf Herbert Bismarck, von
Puttkamer, von Bennigsen. Die „Hamb. Nachr." dagegen be-
schäftigten sich in einem aus Berlin „von besonderer Seite" zugegangenen Artikel mit der Möglichkeit, daß statt des Grafen
Herbert Bismarck irgend ein anderer Programmmann, heiße er
Graf Waldersee oder sonst wie, als Nachfolger des Fürsten
Bismarck inbetracht kommen könne.

Graf Waldersee wurde also hier als Programmmann bezeichnet.
Unter „Programmmann" war im Sinne dieses Artikels ein künftiger
Reichskanzler zu verstehen, der nicht die Politik Bismarcks fortzusetzen gewillt war, sondern ein eigenes, selbständiges Programm
vertrat. Das Programm des Grafen Waldersee wurde also hier
in einen Gegensatz zur Politik des Fürsten Bismarck gebracht.

Der erwähnte offiziöse Artikel der „Hamb. Nachr." enthielt
einen Mahnruf vorzugsweise an die Nationalliberalen, treu zur
Fahne des Reichskanzlers zu halten und nicht einer verfrühten
Ungeduld, die sich im Hinblick auf den „alternden" Kanzler rege,
Raum zu gewähren.

In einem ganz besonders merkwürdigen Lichte aber erschien
die Namhaftmachung des Grafen Waldersee, dessen enge Beziehungen
zum Kaiser bekannt waren, durch den Umstand, daß der Aufsehen
erregende Artikel unter anderem auch darauf aufmerksam machte,
daß der Kanzler für sein Vorgehen in dem Prozesse Geffken auch
Gründe gehabt haben könne, die er in seinem Berichte an den
Kaiser über die Veröffentlichung der Anklage nicht geltend gemacht
habe; etwa den, an einem besonders hervorstechenden Falle zu

zeigen, zu welchen unliebsamen, staatsgefährlichen Konsequenzen allzugroßes Vertrauen zu gewissen Persönlichkeiten in der nächsten Umgebung eines Herrschers oder Thronerben führen könne.

In Abgeordnetenkreisen wurde ganz offen davon gesprochen, daß der Artikel des Hamburger Blattes ein Signalruf von jemand sei, der sich in Schwierigkeiten befinde, und der alle, die es angeht, darauf aufmerksam machen wolle, daß sie wachsam zu sein hätten. Fürst Bismarck habe stets den guten Grundsatz beherzigt, daß es notwendig sei, schon den Anfängen zu widerstehen. Wo ein mehr sanguinisch beanlagter Politiker vielleicht noch gar kein Unheil sich herausgestalten sähe, nehme der Reichskanzler eine ganze künftige Entwickelungskette in seinen Betrachtungen und Entschließungen vorweg und handle so, als ob das schon eingetreten wäre, was er bekämpfen muß. In diesem Falle befinde er sich offenbar jetzt. Es mache auf den unbefangenen Beobachter nicht den Eindruck, als ob der Schwerpunkt des offiziösen Warnungsartikels in jenen Stellen liege, die sich mit den Nationalliberalen beschäftigen. Fürst Bismarck habe wieder einmal auf die Möglichkeit hinweisen wollen, daß der Kreuzzeitungsflügel an Macht und Einfluß gewinnen und sich schließlich beim jungen Kaiser durchsetzen könnte.

Der Artikel der „Hamb. Nachr." lüftete den Schleier von den Plänen und Wühlereien dieser Gruppe, indem er einen Namen in die Diskussion schleuderte, der bis dahin nur in engeren Kreisen in einen möglichen Zusammenhang mit dem einstmaligen Ausscheiden des Reichskanzlers gebracht worden war. Indem Graf Waldersee als „Programmmann" der Hochkonservativen genannt wurde, bekam jene Agitation auch in den Augen der Massen gleichsam Fleisch und Blut; immer macht ja doch erst ein Mann, eine Persönlichkeit die Politik lebendig und bringt sie dem Verständnis des großen Publikums näher. Auf eine kurze Formel gebracht, mußte der Artikel so verstanden werden: Fürst Bismarck faßte die Möglichkeit einer Bedrohung seines Lebenswerkes ins Auge und verlangte die unbedingte Unterstützung aller Parteien

und Richtungen, die sich auf seinen Namen und seine Politik ver=
einigt haben, weil er nur so den Rückhalt für den Kampf gegen
die Machinationen seiner heimlichen und offenen Gegner finden
konnte.

Die „Nordd. Allg. Ztg." hatte den zuerst ohne Bemerkung
abgedruckten Artikel der „Hamb. Nachr." wieder zurückgenommen,
nachdem sie ihre Absicht erreicht, d. h. eine Warnung an diejenigen,
die es angeht, gerichtet hatte.

Die Erörterungen ruhten einige Wochen. Als es feststand,
daß der Kaiser eine Reise nach der nordischen Küste unternehmen,
daß ihn Graf Waldersee dorthin begleiten werde, während eine
Teilnahme der höchsten Beamten des auswärtigen Amtes an der
Fahrt nicht vorgesehen war, erschien in den „Hamb. Nachr." ein
Artikel „Zur Kriegstreiberei", welcher dem Blatte ebenso wie der
frühere Artikel von besonderer Seite zugegangen war. Der Artikel
sagte unter anderem: „Man sollte meinen, die Folgen der falschen
Kriegsbeunruhigung von 1887 seien noch zu bekannt und fühlbar,
als daß die Blätter, welche ernst genommen sein wollen, in den=
selben Fehler fallen könnten, den sie 1887 begangen haben.
Dennoch ist dies leider der Fall. So bewegt sich namentlich die
„Kreuzzeitung", trotz der in den Jahren 1887/88 erhaltenen
schmerzhaften Desaveus, seit geraumer Zeit wieder genau in dem=
selben Fahrwasser. Es ist wohl nicht wahrscheinlich, daß sie diese
„Politik" auf eigene Faust treibt; es muß vielmehr eine Stelle
vorhanden sein, durch welche sie inspiriert wird. Bei den Be=
ziehungen und Verbindungen des Blattes braucht danach nicht erst
lange gesucht zu werden. Daß diese Stelle nichts mit der
offiziellen Staatspolitik zu thun hat, bedarf keiner besonderen Ver=
sicherung."

Die Absicht des Artikels lag auf der Hand. Die wiederholte
Bezugnahme auf den „Generalstab" ließ die Spitze erkennen. Kein
Mensch zweifelte natürlich mehr daran, daß es für nötig erachtet
worden war, gegen den Grafen Waldersee einen Feldzug in der
Presse zu eröffnen. Wäre ein solcher Zweifel noch vorhanden ge=

wejen, jo wäre er behoben worden durch die Fortjegung, welche die Artifel der „Hamb. Nachr." während der Reije des Kaijers nach Norwegen in der „Nordd. Allg. Ztg." janden. Das hoch= offiziöje Organ brachte am 7. Juli 1889 den Claujewig=Artifel, welcher gegen die Kriegstreibereien Stellung nahm.

Nachdem alle Welt denjelben dahin verstanden hatte, daß darin zum erjten Mal in unbejtreitbar offiziöjer Form das Vor= handenjein von Bejtrebungen fejtgejtellt wurde, welche auf eine Entjcheidung der Kriegsfrage außerhalb des Zujammenhanges mit der allgemeinen Politif des Landes gerichtet jind, erflärte die „Nordd. Allg. Ztg." den Artifel für einen rein „afademijchen". Sie jagte: „Jn dem vorliegenden Falle ijt es um jo weniger an= gebracht, den Herrn Reichsfanzler mit dem erwähnten Artifel in irgend welchen Zujammenhang zu bringen, als Se. Durchlaucht befanntlich in friedlicher Zurückgezogenheit Erholung jucht und faum Anlaß haben dürfte, jich gegenwärtig mit derartigen Doftor= fragen zu bejchäftigen."

Man jagte, wie oben bemerft, nach der Februarrede Bismarcks (1888), eins jei jicher, daß die Staatspolitif die Hand bei den Kriegs= artifeln, welche jeit Wochen bei uns in der „Kölnijchen Zeitung" und in der „Kreuzzeitung" vorwiegend erjchienen wären, nicht im Spiele gehabt habe, ja, daß dieje Artifel gegen die Abjichten des Fürjten Bismarck veröffentlicht worden wären, daß mithin ein spiritus rector bejtehen müjje, welcher neben dem Fürjten Bismarck in der Staatspolitif zu dilettieren Neigung habe. Daß jo etwas nicht nugen fönne, jondern im Gegenteil die Staatspolitif — wenigjtens in den Augen der öffentlichen Meinung — eher bloßjtellen müjje, liege auf der Hand. Der Krieg mit der Druder= jchwärze jei drüben und hüben ein Aft für jich gewejen — los= gelöjt von den Bejtrebungen der Staatenleiter — ein Preßfampf der beiderjeitigen Kriegsparteien. Derjelbe jei jo weit gegangen, daß jich jelbjt die beiden offiziöjen militärijchen Fachblätter, nämlich der rujjijche „Jnvalide" und das Berliner „Militär= Wochenblatt" darein mijchten, eine Erjcheinung, welche bis dahin

noch nicht dagewesen wäre, und welche schlagend lehre, welchen
Einfluß die Kriegsparteien in beiden Ländern erlangt, ja, wenn
über Krieg und Frieden lediglich die rein militärischen Verhältnisse
entschieden, dann müßte ein Nachbar über den anderen herfallen,
sobald der eine militärische Überlegenheit über den andern erlangt
hätte, welche ihm den Sieg wahrscheinlich oder gewiß machte. So
gehe es aber im Staatenleben nicht, sondern der Krieg sei das=
jenige Mittel der Staatspolitik, welches in der Not und zwar dann
erst ergriffen werde, wenn sich alle anderen Versuche zu einer
friedlichen Verständigung zu gelangen, als vergeblich erwiesen
hätten.

Seitdem drehte sich eine Flut von Zeitungsartikeln um die
Person des Grafen Waldersee. Alle unter solchen Titeln wie:
Friktionen, Militärische Unterströmungen, Staatsleitung und Neben=
leitung u. s. w. Die hervorragendste Kundgebung gegen den Chef
des Generalstabes war jener Clausewitz=Artikel der „Norbb. Allg.
Ztg.“, von dem das Blatt in einer späteren Erklärung sagte, es
habe in demselben das Verhältnis des Grafen Waldersee zu dem
Reichskanzler behandelt. Die Nordkapreise bildete gleichsam ein
Seitenstück zu dem Stadtmissionsabend im November 1887: es
gab dieselbe Unruhe in der Wilhelmsstraße resp. Friedrichsruh.
Der Clausewitz=Artikel wurde dem Grafen zur Warnung nachge=
schickt, wie die Artikel gegen Stöcker u. a. nach der November=
versammlung.

Graf Waldersee mußte sich bequemen, von den Angriffen
Notiz zu nehmen. Die „Nat.=Ztg.“ bot einen Anlaß zu einer
öffentlichen Erklärung des Grafen, indem sie denselben durch die
Worte herausforderte: „Wir halten es für das Beste, wenn der
Inhaber einer Stellung, wie die des Chefs des Generalstabes,
überhaupt außerhalb aller öffentlichen politischen Erörterungen bleibt,
selbst keinen Anlaß zu solchen giebt und dann nicht von anderen in
solche hineingezogen wird.“

Graf Waldersee erklärte darauf:

„Ich diene Sr. Majestät dem Kaiser und Könige als Soldat
und bin nicht Parteimann.“

Graf Waldersee hatte schon bei dem Diner zur Feier der Preisverteilung auf der Unfallverhütungs-Ausstellung eine Rede gehalten, in welcher er den Krieg als das schlimmste Übel bezeichnete, welches der menschlichen Kultur drohe. Der Umstand, daß diese Worte am Vorabend der Ankunft des Zaren in Berlin gesprochen wurden, erhöhte ihre Bedeutung. Graf Waldersee ergriff bald wieder eine Gelegenheit, seine friedlichen Gesinnungen auszusprechen.

Der „Newyork Herald" veröffentlichte in seiner Londoner Ausgabe eine Unterredung eines seiner Mitarbeiter mit dem Grafen Waldersee. Dieser bezeichnete die Behauptung auswärtiger Blätter, er wünsche den Krieg und dränge nach demselben, als Unsinn und sagte: „Ich wünsche nur, uns für den Krieg vorbereitet zu sehen, daß den Feinden die Lust vergeht, uns anzugreifen; der Krieg erscheint mir nur als letzte Zuflucht, und ich betrachte es als meine erste Pflicht, alles zu thun, um den Krieg zu vermeiden."

Sollte es aber einmal zum Kriege kommen, so sieht Graf Waldersee demselben, wie er erklärte, sehr zuversichtlich entgegen und glaubt, daß Deutschland bei der Opferwilligkeit seiner Bewohner, bei der Tüchtigkeit seiner Armee und bei dem Enthusiasmus, mit welchem diese ihrem energischen und begabten jungen Kaiser folgen würde, selbst eine Koalition der feindlichen Mächte nicht zu fürchten brauche und dieser erfolgreich zu begegnen hoffen dürfe.

Wenn Graf Waldersee es als seine Pflicht erachtete, alles zu thun, um den Krieg zu vermeiden, so hielt er allerdings seine Kompetenz nicht genau inne, denn „Alles zu thun, um den Krieg zu vermeiden", ist Sache des Reichskanzlers.

Die „Kreuzzeitung" brachte in dieser Zeit (Sommer 1889) wieder heftige Artikel gegen den Fürsten Bismarck. Sie warf dem „Kartellgötzen", diesem „Fetisch", diesem neuen „Baal", offen den Fehdehandschuh hin, indem sie behauptete, man wolle den Kaiser auf eine Kartellpolitik binden. Schlimmer noch als die

Wirkung einer „Vernichtung aller selbständigen Regungen", die dem Kartell nachgesagt wurde, sollte nach der „Kreuzzeitung" der Schaden sein, den es der royalistischen Denkweise zufügte. „Man will," so sagte das genannte Blatt, „Sr. Majestät eine Parlaments= mehrheit oktroyieren, deren Willen er sich fügen soll: man legt es dem Kaiser in aufdringlicher Weise in Preßäußerungen und Broschüren nahe, wie er regieren soll."

Kaiser Wilhelm II. hatte bereits als Prinz seinen bekannten Trinkspruch auf den Fürsten Bismarck, den „Bannerträger des Reiches", ausgebracht. Er hatte wiederholt gezeigt, daß er sich von dem Kanzler nicht trennen wolle; er hatte Herrn Stöcker zur Ruhe verwiesen, hatte die „Kreuzzeitung" wegen des Artikels über das „monarchische Gefühl" getadelt, hatte in Unterredungen sich gegen die äußerste Rechte erklärt. Jetzt trat der Kaiser für den Reichskanzler durch eine scharfe Zurückweisung der „Kreuz= zeitung" ein, welche der Reichskanzler veröffentlichte. Mit be= sonderer Freude begrüßte man den Satz, daß der Kaiser keiner Partei gestatte, sich das Ansehen zu geben, als besäße dieselbe das kaiserliche Ohr. Die „Kreuzzeitung" erschien in dieser Hinsicht jetzt so scharf gerichtet, daß sie vorderhand verzichten mußte, den Kaiser als den Förderer ihrer Parteiansichten darzustellen. Nicht minder bemerkenswert war die Erklärung, daß der Kaiser in der Verständigung und gegenseitigen Schonung der staatserhaltenden Parteien untereinander eine für unser parlamentarisches Leben sachlich nützliche Einrichtung, und daß er somit in dem Kartell eine den Grundsätzen seiner Regierung entsprechende politische Gestaltung sieht.

Zum Verständnis dieser außerordentlichen Kundgebung wurde man durch eine offiziöse Stimme belehrt, daß nicht alle Er= scheinungen im politischen Leben sich aus den parlamentarischen Beweggründen und Eindrücken erklären ließen, sondern daß dabei außerhalb der öffentlich erkennbaren Entwickelung auf der sichtbaren Bühne manche bewegende Kräfte hinter den Kulissen wirksam gewesen seien. Der Reichskanzler habe seine Stellung nicht blos

gegen parlamentarische Angriffe zu decken gehabt: er sei stets der
Freund seiner Freunde, aber auch der Ansicht gewesen, daß den
Gegnern gegenüber der Hieb die beste Parade sei. Manche über=
raschende Wendung in seinem politischen Auftreten erkläre sich aber
aus Vorgängen, die sich der Öffentlichkeit entzögen. Es erscheine
damit bestätigt, daß die Erklärung im „Reichsanzeiger" von dem
Fürsten Bismarck veranlaßt, und daß sie gegen mächtigere
Personen als den damaligen Chefredakteur der „Kreuzzeitung",
Frhrn. von Hammerstein, gerichtet war.

Indem der Kaiser so schließlich seine Stellung gegen den
Grafen Waldersee nahm, so war doch ersichtlich, daß Fürst Bis=
marck dies nicht ohne alle Mühe erreicht hatte.

Bekannt ist, daß der Kaiser schon als Prinz zu dem Grafen
Waldersee, dem er ja auch durch dessen Gemahlin verwandt=
schaftlich nahe steht, freundschaftliche Beziehungen unterhielt, welche
auch ihre Fortentwickelung fanden, als der Kaiser im Sommer
1888 die Regierung antrat und ihm Graf Waldersee in den
Manövern 1888 und 1889 als militärischer Ratgeber zur Seite
stand. Auch im Winter 1889/90 waltete dasselbe Verhältnis
ob, als der Kaiser allwöchentlich zu wiederholten Malen Vor=
mittags beim Generalstabsgebäude vorfuhr, mit dem Grafen
Spaziergänge unternahm und Vorträge desselben anhörte. Die
erste Trübung erhielten diese Beziehungen, als im Anfange des
Jahres 1890 gelegentlich der Prüfung der zum Generalstabe
kommandierten Premierleutnants der Kaiser anderer Ansicht war
als der Chef des Generalstabes und die seinige zur Geltung
brachte. Dann traten im Verlaufe der großen Herbstübungen
desselben Jahres und besonders auf dem Manöverfelde bei Jauer
in den Tagen vom 18. bis 21. September, in welchem der Kaiser
das 6. gegen das 5. Korps führte, ernstere Differenzen auf,
welche tiefergehende Meinungsverschiedenheiten zwischen dem Kaiser
und seinem Generalstabschef ergaben. Diese Meinungsverschieden=
heiten hatten alsdann schon vor Weihnachten so sehr an Intensität
zugenommen, daß es zur Zeit der Bewilligung des Abschieds=

gesuches des Hofpredigers Stöcker in den dem Grafen nahe=
stehenden Kreisen hieß, daß nunmehr auch Graf Waldersee sich
bald aus seiner hohen Stellung zurückziehen würde. Alsdann
soll sich auch der Chef des Generalstabes durch einige mit der
Berufung des Majors Freiherrn von Hueningen, genannt Huene,
Militärattachés in Paris, und den Vorträgen desselben über ge=
wisse taktische Vorgänge innerhalb der französischen Armee zusammen=
hängende Maßnahmen, die ohne Mitwirkung des Grafen Walder=
see getroffen wurden, veranlaßt gesehen haben, sich verstimmt
zu zeigen.

Als an seinem Geburtstage der Kaiser 1891 dem General=
stabschef Graf von Waldersee die große Kette des Hohenzollern=
ordens umhing und hinzufügte, er freue sich, ihm Gelegenheit geben
zu können, seine unvergleichlichen Fähigkeiten als Führer zu
bethätigen, indem er ihn zum kommandierenden General des
9. Armeekorps ernenne, hob der Monarch ausdrücklich als eine
Bevorzugung hervor, daß es die Heimath seiner (des Kaisers)
Gemahlin wäre, wohin er den Grafen von Waldersee versetze.
Dieser verband allerdings sofort mit dem Ausdruck des Dankes
für die erwiesene Gnade die Erklärung, daß er solche Minderung
seiner Position nicht annehmen könne und um seinen Abschied
bitte. Ein Befehl des Kaisers änderte diesen Entschluß. Graf
Moltke erlebte es noch, daß durch die plötzliche Versetzung seines
Nachfolgers der Nimbus, den er der Stellung des Generalstabs=
chefs verliehen hatte, erlosch.

Graf Waldersee verabschiedete sich im Generalstabe ganz kurz,
etwa mit folgenden Worten: „Se. Majestät der Kaiser und König
hat anders über mich verfügt und mich an eine andere Stelle
gesetzt; dem Soldaten geziemt es nicht, nach den Gründen zu
forschen.“ Er dankte darauf mit bewegten Worten allen Offizieren
für ihre Unterstützung und schloß mit einem dreifachen Hoch auf
Se. Majestät den Kaiser. Graf Schliessen richtete dann einige
Worte an den scheidenden Chef, welchen er namens der Offiziere
des Generalstabes den Dank derselben für erwiesenes Wohlwollen

und Nachsicht aussprach. Hierauf übergab Graf Waldersee die Geschäfte den Händen „des im Kriege wie im Frieden bewährten Oberquartiermeisters Grafen Schlieffen II.", womit die Abschieds= feier ihr Ende erreicht hatte. Unterm 7. Februar wurde Graf Schlieffen vom Kaiser sodann als Nachfolger Walderfees förmlich zum Chef des großen Generalstabes ernannt.

In den profanen Kreisen der Hauptstadt wurde der Rück= tritt des Grafen Waldersee als eine Ausweisung aus Berlin, als ein schwerer Verlust für die konservative Sache empfunden. Der „Reichsbote", die tägliche Lektüre der Kaiserin, klagte: „Es ist unbehaglich in Staat und Reich. Überall begegnet man kopf= schüttelnden und achselzuckenden Menschen. Zufrieden mit dem Gange der Dinge ist keiner, dessen Herz warm für Vaterland und Kirche schlägt. Nur die Gegner des Bestehenden freuen sich; aber sie wissen nicht, wie sie die Zeichen der Zeit deuten sollen. Ungewiß erscheint alles. Die Regierung will alle gewinnen und merkt nicht, daß sie dabei alle vor den Kopf stößt. Die Sperr= geldvorlage ist offenbar ein Zeichen der Schwäche: außer dem Zentrum begreift man weder den Inhalt des Entwurfs noch die Form der Einbringung. Die Kolonialdebatten offenbaren gleich= falls einen Mangel an Klarheit und Entschiedenheit. Nun ist die Verabschiedung des Grafen Waldersee dazu gekommen und hat von neuem die allgemeine Verwunderung erregt. Wenn mancher vielleicht gemeint hat, diese Maßregel würde auf der Linken Be= friedigung erregen, so stellt sich diese Anschauung als ein Irrtum heraus. Nur die auswärtige Judenpresse feiert die Versetzung des Generalstabschefs mit wilden Ausbrüchen befriedigten Hasses. Die besonnenen Männer des Liberalismus, ja selbst des Fortschrittes, halten ihre Bedenken nicht zurück. War doch Graf Waldersee anerkanntermaßen der befähigste unter den hohen Offizieren der Armee, besonders für die Aufgabe der Erziehung des Offizier= korps. Auch in den außerpreußischen Staaten Deutschlands ist man betroffen, und im Auslande, besonders in den mit uns ver= bündeten Reichen, kann man dem schnellen Schritt der Ver=

15*

änderungen, wie er in Berlin jetzt herrschend ist, nicht folgen. Wer in den letzten Wochen durch Deutschland gereist ist und wer mit Patrioten über die öffentlichen Zustände geredet hat, der hört von allen Seiten die Frage: Was soll das bedeuten? Was soll daraus werden? Wohin soll das führen?"

Das Haus des Grafen Waldersee war in Berlin der Mittel= punkt der sozialen und kirchlichen Bestrebungen bekannter Kreise. Seiner Gemahlin wurde aus diesen Kreisen heraus folgender Nachruf 1891 gewidmet:

„Mit dem bisherigen Chef des Generalstabes der Armee, Herrn Grafen von Waldersee, wird auch seine Gemahlin in nächster Zeit Berlin verlassen. Alle Freunde des Reiches Gottes müssen diesen Verlust aufs schmerzlichste beklagen. Er ist, menschlich zu reden, unersetzlich. Was ist diese edle, tief im Glauben gegründete Frau der Stadt Berlin, den evangelischen Christen der Hauptstadt gewesen! Es liegt uns fern, Menschen rühmen zu wollen; denn auch hier heißt es: „Aus Gnade bin ich, was ich bin" und „Wem viel gegeben ist, von dem wird man viel fordern". Aber doch ist es vieler Herzen innigstes Bedürfnis, es auch an dieser Stelle ausgesprochen zu sehen, mit welch tiefem Schmerze wir sie scheiden sehen. Der christliche Verein junger Männer, die Berliner Stadtmission, das Magdalenen=Stift, der Oberlin=Verein, die Mission unter den Droschkenkutschern, viele andere Vereine und Anstalten bis herab zu einzelnen kleinen Sonntagsschulen, wissen, was sie an ihr gehabt haben. Kann man doch ohne Übertreibung sagen, daß es seit Jahr und Tag in Berlin keine christliche Unter= nehmung giebt, bei welcher ihre Hülfe nicht in Anspruch genommen und gewährt worden ist. Sie war die prima und ultima ratio der inneren Mission, ihre erste Helferin und ihr letzter Notanker."

Am 11. März 1891 stattete Graf Waldersee von seinem neuen Wohnorte Altona aus in Friedrichsruh dem Fürsten Bismarck einen längeren Besuch ab. Für die Konjekturalpolitiker ist wohl selten ein so ergiebiger Stoff aufgetaucht, wie dieser Vorgang. Was ließ sich im Anschluß daran nicht alles über das

Verhältnis des Kaisers zu dem Fürsten, über die Zukunft des Grafen Waldersee, über die Stellung des Herrn von Caprivi u. s. w. kombinieren! Besonders da die einfache Erklärung, die Nachbarschaft von Altona und Friedrichsruh, vielen im Hinblick auf den Anlaß zum Ausscheiden des Generals von Lesczynsky aus dem Dienst unzureichend erscheinen mußte.

Seitdem galt Graf Waldersee abermals als der „kommende Mann", aber nicht mehr als der Rivale Bismarcks, sondern als sein Schützling. Abermals war Graf Waldersee der Gegenstand von Interviews, als welcher er sich der Mühe unterziehen mußte, allerlei Gerüchte zu dementieren.

Über die Unterredung, welche ein Berichterstatter des „New-York-Herald" in dem Schweizer Bade Engelberg mit dem Grafen Waldersee hatte, entnehmen wir dem Berichte des amerikanischen Blattes folgendes: „Als das Eis genügend gebrochen war, näherte ich mich dem Hauptzwecke meines Besuches. „Ew. Excellenz wissen, was für sonderbare Gerüchte auswärts verbreitet sind", sagte ich. „Gerüchte?" antwortete der Graf, indem er seine Stellung ein wenig änderte. „Was für Gerüchte?" — „Nun, in Paris und Berlin geht das Gerücht, daß Ew. Excellenz den General von Caprivi zu ersetzen wünschen." — „Es ist falsch", antwortete der Graf mit einiger Lebhaftigkeit, „ich bin Befehls-haber eines Armeekorps und nicht ein Politiker. Was mischt man sich da ein, ich bitte Sie, mein Herr." „Das ist noch nicht alles", fuhr ich fort. „Es wird angedeutet, daß Ew. Excellenz — sollen wir sagen, Ihren Einfluß nicht angewandt haben, um den Streit zwischen dem Fürsten Bismarck und dem General von Caprivi zu mildern, das Gegenteil, thatsächlich." — „Unsinn! Ich habe weder direkt, noch indirekt Beziehungen zum Fürsten Bismarck. Ich besuchte Friedrichsruh im Juni — ich glaube am 11. — um dem Fürsten die Glückwünsche Sr. Majestät des Zaren zu überbringen. Das ist alles." — „Wollen Sie mich ermächtigen, diesen Geschichten im „New-York-Herald" zu wider-sprechen?" fragte ich. „Ich werde Sie zu nichts der Art ermächtigen", antwortete der General etwas heftig. „Thun Sie, was Ihnen gefällt; was ich Ihnen gesagt habe, ist nur, was ich einigen meiner Freunde gesagt habe, die mich gefragt haben. Ich habe mit den angeblichen Intriguen zum Sturze des gegenwärtigen Kanzlers nicht mehr zu thun gehabt, als mit den Streitigkeiten dieses Staatsmannes und des Fürsten Bismarck." — „Haben Ew. Excellenz jemals dem Fürsten Bismarck geraten, sich dem Kaiser zu nähern?" „Das ist auch ganz unrichtig", lautete die Antwort, „ich würde es nicht für am Platze gehalten haben, einem Mann wie dem Fürsten Bismarck irgend einen Rat in einer so ernsten Frage zu geben". „Ich bitte Sie ein für alle Mal", setzte er kühler werdend hinzu und von der französischen zur deutschen Sprache übergehend, „nicht die Absurditäten zu glauben, welche böswillige Menschen über mich zu veröffentlichen scheinen. Ich finde volle Befriedigung in meinem Berufe als Soldat und habe keinen höheren Ehrgeiz, als dem Posten Ehre zu machen, welchen mein Souverän mir anvertraut hat. Es ist infam, mich zu beschuldigen, daß ich den Streit zwischen den Kanzlern zu verbittern suche. Ich bin bloß ein Zuschauer, aber ich weiß, daß es Leute giebt, welche ein Interesse daran haben, die Dinge im allgemeinen zu verwirren." Wer diese Leute wären, wollte der Graf nicht sagen. „Was die sinnlosen Gerüchte anbetrifft", fuhr er fort, „welche hier und da in den Zeitungen auftauchen, so lache ich über dieselben."

Auch ein Mitarbeiter der „Frankf. Ztg." fand in Engelberg Gelegenheit mit dem Grafen Waldersee zu sprechen, und zwar betraf die Unterredung wieder die in neuester Zeit in Berliner und französischen Zeitungen enthaltenen Mitteilungen in betreff seiner Beteiligung an der Bismarckangelegenheit. Der General gab seiner Auffassung dahin Ausdruck, daß dies alles wohl überlegte, von einer Stelle geleitete Angriffe seien, die ihn sehr ruhig ließen. Er weise diese Angriffe als völlig unbegründet entschieden zurück; er habe die Überzeugung und hoffe, daß die Wahrheit bald an den Tag kommen würde. In gewisser Weise dienten die Angriffe zu seiner Erheiterung, da sie ihm eine Bedeutung beilegten, die er sich bisher nicht zugetraut habe, und er hoffe daher, daß sie ihn im Verein mit der herrlichen Alpenluft recht stärken würden, so daß er mit noch kräftigeren Nerven, als er sie mitgebracht, in sein Amt zurückkehren werde.

Ferner empfing der Graf einen Vertreter der Londoner „Times", welchem er bedeutete, daß er durch seine offizielle Stellung verhindert werde, Vermutungen über den Ursprung der Anschwärzungen beim Kaiser anzugeben, er habe diese Insinuationen lange übersehen und müsse sie jetzt irgendwie beantworten; er habe weder bei den jüngsten Versöhnungsversuchen zwischen dem Fürsten Bismarck und dem Kaiser eine wichtige Rolle gespielt, noch gegen den Grafen Caprivi intriguiert; er kenne seine Pflichten gegenüber dem Vaterlande und dem Herrscher zu wohl, als daß er sich einmischen sollte. Bei seiner Anwesenheit in Kiel wurde er vom Zaren ersucht, nach Friedrichsruh zu gehen und des Zaren Glückwunsch Fürst Bismarck zu überbringen, und diese Mission habe er ohne Berücksichtigung der Frage der Aussöhnung erfüllt. Fürst Bismarck fuhr nach Wien und er habe ihn seitdem nicht gesehen. Übrigens fühle er sich geschmeichelt, daß er während seines dreiwöchentlichen Aufenthaltes in der Schweiz von deutschen Zeitungen in drei verschiedene Verschwörungen verwickelt worden sei; er werde dadurch eine wichtigere Persönlichkeit, als er selbst geträumt habe; schließlich werde aber seine Unschuld an den Intriguen klar hervorgehen, er bedaure indessen die Insinuationen wegen ihrer moralischen Wirkung, da sie mit einem frischen Ausbruche der Bismarckfehde zusammenfielen, dessen Ende leider nicht absehbar sei.

Alle diese Versicherungen ableugnender Art konnten an diejenigen erinnern, die er im Jahre 1889 abgab, wo er, wie oben bemerkt, erklärte: „Ich diene Sr. Majestät dem Kaiser und König als Soldat und bin nicht Parteimann." Er wurde damals aber doch als Gegner Bismarcks angesehen. Jetzt leugnete er die Fühlung mit Bismarck. Auf bismarckfeindlicher Seite wurde ihm aber der Plan zugeschrieben, er habe, durch seine Entfernung aus Berlin gegen den General Caprivi eingenommen, von Hamburg aus sich dem Fürsten Bismarck genähert, um für den Fall der Versöhnung des Kaisers mit demselben sich bereit zu halten. Die Freunde Waldersees sagten, diese Unterschiebung sei thöricht, weil sie dem Grafen Waldersee eine Selbsttäuschung über die Pläne und die persönliche Diplomatie des Fürsten Bismarck zumuten würde. Dann sei dieser gewiß der letzte, der sich als Sprungbrett für andere, um in das Reichskanzleramt zu kommen, gebrauchen lassen würde; es müßte denn sein, daß er glaubte, diesen Meister, der ihn bemeistern wolle, selbst wieder als späteres Sprungbrett für sich zu verwenden. Im Jahre 1892 kam die große Militärvorlage. Die Kreuzzeitung hatte gegen die Bezugnahme auf den Grafen Waldersee als Fürsprecher der zweijährigen Dienstzeit Einspruch erhoben. Am 13. Dezember sprach Graf Caprivi im Reichstage von den abweichenden Urteilen älterer Offiziere über die Militärvorlage. Er meinte, „daß jeder hochgestellte General die Möglichkeit hat, seine Anschauungen in solchen Dingen täglich direkt an den Thron zu bringen" und daß kein Grund vorliege, anzunehmen, „daß sie solche Äußerungen an eine andere Stelle als an die Person des Allerhöchsten Kriegsherrn richteten." In den Worten des Reichskanzlers lag eine Mißbilligung derjenigen Generale, die etwa ihre Ansichten gegenüber der Militärvorlage in die Presse oder persönlich zur Kenntnis von Abgeordneten brächten.

Mit bemerkenswerter Offenheit erzählte Graf Caprivi auch, daß über die Möglichkeit der Einführung der zweijährigen Dienstzeit 31 Gutachten eingeholt worden seien, die einstimmig den heutigen Zustand als unbefriedigend bezeichneten. Zehn Gutachten wollten die volle Durchführung der dreijährigen Dienstzeit bei gleichzeitiger Verstärkung der Armee — „zweifellos militärisch das wünschenswerteste Ziel, finanziell, werden Sie sagen und habe auch ich gesagt, nicht erreichbar . . ." „Faktisch liegt die Sache so: Zehn Stellen von den 31 haben Unmögliches verlangt, und 21 Stellen haben sich im wesentlichen mit dem Ihnen jetzt Vorgelegten einverstanden erklärt." Zu den zehn Generalen, die Unmögliches verlangen, schien in erster Linie Graf Walderſee zu gehören.

In den Zeitungen las man bald nach Neujahr 1893 folgende Drahtmeldung:

„London, 2. Januar. Der „Daily Telegr." bringt die Meldung aus Berlin, daß der Kaiser geſtern vor den Generalen in den denkbar ſtärkſten Ausdrücken ſeine Anſicht über den Militär=Entwurf ausgeſprochen und die Generale verſichert habe, er ſei von deſſen abſoluter Notwendigkeit überzeugt und ſei entſchloſſen, ihn durchzuſetzen; er werde nicht zaudern, Alle, welche ſich ihm widerſetzen, zu zerſchmettern. Letztere Worte ſollen an die Adreſſe der höheren Militärs gerichtet ſein und ſollen bedeuten, daß ſie abzudanken hätten, ſollten ſie zu der neuen Maßregel im Widerſtand verbleiben. Der Berichterſtatter verſichert, daß der Kaiser ruhig und nachdrücklich geſprochen habe und ſich offenbar der Tragweite ſeiner Worte bewußt geweſen ſei."

Die Mitteilung über die gegen den Widerſtand im Offizier=Korps gerichteten Worte des Kaiſers ſtimmten mit anderen Nachrichten überein, nur daß der Ausdruck „zerſchmettern", der auch an franzöſiſche Blätter berichtet worden war, nicht beſtätigt wurde.

Offiziöſe Berichte in der „Schleſ. Ztg.", dem „Hamb. Correſp." und anderen Zeitungen beſtätigten, daß der Kaiser ſich „über die Oppoſition einzelner Offiziere wider die Militärvorlage geäußert und geſagt habe, daß er eine ſolche Oppoſition nicht dulden werde." Die Bemerkung könne wohl nur auf einen beſchränkten Kreis zielen, aus dem heraus man gegen die Vorlage Stimmung zu machen verſucht hätte und an dieſer Stelle ſei ſie gewiß auch richtig verſtanden worden.

Die „Nationallib. Correſp.", das anerkannte Organ der nationalliberalen Partei, meldete:

„Wie wir hören, lautete die Neujahrsanſprache des Kaiſers an die Generale über die Vorlage noch erheblich entſchiedener, als es die halbamtlichen Veröffentlichungen erkennen laſſen. Der Herrſcher ſoll namentlich in einem ſehr entſchloſſenen Ausdrucke ſeinen

erften Vorfaß, den Widerftand dagegen zu überwinden, kund ge=
geben haben."

Die Diskuffion über den Wortlaut der Kaiferlichen Neujahrs=
anfprache an die Generale wurde lebhaft fortgefeßt. Auf der einen
Seite wurde noch daran feftgehalten, daß der Monarch den Ausdruck
„zerfchmettern" gebraucht habe. Man vermutete dies und das,
auf wen diefes fcharfe Wort wohl gemünzt gewefen fein könnte,
und gefiel fich in der Behauptung, es wäre Graf Walderfee,
Kommandeur des IX. Armeekorps. Ein antifemitifches Blatt
unterzog diefe Anficht einer abfälligen Beurteilung, indem es darauf
hinwies, daß Graf Walderfee erft jüngft zu Weihnachten vom
Kaifer eine koftbare Dofe erhalten habe. Ob diefe Angabe richtig
ift, wiffen wir nicht. Indeffen erinnerte die „Voß'fche" daran,
daß Herr von Goßler durch das lebensgroße Bild des Kaifers
ausgezeichnet und dennoch wenig fpäter feines Minifteramtes ent=
bunden wurde, und daß Fürft Bismarck Neujahr 1890 ein
Schreiben des Kaifers mit dem Wunfche, daß ihm in feinem
fchweren und verantwortungsvollen Berufe der treue und erprobte
Rat des erften Kanzlers noch viele Jahre erhalten bleibe, und
gleichwohl im März feinen Abfchied bekam. Die „Voß'fche" hob
vielmehr ihre fehr guten Gründe hervor, auf der Anficht zu be=
harren, daß fich die Spiße der Rede des Kaifers gegen den
Grafen Waldersee gerichtet habe. Jeßt habe er fich löblich unter=
worfen. Bei dem offiziellen Feftmahl, das anläßlich der Feier
des Geburtstages des Kaifers 1893 in Altona veranftaltet war,
brachte der kommandierende General des IX. Armeekorps, Graf
v. Waldersee, das Hoch auf den Kaifer aus. Die einige Wochen
vorher gefallenen kaiferlichen Worte hatten ihre Wirkung bei dem
Grafen Waldersee nicht verfehlt, denn er erfchien nunmehr in
feiner Anfprache als ein Fürfprecher des Entwurfes, indem er
ausführte, er habe in den leßten zwei Jahren Gelegenheit gehabt,
die fchleswig=holfteinifche Bevölkerung gründlich kennen zu lernen.
Die Schleswig=Holfteiner hätten harte Köpfe und fteife Nacken
und beugten fich nicht fo leicht, hätten fie aber einmal Vertrauen

gefaßt, so hielten sie mit Zähigkeit daran fest. Wahre Treue
könne sich nur bewähren, wenn sie auf die Probe gestellt würde,
wenn ernste Zeiten kämen. Solche Zeiten halte man jetzt für
gekommen. Der Kaiser stelle auf Grund reiflicher Erwägung
aller Verhältnisse und des Rates erfahrener Männer an die
Nation Forderungen, deren alleiniger Zweck es sei, dem Deutschen
Reiche die erworbenen Güter und vor allem den Frieden zu
erhalten. Diese Forderung stoße zwar auf Widerspruch, er hoffe
aber, diese Krisis werde glücklich überwunden werden. Sie werde
es, wenn Alle so treu zu Kaiser und Reich ständen, wie die
Schleswig-Holsteiner. Dann werde die Krisis dazu gedient haben,
das Ansehen des großen deutschen Vaterlandes zu erhöhen, und
weil niemand es wagen werde, Deutschland anzugreifen, werde
der Friede auf lange Zeit gewährleistet sein.

Der kommandierende General des IX. Armeekorps begab sich,
bemerkte man hierzu in Berlin, mit dieser Rede auf politisches
Gebiet. Er scheine dazu einen besonderen Beruf in sich zu fühlen.
Es werde nicht fehlen, daß die Vermutung ausgesprochen werde,
Graf Waldersee halte sich selbst für den „kommenden" Mann,
als welchen ihn die äußerste Rechte seit langer Zeit angesehen
habe. Graf Waldersee scheine sich der politischen Erörterung
geradezu aufzudrängen. Er rede von „ernsten Zeiten", von
„Krisis", er schildere die heilsame Wirkung der Militärreform,
als deren Freund er bisher nicht gegolten habe. „Ist diese
Stellungnahme zu einem politischen Kampfe zwischen Regierung und
Volksvertretung seines Amtes? Graf Waldersee hat gewiß Recht,
wenn er meint, daß die Schleswig-Holsteiner hartnäckig seien und
sich nicht leicht beugen. Er redet auch davon, daß sie treu zu
Kaiser und Reich stehen und wünscht, daß es überall so sei wie
in jener Provinz. Weiß Graf Waldersee, wie jene Provinz zu
der Militärvorlage steht? Die Provinz Schleswig-Holstein stellt
zehn Abgeordnete, unter denen nur je einer der nationalliberalen
und der konservativen Partei angehört, nämlich die Herren Ibsen
und Graf Holstein. Die übrigen acht werden aller Voraussicht

nach gegen die Militärvorlage stimmen und damit den Wünschen der großen Mehrzahl ihrer Wähler entsprechen."

Angesichts dieser Thatsache könne die Rede des Grafen Waldersee, wenn man von seinen persönlichen Beweggründen absehe, nicht eben als ein politisches Meisterstück erscheinen. Ob der General mit seinen Ausführungen bei Hofe und bei der Reichsregierung seinen Zweck erreiche, bleibe abzuwarten. Die Mehrheit des Volkes werde aus seiner Einmischung in parlamentarische Angelegenheiten immerhin eine Bestätigung der Auffassung entnehmen, daß der kommandierende General des IX. Armeekorps nicht nur Soldat sei, sondern auch eine politische Rolle zu spielen wünsche.

Zum Schluß eine Äußerung des „Neuen Kurs": „Vom Grafen Waldersee hat man noch außergewöhnliches zu erwarten, wie ja längst als feststehend gilt, daß er im Falle eines Krieges an die Spitze einer Armee zu treten hätte. Letzterem Umstande mag es zuzuschreiben sein, daß er politisch sich zurückhält, obwohl seine großen diplomatischen Anlagen, sein Ehrgeiz und seine Energie ihn entschieden zu einer maßgebenden politischen Rolle befähigen. Auch ist bei ihm nicht zu unterschätzen, daß er sich der vollen Gunst und des Vertrauens Sr. Majestät zu erfreuen hat, während er zu gleicher Zeit zum Fürsten Bismarck in einem durchaus freundschaftlichen Verhältnisse stehen soll, nachdem es ihm gelungen ist, im persönlichen Verkehr Differenzen und Mißverständnisse, die früher allerdings vorhanden waren, auszugleichen und aufzuklären."

Graf Waldersee mußte sich gefallen lassen, einmal mit Leopold von Gerlach in Parallele gestellt zu werden. Es gab am 22. November 1889 im Reichstag eine pikante Verhandlung. Der Abg. Richter trat damals bei der Beratung des Etats des auswärtigen Amtes mit einer Interpellation auf, worin es hieß: „Ich möchte mir die Anfrage erlauben, ob irgend welche Anzeichen vorliegen, als ob der Chef des Generalstabes (Waldersee) darauf ausginge, die auswärtige Politik des Reichskanzlers oder des

Staatsjekretärs zu kreuzen, oder irgend ein Verhalten zeigt, welches sich in anderer Richtung bewegt, als diejenige, die der Politik des Herrn Reichskanzlers in auswärtigen Dingen entspricht?" Diese Frage war an Graf Herbert Bismarck gerichtet. Gleichwohl nahm der Kriegsminister v. Verdy zunächst das Wort, indem er antwortete: „Da die Sache hier im Hause zur Sprache gekommen ist und sie ein Mitglied der Armee betrifft, so will ich darauf antworten. Ich betrachte diese ganze Erscheinung, welche sich in den letzten Monaten nach dieser Richtung hin abgespielt hat, für frivol und beleidigend. Ich stehe nicht an, ein derartiges Verfahren für frivol zu erklären. (Lebhafter Beifall.) Denn es ist frivol, überhaupt Sachen zu erfinden, die nach unseren Begriffen nicht existieren können; es ist frivol, in solche Sachen die höchsten Offiziere der Armee hineinzuziehen, um sie bei der allgemeinen Meinung zu diskreditieren. Es ist beleidigend für die Armee, wenn man den Offizieren überhaupt zumutet, daß in ihnen ein Geist entstehen könnte, der in irgend welche Opposition zu der Regierung Sr. Majestät treten könnte. Ich halte dieses Zeugnis mit Rücksicht auf jede Presse aufrecht, die ein derartiges Verfahren bewußt ausführt, gleichgiltig, welcher Partei sie angehört." Alle Welt erkannte damals an, daß von den Deutschfreisinnigen lediglich im parteipolitischen Interesse eine sensationelle Szene aufgeführt worden war. Gerade von der deutschfreisinnigen Seite war Graf Waldersee Jahr und Tag als das hinter den Kulissen spielende Organ finsterer Reaktion behandelt worden. Als aber auch von Seiten des Kartells Andeutungen über einen Zwiespalt zwischen dem Chef des Generalstabes und dem leitenden Staatsmann gemacht wurden, warf der Freisinn sich sofort zum Patron des ersteren auf, um dafür den letzteren an den Pranger zu stellen. Die Interpellation hatte deswegen etwas ungemein Komisches, als doch wohl niemand so naiv war, zu glauben, daß, wenn wirklich ein tieferer Konflikt zwischen Waldersee und Bismarck bestanden hätte, die Regierung einen solchen würde coram populo bestätigt haben. Ein Berliner Blatt erinnerte an die Zeit des Krimkrieges, als der damalige Leiter der preußischen Politik, der Ministerpräsident

und Minister der auswärtigen Angelegenheiten von Manteuffel der
Ansicht war, das Richtigste für Preußen sei, im Bunde mit Öster=
reich durch diplomatische Mittel Rußland zur Nachgiebigkeit zu
veranlassen; es gab aber auch noch andere Bestrebungen, worüber
Sybel in seinem neuen Geschichtswerk berichtet hat: „In schneiden=
dem Gegensatze zu diesen Entschließungen und Velleitäten stand die
Gesinnung der persönlichen Umgebung des Königs, an erster
Stelle des Generaladjutanten von Gerlach, sowie der Generale
Grafen Dohna und v. d. Gröben, zu welchen dann, wenn auch
mit geringerem Ansehen, der Flügeladjutant Oberst v. Manteuffel,
der Kabinettsrat Niebuhr und gelegentlich der frühere Minister
Graf Alvensleben=Erxleben hinzutraten. Hier war man nach konser=
vativer Anschauung kurz und bestimmt russisch; erfüllt von be=
geisterter Verehrung für den großen Zaren, welcher 1849 Öster=
reich und 1850 Preußen vor dem Dämon der Revolution beschirmt
hätte, und der jetzt in den heiligen Kampf zöge, um das Kreuz
der Hagia Sophia zu erhöhen und Europa von der Besudelung
durch den Islam zu reinigen. Man wollte nicht gerade für den
Zaren in den Krieg stürmen, im übrigen aber alles thun, um
Rußlands Stellung zu verbessern, würde jedoch die Teilnahme am
Kampf unvermeidlich, so gehöre Preußen an die Seite nicht des
revolutionären Frankreichs, sondern des konservativen Rußlands.“
Angenommen nun, daß Herr Richter zu jener Zeit schon das
preußische Abgeordnetenhaus durch seine Gegenwart geziert und
eine ähnliche Anfrage, wie am 22. November 1889 gestellt hätte
— glaubt irgend jemand, daß alsdann der Ministerpräsident von
Manteuffel erwidert hätte: „Jawohl, Herr Richter, Sie haben
ganz Recht, der General v. Gerlach und seine Freunde hindern
mich in der Leitung der auswärtigen Politik.“ Und doch wäre
der damalige Kriegsminister offenbar nicht in der Lage gewesen,
wie jetzt Herr v. Verdy, zu versichern, es sei „frivol“ und es sei
„beleidigend“ für die Armee, wenn man ihr zumutet, daß in der=
selben ein Geist bestehen könnte, der in irgend welche Opposition
mit der Regierung Sr. Majestät zu treten vermöchte.

General von Hahnke.

General von Hahnke hat seit dem Regierungsantritt des
jetzigen Kaisers eine hervorragende Rolle in der Armee gespielt,
nachdem er schon vorher sich mehrfach ausgezeichnet hatte. Er ist
am 26. April 1851 im Kaiser Alexander-Grenadier-Regiment
Offizier geworden. Schon 1854 wurde er Bataillons- und 1858
Regiments-Adjutant. Nachdem er 1859 zum Premierleutnant befördert war, wurde er als Adjutant zur 2. Garde-Infanterie-Brigade
kommandiert und blieb auch in dieser Stellung, nachdem er im
folgenden Jahre in das 3. Garde-Grenadier-Regiment versetzt worden
war. Am 22. September 1863 wurde er Hauptmann und Kompagnie-
chef in diesem Regiment und machte als solcher den dänischen Krieg
mit, aus welchem er mehrere Orden heimbrachte. 1866 finden wir
ihn als Generalstabsoffizier bei dem vom Kronprinzen geführten
2. Armeekorps; im folgenden Jahre wurde er als Major unter
Stellung à la suite des Generalstabs nach Gotha kommandiert
und blieb hier, nachdem er zum Flügeladjutanten des Herzogs ernannt war, bis zum Ausbruch des deutsch-französischen Krieges,
den er im Generalstabe der dritten Armee, an deren Spitze der
Kronprinz stand, mitmachte. Nach Beendigung des Krieges blieb
er als Generalstabsoffizier beim Kronprinzen in dessen Eigenschaft
als Inspekteur der 4. Armee-Inspektion. 1873 wurde er Oberstleutnant und Chef des Generalstabs des 3. Armeekorps. Diese

Stelle bekleidete von Hahnke mehr als 8 Jahre; erst bei seiner am 18. Oktober 1881 erfolgenden Beförderung zum Generalmajor wurde er als Kommandeur der 1. Garde-Infanterie-Brigade nach Potsdam versetzt, indem er zugleich zum Kommandanten dieser Stadt ernannt wurde. Nachdem er im September 1886 unter Belassung in diesen Stellungen Generalleutnant mit dem Range eines Divisionskommandeurs geworden war, erhielt er am 18. Januar 1887 das Kommando der 2. Garde-Infanterie-Division hierselbst. Während der kurzen Regierungszeit des Kaisers Friedrich III. trat General von Hahnke, der, wie aus obigem sichtlich, in früheren Jahren mehrfach zu dem Herrscher in nahen Beziehungen gestanden hatte, nicht besonders hervor. Kaiser Wilhelm II. ernannte ihn alsbald nach seinem Regierungsantritt am 19. Juni 1888 zugleich mit dem General von Versen zu seinem Generaladjutanten und übertrug ihm am 7. Juli einstweilen vertretungsweise die Leitung des Militärkabinetts, dessen Chef er am 7. August wurde, nachdem General von Albedyll das Kommando des 7. Armeekorps erhalten hatte. Im März 1890 erhielt er den Rang eines kommandierenden Generals. Aus Anlaß der Manöver bei Düppel ernannte ihn der Kaiser am 10. September desselben Jahres zum General der Infanterie. Diese Ernennung fand außer der Reihenfolge statt, indem die Generalleutnants von Reibnitz, Gouverneur von Mainz, von Seeckt, kommandierender General des 5. Armeekorps, und von Lattre, Direktor der Kriegsakademie, am Dienstalter dem General von Hahnke vorstanden, der infolgedessen auch kein Patent erhielt.

Der Chef des Militärkabinetts spielte wie derjenige des Zivilkabinetts eine Rolle bei der Entlassung Bismarcks, ob beide nur als Boten, mag dahingestellt bleiben. Durch Herrn von Hahnke ließ der Kaiser am 17. März 1890 morgens dem Fürsten Bismarck mitteilen, er erwarte das Entlassungsgesuch. Am 20. März überbrachte General von Hahnke, nachdem Herr von Lucanus dem Reichskanzler die Entlassungsorder übergeben, den kaiserlichen Dank für die Verdienste des Fürsten Bismarck um die Armee, sowie die Ernennung desselben zum General=Obersten der Kavallerie mit dem Range eines General=Feldmarschalls. „Ich weiß Mich eins mit Meiner Armee, wenn Ich den Wunsch hege, den Mann, der so Großes geleistet, auch fernerhin in der höchsten Rangstellung ihr erhalten zu sehen," sagte der Kaiser in dem Handschreiben an den Fürsten Bismarck.

General Hahnke war während des Jahres 1896 monate= lang die Zielscheibe heftiger Angriffe in der Presse. In der letzten Woche des Monats April, als der Kaiser noch nicht aus Italien zurückgekehrt war, war ein stehendes Thema „Die Regierungs= krisis". Es handelte sich dabei um die angebliche Ausbildung von Gegensätzen zwischen dem Reichskanzler, dem preußischen Staats= ministerium, sowie den Bundesfürsten einerseits und dem Militär= kabinett andererseits in Bezug auf die Militärstrafprozeßordnung. Die Verabschiedung des Generals von Spitz sei danach der Anfang, dem die Katastrophe baldigst folgen werde. Die vorherrschende Auffassung ging dahin, daß der Kriegsminister und seine sämtlichen Kollegen Anhänger der Einführung der Öffentlichkeit im Militär= gerichtsverfahren nach bayrischem Muster seien, daß es aber dem Einfluß des Chefs des Militärkabinetts, Generals von Hahnke, gelungen zu sein scheine, die maßgebende Stelle gegenteilig zu bestimmen. Noch sei die Entscheidung nicht gefallen, aber in Berliner Regierungskreisen rechne man damit, daß sie zu Gunsten des Chefs des Militärkabinetts ausfalle, der damit einen größeren Einfluß bekunde als das ganze verantwortliche Ministerium.

Ein Dezernent im Kriegsministerium, der allgemein geschätzte und namentlich parlamentarisch wohl geschulte Generalleutnant von Spitz, erbittet und erhält seinen Abschied, weil er körperlicher Hinfälligkeit wegen ein Kommando nicht erhalten kann und, da er als General der Infanterie sein Dezernat nicht hätte behalten können, in der Beförderung übergangen worden ist. Nun aber war Herr von Spitz gleichzeitig Vorsitzender der Kommission zur Beratung der Militärstrafgerichtsreform. Das genügte zur Ver= breitung des Gerüchts, daß Herr von Spitz gefallen sei, weil die von ihm warm befürwortete Reform neuerdings an Allerhöchster Stelle auf erhebliche Schwierigkeiten gestoßen sei. Diese in der Folge als gänzlich unhaltbar erwiesene Kombination bildete den Ausgangspunkt der Krisengerüchte. Da nämlich der Kriegsminister Bronsart von Schellendorff im Reichstage die Reform des Militärgerichtsverfahrens in Aussicht gestellt hat und auch Fürst Hohenlohe und Herr Miquel für den Plan gewonnen waren, so sollte nunmehr nicht nur die Stellung des Kriegsministers, sondern auch diejenige des Reichskanzlers und des Finanzministers unhaltbar geworden sein, wenn der Kaiser nicht in Sachen der beregten Reform schleunigst anderen Sinnes würde. Selbstverständlich wurde nach dem Hauptschuldigen in dieser dunklen Affaire gesucht und derselbe mit leichter Mühe in dem Chef des Militärkabinetts, General von Hahnke, gefunden. Letzterer sollte seine nahe Stellung zum Monarchen benutzt haben, um letzteren gegen die geplante Reform umzustimmen. Und so war der Boden für die leider nicht mehr neuen Lamentationen über „Nebenregierung", „Hofkamarilla", „unverantwortliche Ratgeber" u. s. w. gewonnen. Namentlich die demokratische und klerikale Presse ließen die günstige Gelegenheit nicht vorübergehen, und wiederum wurde dem Auslande das Schauspiel geboten, daß die meistgelesenen Organe der deutschen Presse nach Kräften zur Diskreditierung unseres Militärwesens beitrugen.

Die „Kölnische Zeitung" schrieb unter dem 27. April:

„Der Kriegsminister hat seit mehreren Jahren dem Reichstag fest zugesagt, für die endliche Neuregelung der Militärstrafprozeßordnung sorgen zu wollen; es ist von ihm bekannt, daß, wenn er, der verantwortliche Ratgeber der Krone, in dieser so unendlich wichtigen Frage nicht mit seinen Ratschlägen durchdringen kann, er von seinem Amte zurücktreten und den Männern Platz machen wird, die in dieser Frage das größere Vertrauen der Krone besitzen und denen es vielleicht ein leichtes zu sein dünkt, mit ihrer höheren Einsicht den Reichstag zu einer anderen Ansicht zu bereden und zu bekehren. Bis jetzt war die Über zeugung allseitig, daß es dem Kriegsminister in absehbarer Zeit gelingen würde, seine Pläne durchzusetzen. Aber diese Überzeugung ist in weiteren parlamentarischen Kreisen, die in solchen Dingen ein Urteil zu haben pflegen, erschüttert worden durch die Nachricht vom Rücktritt des Generals von Spitz.

Gerade in Reichstagskreisen ist es bekannt, eine wie wichtige und zuverlässige Stütze der Kriegsminister an diesem verdienten General namentlich in dieser Frage besitzt, und in diesen Kreisen ist weithin die Überzeugung verbreitet, daß wenig hohe Offiziere eine derartige parlamentarische Gewandtheit und ein so hervorragendes Vermittelungsgeschick besitzen, wie es sich Herr von Spitz in 22jähriger reicher parlamentarischer Thätigkeit erworben hat. Er gilt neben dem jetzigen Kriegsminister als derjenige Offizier, dem es am leichtesten gelungen sein würde, bei der Ausmerzung völlig veralteter Zustände den Reichstag zur weitestgehenden Berücksichtigung aller berechtigten militärischen Sonderwünsche zu bestimmen. Im Reichstage selbst zweifelte man so wenig an ein baldiges Einbringen der Militärstrafprozeßordnung, daß man es wohlüberlegt unterlassen hat, bei der Beratung des jüngsten Duellantrages von neuem auf die endliche Vorlegung des Gesetzentwurfs zu drängen, um nicht dem Kriegsminister, dem man volles Vertrauen entgegenbringt, unnütze Hindernisse in den Weg zu legen.

Heute fragt man sich aber, wie es möglich ist, daß der Kriegsminister auf einen so tüchtigen und geeigneten Mitarbeiter an einem seit Jahrzehnten mit klarem Ziele verfolgten Werke verzichten kann, wenn er noch die Hoffnung hegt, es bald dem Reichstage vorlegen zu können."

Während der Artikel des „Hamb. Corresp." noch in etwas zu beruhigen suchte, betonte der Artikel der „Köln. Ztg." in schärfster Weise den Ernst der Lage. Wenn das Militärkabinett obsiege und Herr Bronsart von Schellendorff zum Rücktritt veranlaßt werden sollte, so würde sich daraus für unser ganzes inneres politisches Leben ein Wendepunkt der bedenklichsten Art ergeben. Das Blatt schloß seine Betrachtungen wie folgt:

„Der Nachfolger des jetzigen Kriegsministers müßte doch aus der Zahl seiner militärischen Gegner in dieser Frage genommen werden und dieser Nachfolger müßte doch die Absicht haben, entweder an der bestehenden Militärstrafprozeßordnung im Kampfe mit dem Reichstag festzuhalten oder aber einen anders gearteten Entwurf einzubringen, von dem schon heute ohne große Prophetengabe gesagt werden kann, daß er nie die Zustimmung des Reichstages finden würde. Daß ein solcher Nachfolger nicht Platz in einem Ministerium finden würde, in dem Fürst Hohenlohe Ministerpräsident und Herr Miquel Minister wären, bedarf keiner Ausführung. Wir würden also einen neuen Reichskanzler und ein neues Ministerium bekommen und das eigentliche Ziel des Wechsels würde notwendig lauten: Kampf mit dem Reichstag und eine neue, schwere Beunruhigung unserer inneren Lage. Wir haben ein dringendes Interesse daran, daß solche Zustände sobald nicht eintreten. Deshalb haben wir es für erforderlich erachtet, zur rechten Zeit einen Lichtstrahl auf Dinge zu werfen, die wir hinter den Kulissen hervorragen sehen, die wir aber noch nicht klar in ihrem ganzen Umfang zu erkennen vermögen. Hoffen wir, daß solche Zustände und Kämpfe unserem Vaterlande erspart bleiben mögen.“ In einem zweiten, noch ausführlicheren Artikel sprach die „Köln. Ztg.“ von dem Kampfe zweier Prinzipien, von denen das reaktionäre gesiegt habe und fügte hinzu: „Eigentümlicherweise ist der Vertreter des reaktionären Prinzips der in dieser Frage nicht verantwortliche Chef des Militärkabinetts, und auf ihn wird dereinst eine schwere Verantwortung zurückfallen, wenn die eben geschaffene Lage, was sehr nahe liegt, ernstere Folgen nach sich ziehen sollte.“

Die „Köln. Volksztg.“ bemächtigte sich des Themas der „Köln. Ztg.“ mit ganz besonderer Energie. Sie schrieb gleich nach dem ersten Artikel derselben:

„Eine militärische Nebenregierung hat in Preußen schon öfter bestanden und ihren Einfluß auf den Gang der Staatsgeschäfte ausgeübt. Jetzt soll sich eine solche unter dem Leiter des Militär= kabinetts, General v. Hahnke, aufgethan haben und dem Kriegs= minister und dem Reichskanzler das Leben sauer machen. Die Militärstrafprozeßreform sollte im ' vergangenen Winter noch dem Reichstage vorgelegt werden; es ist aber nichts aus dem Plan geworden, angeblich, weil General v. Hahnke widersprach und den Kaiser für seinen Widerspruch zu gewinnen wußte. Herr v. Köller hat sein Ministerium verloren, weil er in unzulässiger Weise seine Gegnerschaft gegen die Reform bekundet hatte, General v. Hahnke ist nach wie vor Chef des Militärkabinetts geblieben. Ein Hauptförderer der Reform, General v. Spitz, ist neulich zur Dis= position gestellt worden, und daraus schließt man, daß die ganze Frage ins Stocken geraten ist. Herr v. Spitz ist Rheinländer von Geburt und soll, wie ihm von altpreußischer Seite zum Vor= wurf gemacht wird, zu viel freiheitlichen Sinn bei der Ausarbeitung des Entwurfs bethätigt haben.

Dem Reichstage sollte auch noch eine Vorlage zugehen wegen Regelung der Verhältnisse der Schutztruppe in Ostafrika, des= gleichen eine Vorlage, betreffend die Vorbildung der nach den Kolonien zu sendenden Offiziere und Beamten. Von letzterer hört man gar nichts mehr, von ersterer steht fest, daß sie die militärische Gewalt in der Hand des Gouverneurs v. Wißmann vereinigen wollte. In diesem Sinne hatte die Kolonialverwaltung bereits Erklärungen in der Budgetkommission abgeben lassen. Warum gehts mit diesen Entwürfen nicht vorwärts? Sitzen irgendwo militärische koloniale Ratgeber, welche anderer Meinung sind, als die verantwortliche Regierung, und ihrer Meinung auch an maß= gebender Stelle Geltung zu verschaffen wissen? Wenn man der „Nat.=Ztg." glauben darf, so muß man annehmen, daß die Flügel= adjutanten unter sich eine Art Ministerium gebildet haben, welches eine wirksame Gegenpolitik treibt. An Selbstbewußtsein fehlt es anscheinend manchem dieser Herren nicht. Der frühere Gouverneur von Ostafrika, v. Schele, ist ebenfalls Flügeladjutant beim Kaiser

geworden. Er hat den Reichsfiskus auf Nachzahlung von Gehalt
und Wartegeld verklagt, ist aber vom Kammergericht abgewiesen
worden. Ein solcher Prozeß kommt auch nicht alle Tage vor.
Wenn angesichts dieser und anderer Wahrnehmungen der jüngsten
Zeit sich des Reichskanzlers, Fürst Hohenlohe, eine unbehagliche
Stimmung bemächtigt haben sollte, so könnte das niemanden
Wunder nehmen. Aber zu weiteren Schlüssen hat man vorläufig
noch kein Recht. Sollte Fürst Hohenlohe sich freilich überzeugen,
daß er mit dauernden Widerständen von nicht verantwortlicher
militärischer Seite zu kämpfen haben werde, so dürfte er wohl
daraus alsbald die nötigen Folgerungen ziehen. Er dürfte wohl
auch nicht damit einverstanden sein, daß dem Reichstag noch eine
neue Militärforderung von zehn Millionen mindestens vorgelegt
werden soll, um Kasernen zu bauen für die umzuformenden
Bataillone. Der Reichstag soll nur immer für Heer und Marine
bewilligen, aber bei Leibe nichts verlangen dürfen."

Die Kriegsgerüchte haben inzwischen neue Nahrung erhalten
durch zwei offiziöse Artikel im „Hamb. Corresp." und in der
„Köln. Ztg.", welche Näheres über den Stand der Frage einer
Reform des Militärstrafprozesses mitteilen. Danach ist völliges
Einverständnis der deutschen Fürsten, der verschiedenen Kriegs=
minister, des Reichskanzlers und des preußischen Staatsministeriums
über die Grundlagen der Reform vorhanden. Es sollte ein be=
sonderer Militärgerichtshof geschaffen werden, der im Namen des
Kaisers fungierte. Darin lag eine Vermehrung der Macht des
Kaisers; die Fürsten, insbesondere die Könige von Bayern, Württem=
berg und Sachsen gaben damit das Bestätigungsrecht bezüglich der
ihre Kontingente betreffenden Urteile auf, traten weitgehende Rechte
an den Kaiser ab. Der Gerichtshof sollte in seiner Zusammen=
setzung das militärische (Kommando) und juristische Element
(Gerichtsbarkeit) scharf zum Ausdruck bringen. Für die Stelle
der Kommandogewalt in dem Gerichtshof war General v. Spitz
ausersehen, der jetzt entlassen worden ist. Mündlichkeit und
Öffentlichkeit des Verfahrens waren zugestanden worden. Der

Reichskanzler und der preußische Kriegsminister waren warm dafür eingetreten, und das Ministerium hatte sich darüber geeinigt, daß die Öffentlichkeit von dem Charakter des Strafdeliktes abhängen sollte. Nun aber lehnt bis jetzt der Kaiser die Befugnisse, auf welche die anderen Fürsten im Interesse des Ganzen verzichten wollten, ab. Mit der obersten Militärgerichtsinstanz fiele aber alles, namentlich auch das Einvernehmen unter den deutschen Staaten. Als treibender Gegner der Reform wird der Chef des Militärkabinetts, General v. Hahnke, bezeichnet. Seinem Bemühen sei es gelungen, dem Kaiser die Auffassung beizubringen, daß durch den obersten Reichsmilitärgerichtshof dem Kaiser die notwendige und direkte Einwirkung auf die bewaffnete Macht verkümmert und entzogen, die Armee eine Art Bürgerwehr werde."

Die „Nat.-Ztg." welche gleichfalls Beziehungen zu ministeriellen Kreisen unterhält, erinnerte daran, daß sie schon vor einigen Tagen wiederholt ausgesprochen habe, wie Hofkreise der Politik der verantwortlichen Ratgeber des Kaisers entgegenwirkten. Diese Einflüsse hätten sich in neuerer Zeit, besonders während der fünfwöchentlichen Reise des Kaisers, über ein weites Gebiet ausgedehnt, sie hätten sich in verschiedenen wichtigen Fragen im Gegensatz zu der verantwortlichen Regierung geltend gemacht, und am unmittelbarsten sei dies in der Frage der Reform des Militär-Strafverfahrens hervorgetreten. Das Blatt sagte dann unter Bezugnahme auf die offiziösen Auslassungen in der „Köln. Ztg." und dem „Hamb. Corresp.":

„Daß der Chef des Militärkabinetts der einflußreichste Gegner der Reform des Militärstrafprozesses ist, dürfte zutreffen, wie überhaupt die Stellung des Militärkabinetts wohl zu den Gegenständen der Meinungsverschiedenheiten gehört, welche in neuerer Zeit mit dem Reichskanzler und dem Staatsministerium entstanden sind; aber das Übel dürfte allgemeinerer Art sein; es scheint, daß mehr als ein Flügeladjutant sich berufen fühlt, politischen Einfluß auszuüben. Fürst Hohenlohe hat, als der Konflikt mit dem Minister v. Köller entstand, bewiesen, daß er die Verantwortlich-

keit für den Gang der politischen Angelegenheiten nicht zu tragen
gewillt ist, wenn seine Ratschläge von anderer Seite durchkreuzt
werden, und es hat sich damals gezeigt, daß er im Staatsministerium Solidarität herzustellen gewußt hat. So sind die Vor-
bedingungen der Entscheidung deutlich erkennbar. Eine neue
Regierung, welche unter dem Zeichen des Verzichts auf die Reform
der Militärgerichtsbarkeit und der Unterwerfung unter den
politischen Einfluß der Flügel-Adjutanten ins Amt käme, würde
die liberal gesinnten bürgerlichen Klassen in ihrer Gesamtheit in
der Opposition finden. Ob man es hierauf angesichts der sonstigen
Schwierigkeiten der Parteiverhältnisse ankommen lassen will, wird
sich bald zeigen."

Aus den offiziösen Verlautbarungen schloß die „Freis. Ztg.",
daß die maßgebenden Personen in der Regierung die Dinge unmittelbar zur Entscheidung bringen wollen. Die hochgradige
Spannung, welche auf diese Weise in unserer innern politischen
Lage gekennzeichnet werde, lasse alle übrigen politischen Tages-
begebenheiten an Bedeutung weit hinter sich. Die bevorstehende
Rückkehr des Kaisers nach Berlin müsse die Lösung nach der einen
oder andern Seite bringen. Daß auch der kluge Herr Miquel
dies Mal so entschieden auf der Seite des Fürsten Hohenlohe
stehe, lasse erkennen, daß die Position desselben für eine sehr starke
gehalten werde. Die „Voss. Ztg." kennzeichnete die Krisis dahin:
Nicht um einen Minister handle es sich, sondern um ein Ministerium
und nicht um ein Dutzend Personen, sondern um ein System.
Die unberufenen Ratgeber des Hofes versuchten eine Kraftprobe
gegen die Regierung, den Reichstag, die Bundesfürsten, die öffentliche Meinung.

„Man kann in der That," bemerkte hierzu die „K. B.", „die
gegenwärtige Krisis nicht ernst genug nehmen. Mit einer unverantwortlichen Nebenregierung vermag kein Ministerium auf die
Länge auszukommen. Fielen ihr jetzt der Reichskanzler und die
preußischen Minister zum Opfer, so würden deren Nachfolger als
verkörperter Widerspruch gegen oft und eindringlich bekundete

Wünsche der Volksvertretung einen sehr schweren Stand haben. Die Autoritäten und das Ansehen der Krone im Volke könnte durch die Thätigkeit einer Nebenregierung auch nicht wachsen. Sollten gar durch den Ausgang der Krisis die Ergebnisse der gegenwärtigen ungewöhnlichen arbeitsreichen Reichstagssession gefährdet werden, so müßte sich der weitesten Volkskreise eine hochgradige Unzufriedenheit bemächtigen. Der neue Kurs würde durch einen abermaligen Zickzacksprung um alles und jedes Vertrauen gebracht, und diejenigen Elemente, welche auf die wachsende Zerfahrenheit und Verwirrung in unseren innerstaatlichen Verhältnissen spekulieren, würden reiche Ernte einheimsen."

Einen Tag später meldete die „K. Z.": „Der Kaiser ist gestern (Mittwoch) Morgen von der Reise zurückgekehrt. Vormittags fuhren alsbald der Reichskanzler, der Staatssekretär Frhr. v. Marschall und der Direktor der Kolonialabteilung, Dr. Kayser, zum gemeinschaftlichen Vortrage nach Potsdam. Dabei hat es sich wohl kaum um etwas ‚Kritisches' gehandelt. Ist die endgültige Feststellung des künftigen Verhältnisses der ostafrikanischen Schutztruppe zu dem Gouverneur von Ostafrika erfolgt, so waren hier die Meinungsverschiedenheiten doch bekanntlich schon friedlich ausgeglichen. Wahrscheinlich sind auch die Vorgänge in Südwestafrika zur Sprache gekommen." An maßgebender Stelle, so behauptete die „Voss. Ztg.", hält man die Entsendung einer Verstärkung der Schutztruppe für erforderlich, doch ist die Entscheidung hierüber noch nicht erfolgt. Dasselbe Blatt schrieb:

„Selbstverständlich ist im Neuen Palais aber auch die allgemeine politische Lage und die Reform des Militär-Strafverfahrens zur Sprache gekommen. Hat doch der Kaiser den Fürsten Hohenlohe auch noch besonders empfangen und nach ihm den Chef des Militärkabinetts, General v. Hahnke, während vor ihm der Chef des Zivilkabinetts, v. Lucanus, Vortrag gehabt hatte. Der Entwurf der neuen Militärstrafprozeßordnung, von der die Post dieser Tage behauptete, die Vorarbeiten seien „noch nicht abgeschlossen", liegt der „Nat.-Ztg." zufolge bereits seit länger als zwei Monaten im Kabinett. Schon diese lange Hinausschiebung der Entscheidung beweist, daß an der Hintertreibung der Reform gearbeitet wird. Wenn unmittelbar vor der Rückkehr des Kaisers offiziös gegen den General v. Hahnke Lärm geschlagen wurde, so darf man aus dem wohl schließen, daß gleich nach der Rückkehr die Entscheidung erwartet wurde. Soll doch auch in Karlsruhe und Dresden bei der Anwesenheit des Kaisers daselbst über die Reform verhandelt worden sein. Man kann kaum mehr hoffen, daß die Entscheidung für die Reform ausfällt, so entschieden ohne Zweifel der Reichskanzler als ein völlig unabhängiger Mann dafür eintreten wird. Auch der Kriegsminister ist kein Mann, der an seinem Posten klebt; in diesem Falle hätte er sich auch wohl schwerlich so rückhaltslos für die Reform engagiert. Mit dem Chef des Zivilkabinetts liegt der Kriegsminister schon lange auch deshalb in Fehde, weil dieser eine Kontrolle über seine Vorträge beim Kaiser auszuüben bestrebt sein soll. Im Reichstage will man ferner mehrfach beobachtet haben, daß in der Hofloge Flügeladjutanten erschienen, wenn wichtige Äußerungen des Kriegsministers zu erwarten waren."

„Die Chefs der Geheimkabinetts," so fuhr die „Voß'sche fort, „spielen allemal eine große Rolle, wenn die Blätter von Krisen zu erzählen wissen. Bei den ‚uferlosen Flottenplänen' wurde der Chef des Marinekabinetts, Frhr. v. Senden=Bibran, im Gegensatz zu dem verantwortlichen Leiter, Staatssekretär Hollmann, als „derjenige, welcher" genannt, und jetzt soll der General v. Hahnke, Chef des Militärkabinetts, das Bier der Militärstrafprozeßreform umgeschüttet haben. Wie dem auch sei: jedenfalls taugt eine Regierung hinter den Kulissen nichts. Wenn die Herren soviel Einfluß besitzen, müssen sie auch verantwortlich sein: dann wäre am besten, es käme Herr v. Senden an Hollmanns, Herr von Hahnke an Bronsarts und Herr v. Lucanus an Hohenlohes Stelle, damit sie vertreten können, was sie wünschen. Hic Rhodus, hic saltate, ihr Herren! Die Schattenseiten einer Regierung hinter den Kulissen zeigten sich unter Friedrich Wilhelm IV., der nach

dem Grundsatz des kleinen Polen Kripskanski: ‚Bald so, bald so‘
regierte. Erst nahm der König in irgend einer Frage Stellung,
oft in dramatisch belebter Form, und dann wurde alles nicht ausgeführt, sondern in aller Stille der Rückzug angetreten. Heute
sagte Friedrich Wilhelm auf Anraten der Minister ‚Ja‘, und
morgen sagte er auf Anraten der Kamarilla ‚Nein‘. Das Land
litt schwer durch diese steten politischen Zickzackbewegungen, aber
auch das Ansehen der Regierung; es war nur Wasser auf die
Mühle der revolutionären Parteien, denen die Unsicherheit der
Zentralgewalt stets erwünscht ist.

In anderen Staaten ist Ministerium und Kabinett dasselbe.
Man spricht von einem Kabinett Bourgeois, von einem Kabinett
Rudini, von einem Kabinett Badeni. Das heißt dort das Ministerium, die Regierung. In Preußen ist es anders. Da steht
das Kabinett dem Ministerium als gesonderte, mitunter nur zu
selbständige Behörde gegenüber. Das war schon am Anfang des
Jahrhunderts so. Kein Geringerer als der Frhr. von Stein bekämpfte das Kabinett als die verderblichste Einrichtung im Staat
in seinen Eingaben an Friedrich Wilhelm III.“

Jetzt mischte sich der Beschwichtigungshofrat in die Regierungs-
krise ein. Merkwürdigerweise bediente er sich dazu der „Berliner
Politischen Nachrichten“, deren enge Beziehungen zu dem Finanzminister Miquel schon oft betont worden sind. Dieselben schrieben:

„Mit Rücksicht auf die Preßerörterungen der letzten Tage
wird es von Interesse sein, daß der General der Infanterie
von Spitz sein seit längerer Zeit beabsichtigtes Abschiedsgesuch aus
eigener Initiative direkt an allerhöchster Stelle schon eingereicht
hatte, als er bei den Reichstagsverhandlungen den Angriff des
Volksparteilers Haußmann auf die Verabschiedungen im Offiziers-
korps mit Nachdruck zurückwies, und daß ihm der erbetene Abschied
in einer sehr gnädigen Kabinettsorder bewilligt worden ist. General
von Spitz hatte an einer schweren Herzaffektion gelitten, welche
ihn durch mehrere Monate dienstunfähig machte; auch nach der
Herstellung sind noch einige Rückwirkungen der Krankheit zurück-

geblieben, welche, wenn sie ihn auch an der Erfüllung seiner
Dienstpflicht nicht hinderten, doch nach mancher Richtung große
Vorsicht erheischen. Ebenso wird uns von zuverlässigster Seite be=
stätigt, daß bei der Wahl des Nachfolgers des General von Spitz
der Gesichtspunkt einer abweichenden Auffassung in der vermeint=
lichen Streitfrage nicht in Frage gekommen sei, indem General
von Viebahn, der langjährige Mitarbeiter seines Amtsvorgängers,
in den wichtigsten Fragen des Ressorts auch dessen Standpunkt
teile. Liegen die Dinge, wie wir anzunehmen Ursache haben,
aber thatsächlich so, dann erscheint es um so befremdlicher, wenn
Blätter, welche notorisch öfter zu offiziösen Mitteilungen benutzt
werden, sich jetzt zu Angriffen gegen die Ausübung des Ernennungs=
und Verabschiedungsrechts in der Armee hergeben, die äußerlich
sich gegen die Person des Chefs des Militärkabinetts richten, in
Wirklichkeit aber die Person des obersten Kriegsherrn selbst aufs
Korn nehmen. Denn darüber besteht doch in den weitesten Kreisen
kein Zweifel, daß der Kaiser, wie er namentlich auch in seiner
Eigenschaft als oberster Kriegsherr niemals Deckung hinter der
Person eines Beraters sucht, auch Niemandem einen entscheiden=
den Einfluß auf seine Entschließungen einräumt, dem Chef des
Militärkabinetts so wenig wie anderen. Die Erfahrung hat doch
in mehr als einem Falle gezeigt, daß auch in den schwierigsten,
verantwortungsvollsten Lagen die Entschließung an entscheidender
Stelle aus eigener, ganz unbeeinflußter Initiative hervorgegangen
ist, und daß, wenn die Lösung eines Knotens manchmal uner=
warteterweise erfolgte, sie die Prüfung durch die Praxis regel=
mäßig glänzend bestanden hat. Ob die bezeichneten Angriffe mit
dem monarchischen Prinzip vereinbar sind, erscheint hiernach nach
verschiedenen Seiten hin mindestens zweifelhaft, wie es denn auch
als ein neuer Vorgang von nicht weniger zweifelhaftem Charakter
erscheint, solche Angriffe durch Mitteilung angeblicher Details über
die Beschlüsse des Staatsministeriums, über die Stellungnahme
der einzelnen Mitglieder desselben und anderer Bundesfürsten und
Bundesregierungen zu stützen. Daß unter diesen Umständen jene

Äußerungen von denjenigen Dienststellen, von denen die beteiligten Blätter sonst wohl Informationen erhalten, eifrig als rein redaktionelle Privatleistungen erklärt werden, ist nur erfreulich."

„Diese Ausführungen," so wurde darauf erwidert, „ändern an der Thatsache nichts, daß die Situation gegenwärtig so verwickelt ist, wie wir das verschiedentlich dargelegt haben. Im übrigen sind die „Berl. Pol. Nachr." absolut nicht berufen, irgend einem Blatte Ratschläge über sein Auftreten zu erteilen. Würde die öffentliche Meinung nur durch Organe wie die „Berl. Pol. Nachr." vertreten, so wäre das Volk sehr schlecht daran. Es darf weiter bezweifelt werden, ob die „Berl. Pol. Nachr." von irgend einer amtlichen Stelle die Anregung zu dem vorstehenden Abwiegelungsartikel erhalten haben, der nicht nur die Situation in ihr Gegenteil zu verkehren sucht, sondern auch im einzelnen Unrichtigkeiten enthält. Beispielsweise ernennen die „Berl. Pol. Nachr." den General von Spitz zum General der Infanterie, während er nach den neuesten amtlichen Quellen Generalleutnant ist."

Darauf nahm die „Köln. Ztg." wieder das Wort:

„Immer mehr häufen sich in der Öffentlichkeit Anzeichen dafür, daß die verantwortlichen Ratgeber der Krone in gewissen — sagen wir ‚Hofkreisen' — auf einen Widerstand und auf Hindernisse in politischen Fragen stoßen, auf die einzuwirken diesen Kreisen nicht das geringste Recht zusteht. Wir unterlassen es mit Absicht, an dieser Stelle diese Anzeichen genauer anzugeben und insbesondere auch diejenigen Personen namhaft zu machen, die in ernsten politischen Kreisen und nicht etwa in der Welt des Klatsches und der Skandalsucht als solche angegeben werden, die nicht selten den Absichten der Regierung entgegenarbeiten. Wir wollen zu persönlichen Zänkereien nicht die Hand bieten, wir wollen nur wünschen, daß, soweit diese Klagen zutreffen, sie baldigst Abhilfe finden mögen. Fürst Bismarck hat sich solche Einmischungen, so oft sie versucht wurden, mit Recht nie gefallen lassen, sondern aufs schärfste unterdrückt, und er hat das nicht aus Herrschsucht

gethan, sondern weil eine einheitliche, zielbewußte Regierung unmöglich ist, wenn sich dritte Kräfte zwischen die Krone und ihre
verantwortlichen Ratgeber drängen. Das trifft für alle Einmischungen zu, vor allem aber für diejenigen aus „Hofkreisen‘,
denn gerade für den Hof ist es mit Rücksicht auf die persönlichen
Beziehungen zur Krone doppelt notwendig, daß er sich von jeder
Politik streng zurückhält und allen Parteien gegenüber, die im
König ihren unparteiischen Landesherrn erkennen und verehren,
streng unparteiisch bleibt. Wollen solche Hofherren Politik treiben
und ihrem Kaiserlichen Herrn ihren politischen Rat zuwenden, so
mögen sie zunächst den König bitten, sie an Stelle der bisherigen
Minister zu verantwortlichen Ratgebern zu berufen. Der König
kann nach der Verfassung ohne die Zustimmung seiner verantwortlichen Ratgeber keine einzige Regierungshandlung vornehmen;
diese Zustimmung kann unmöglich auf durch fremde unverantwortliche
Ratgeber beeinflußte Befehle hin erzielt, sie muß vielmehr im
engsten und regsten politischen Gedankenaustausch zwischen den
maßgebenden Faktoren errungen werden. Wer diesen durch die
Verfassung verbürgten Gang unterbricht, der schadet der Krone
und schadet dem Stande, schon aus dem Grunde, weil selten ein
von unverantwortlicher Seite gegebener Rat auf Grund zuverlässiger
Kenntnis der Akten und mit der umfassenderen Übersicht der
berufsmäßigen Ratgeber erteilt wird. Zur Zeit des alten Kaisers
haben in dieser Hinsicht Zustände geherrscht, die vielfach muster-
haft genannt worden sind. Wir sind der Überzeugung, daß Krone
und Vaterland das höchste Interesse daran haben, daß diese alt-
erprobten Zustände nicht verändert werden.‟

Nachdem die „Köln. Ztg.‟ zuerst den General von Hahnke,
dann die Flügeladjutanten und nun auch unbestimmt gelassene
„Hofkreise‟ mit dem Vorwurf der unzulässigen Einmischung in
Staatsgeschäfte und ungehöriger Einflußnahme auf letztere bedacht
hatte, gewannen diese Artikel allerdings einen „weit über die brennende
Frage hinausgreifenden Charakter.‟ Die „Berl. N. N.‟ bemerkten:

„Die Klage über die unberechtigte Einmischung unverant-

wortlicher Ratgeber ist nicht neu, sie hat bereits bei der Kata=
strophe von 1890 eine Rolle gespielt, und es ist naheliegend, daß
die häufige und längere Abwesenheit des Monarchen von der
Residenz einerseits den Verkehr der Minister mit der Krone
nicht erleichtert, anderseits der persönlichen Umgebung, so weit
sie neigt, politische Ratschläge zu erteilen, die Gelegenheit dazu
im weitesten Umfange bietet. Derartig bestimmt formulierte
Vorwürfe, wie die „Köln. Ztg." sie erhebt, müssen notgedrungen
im Lande einen sehr tiefen Eindruck machen, zumal, wenn sie als
Echo „ernster politischer Krise" auftreten. Wir meinen, daß,
wenn ein derartiger Mißstand vorhanden ist, die Minister zuerst
diejenigen sein müßten, die ihn empfinden und die ebenso die
Pflicht wie das Interesse haben, ihm ein Ende zu machen und
an der höchsten Stelle auf die entsprechenden Änderungen hinzu=
wirken. Sollten in dieser Hinsicht die Artikel der „Köln. Ztg."
der Rauch eines in der That vorhandenen Feuers sein, so wird
die Öffentlichkeit mit letzterem sich wohl noch eingehender zu be=
fassen haben."

Die „Pol. Nachr." brachten darauf folgende Auskunft:

„Es ist nicht richtig, daß General von Hahnke ein Gegner
der Reform des Militärstrafverfahrens ist; im Gegenteil gehört
er bereits seit 1874, wie die meisten Offiziere der Armee, zu
den Anhängern dieser Reform. Nur gegen die Einführung der
Öffentlichkeit, wie sie im bürgerlichen Strafverfahren besteht, hat
er von jeher ernste Bedenken gehegt, weil von ihr nach seiner
Auffassung der Disziplin in der Armee Gefahr droht. Er hat
diese seine Auffassung ohne Zweifel auch voll vertreten, wenn
Se. Majestät eine Äußerung über die Sache befohlen hat, wie
er sicherlich auch weiteren beteiligten Kreisen gegenüber daraus
kein Hehl gemacht hat. Das sind aber alles Dinge, welche auch
minder Eingeweihten längst bekannt sind. Nicht so allgemein
bekannt scheint es zu sein, daß General von Hahnke trotz dieser
seiner Auffassung maßgebenden Ortes dargelegt hat, daß für den
Fall, daß gewichtige politische Rücksichten oder die Wünsche der

Bundesfürsten für die Einführung beschränkter Öffentlichkeit in das Militärstrafverfahren sprächen, einer solchen Maßregel im Interesse der deutschen Einigkeit zuzustimmen sein würde. Wenn hiernach über das völlig loyale Verhalten des Chefs des Militärkabinetts gegenüber der Reform des Militärstrafverfahrens kein Zweifel bestehen kann, so erhellt aus den vorstehenden Darstellungen auch, wie völlig die gegen ihn erhobenen Beschuldigungen einer thatsächlichen Unterlage entbehren, und man kann aus der Hinfälligkeit dieses ersten und hauptsächlichsten Angriffspunktes mit Recht den Schluß ziehen, daß auch im übrigen die ganze Preßkampagne der thatsächlichen Unterlage entbehrt."

„Dieser offiziöse Verteidigungsversuch ist", antwortete die „Germania": „so ungeschickt als möglich abgefaßt. Jeder unbefangene Leser wird darin weit mehr eine Bestätigung als eine Widerlegung der bisherigen Nachrichten über die Stellung des Generals von Hahnke zur Reform des Militärstrafverfahrens erblicken. Es wird darin festgestellt, daß der General von Hahnke nicht nur von jeher ein entschiedener Gegner der Öffentlichkeit im Militärstrafprozeßverfahren gewesen ist, sondern auch als Chef des Militärkabinetts sachliche Ratschläge gegeben hat. Der Chef des Militärkabinetts für persönliche Angelegenheiten ist dazu aber nicht berufen, sondern der verantwortliche Kriegsminister, dem er dienstlich unterstellt ist. Trotz der Mahnung der ‚Kreuzzeitung', die Presse möge sich bei ihren Bemerkungen über die Nebenregierung gewisser Hofkreise einer etwas größeren Reserve befleißigen, glauben wir doch, diese Feststellungen nicht unterlassen zu sollen. Die Mahnung des leitenden konservativen Organs, sich einer größeren Reserve zu befleißigen, wäre wohl besser und zweckdienlicher an die Hofkreise, welche in unverantwortlicher Stellung eine Nebenregierung installieren wollen, gerichtet worden. — Im übrigen nehmen wir noch von der Mitteilung Kenntnis, daß General von Hahnke auch mit Mitgliedern der konservativen Partei keine politischen Verhandlungen gepflogen hat."

„Das Ganze halt", so ertönte es auf einmal durch die ge-

samte Presse. Die Entscheidung über die Frage der Militär=
strafprozeßreform ist jetzt oder in nächster Zeit noch nicht zu er=
warten, sondern bis zum Herbst hinausgeschoben. Hinzugefügt
wurde, es sei kaum anzunehmen, daß der Kaiser bei seinem ausge=
prägten Pflichtgefühl sich mit allen maßgebenden Faktoren in Wider=
spruch setzen und dem Reformplan seine Unterschrift versagen würde.
Es entspräche durchaus der bedächtigen Natur des Fürsten Hohen=
lohe, wenn er vorzöge, auf die kaiserliche Entschließung nicht jetzt
zu drängen, sondern einen ihm hierfür günstiger erscheinenden Zeit=
punkt abzuwarten. Fürst Hohenlohe könnte zu einem solchen Ent=
schluß nur gelangt sein, nachdem er sich des Einverständnisses des
Kriegsministers versichert hätte, da er und das ganze preußische
Staatsministerium grundsätzlich den Standpunkt des Generals
von Bronsart teilen.

Den Epilog sprach die „Frankf. Ztg." mit den Worten: „Wie
die spezielle Frage der Militärstrafprozeßordnung sich lösen wird? —
Wir sind zu lange in der Politik thätig und nicht mehr naiv genug,
uns darüber ein bestimmtes Urteil anzumaßen. Ist der Kriegs=
minister nach wie vor ernstlich gewillt, im Einverständnis mit den
übrigen Ministern und gestützt auf die Zustimmung der größeren
Bundesregierungen die Reform einschließlich einer gewissen Öffent=
lichkeit des Verfahrens durchzusetzen, und glaubt er, daß ihm dies
durch vorsichtige Taktik gelinge, so kann man begreifen, daß ihm
die Krisenartikel, die auf eine schnelle Lösung zu drängen schienen,
unangenehm und als ein verfehltes Mittel erschienen sind. Sollte
aber etwa der General Bronsart von Schellendorff, der mit seinem
Portefeuille für diese Reform sich stark gemacht hat, doch schwach
geworden sein und die Absicht der Verschleppung haben, dann
würden jene Artikel den Zweck gehabt haben, dem Kriegsminister
selbst ein energisches ‚Wie lange noch?' zuzurufen. In dem einen
und dem anderen Falle hätte man sich zu diesen Artikeln verschieden
zu stellen; es ist aber immerhin schwer, eine publizistische Jagd
mitzumachen, deren Ziel und eigentlichen Zweck man nicht kennt.
Fällt der jetzige Kriegsminister über die Reform, so fällt er nicht

allein; wer dann ans Ruder kommt, wissen wir nicht, aber aus
der Nachgiebigkeit, die schon ein Mann wie Fürst Hohenlohe gegen
reaktionäres Agrarier= und Junkertum entwickelt, läßt sich ungefähr
schließen, welche Einflüsse jetzt mächtig sind und dann noch mächtiger
werden können.

„Bei den Schilderungen über unverantwortliche Einflüsse und
Kabinettsregierung läuft im einzelnen gewiß manches Falsche und
Übertriebene unter. Auch manche Überschätzung von Personen, die
der Öffentlichkeit nur ihrem Namen nach bekannt sind. Es wird
vielfach zu sehr nach dem historischen Muster der Gerlach und
Manteuffel geurteilt und es wird vor allen Dingen übersehen, daß
der jetzige Monarch nur schwer, wenn überhaupt, zu leiten und zu
beeinflussen ist. Nicht die Existenz besonders veranlagter politischer
Intriguanten, sondern der energische Wille und der Ideenreichtum
des gegenwärtigen Kaisers sind die eigentliche dauernde Ursache des
Zustandes, der von Zeit zu Zeit als Krise bezeichnet wird. Er
will sein eigener Kanzler und Minister sein nach Bismarcks be=
rühmtem Ausspruch, und deshalb werden die Männer, die als
Kanzler und Minister fungieren, gegenüber den kaiserlichen Wünschen
und Ideen immer in sehr schwieriger und kritischer Lage sein, und
der unbefriedigte Thatendrang des Monarchen wird sich leicht an
andere Männer seiner nächsten Umgebung wenden, auch wenn deren
politischer Ehrgeiz nicht groß ist.

Der gegenwärtige Zustand wäre noch sehr erbaulich, wenn
die Reform des Militärstrafprozesses die einzige kritische Frage
wäre. Die des Flottenplans ist auch noch nicht gelöst, und jeden=
falls hat der von der Bedeutung der Marine durchdrungene Monarch
es noch nicht verwunden, daß seine Ideen sich dem finanziellen und
politisch Möglichen anpassen sollen. Über Kabinettseinflüsse, die dabei
mitspielen, ist öffentlich im Reichstage gesprochen worden. Man
erzählt in intimeren Kreisen, daß der Kaiser versucht habe, den
Alten im Sachsenwalde für die Marinevergrößerung zu begeistern,
und daß ein vor nicht allzulanger Zeit verabschiedeter Minister
aus allerhöchstem Munde die unwillige Äußerung gehört haben

soll: „Da hole ich mir lieber den Alten zurück." Das ist
natürlich nur ein Stimmungssymptom; an die praktische Aus=
führung ist aus vielen und hinlänglich bekannten Gründen nicht
mehr zu denken. Die Stimmung, welche die Trennung von Herrn
von Köller beim Kaiser erzeugt hat, ist auch durchaus noch nicht
überwunden, und diese Trennung stand in direktem Zusammenhang
mit der Reform des Militärstrafprozesses. Also, wer durchaus
von einer Krisis sprechen will, der nenne sie eine dauernde oder
schleichende, und das ist schlimmer als eine akute. Wer die Existenz
einer solchen in der letzten Woche bestritten hat, der braucht damit
nicht die Absicht der Beruhigung oder Vertuschung gehabt zu
haben, denn der dauernde Zustand ist schlimmer als die schnelle
Lösung."

Die „Voss. Ztg." ließ es ebenfalls an einem Epilog nicht
fehlen. Sie schrieb: „Unmittelbar nach der Rückkehr des Kaisers
nach der Reichshauptstadt sollte die Entscheidung fallen über das
Schicksal sowohl des Gesetzentwurfes über die Militärrechtspflege,
wie über das Schicksal des Ministeriums Hohenlohe bestimmt werden.
In den „allernächsten Tagen" sollte man Klarheit erhalten, ob
im deutschen Reich „Minister oder Adjutanten" regieren. So
ungefähr hieß es in den Blättern, die behaupteten von „sach=
verständiger" Seite unterrichtet zu sein. Die Veröffentlichungen
über die Verabschiedung des Generals v. Spitz erregten in weiten
Kreisen Aufsehen. Es wurden Einzelheiten mitgeteilt, die der
Öffentlichkeit bis dahin verborgen waren. Man erhielt eingehende
Nachrichten über die Beschlüsse, die das Staatsministerium im
vorigen Oktober gefaßt hatte, über den Inhalt des Gesetzentwurfs,
über den Widerstand, dem er begegnete. Die „Köln. Ztg." wollte
wissen, daß die Würfel bereits gefallen seien. Der Kaiser sollte
in den jüngsten Tagen der Meinung des Militärkabinetts bei=
gepflichtet haben. Das Ministerium sollte daher genötigt sein,
entweder die Entschließung rückgängig zu machen und die Zu=
stimmung des Kaisers zu dem Gesetzentwurf zu erlangen, oder
aber seinen Rücktritt zu nehmen. Kritische Tage schienen ange=

17*

brochen. In der That fand sich Fürst Hohenlohe nicht nur mit dem Freiherrn v. Marschall verschiedentlich zum Vortrag bei dem Kaiser ein, sondern er erschien auch allein, eine Stunde bevor der Chef des Militärkabinetts vom Herrscher empfangen wurde. Und was ist das Ergebnis dieser Verhandlungen? Ist die Krisis vorüber? Hat das Staatsministerium oder hat das Militärkabinett gesiegt? Wird Hohenlohe oder wird Hahnke gehen?

Diese Fragen schweben auf allen Lippen. Eine Veränderung in der Leitung des einen oder des anderen Amtes scheint natur=gemäß. Aber wenn man von einst Österreich gesagt hat, es sei das Land der Unwahrscheinlichkeiten, so geschieht auch im Deutschen Reich neuerlich mitunter, was dem Volk am wenigsten natürlich und wahrscheinlich vorkommt. Dem Anschein nach ist auch die jüngste Krisis nicht gelöst, sondern vertagt worden. Es heißt, daß über die Militärprozeßordnung erst später die Entscheidung erfolgen solle. Vorläufig bleibt alles beim Alten, wenn anders die Mel=dungen, die an die Presse gelangt sind, den Thatsachen entsprechen. Im vorigen Sommer hat das Staatsministerium die Grundsätze für die Reform aufgestellt. Im Oktober ist der Entwurf vollendet worden. Seit Monaten ruht er im Militärkabinett. Was unter diesen Umständen die weitere Verzögerung der entscheidenden Maß=regel bedeuten soll, ist unerfindlich. Allgemach ist man auch außerhalb Preußens ungeduldig geworden. Aus den jüngsten Veröffentlichungen hat man erfahren, wie die hervorragendsten Bundesfürsten und ihre Regierungen, insbesondere die Kriegs=minister, lebhaft nach der Reform verlangen. Wer den Erlaß des Prinzen Georg von Sachsen richtig zu lesen weiß, der kann nicht darüber im Zweifel sein, daß dieser Führer der sächsischen Armee die heutige Prozeßordnung als eine Ursache des Übermaßes von Mißhandlungen im Heere betrachtet, als ein Hindernis für ihre durchgreifende Unterdrückung. Wie die württembergischen Minister, insbesondere der Kriegsminister Schott v. Schottenstein über den Stand der Militärgerichtsreform im Landtage gesprochen haben, ist noch in frischer Erinnerung. Und da sollen wieder

Monate und Monate vergehen, ohne daß den Erwartungen der Fürsten wie des Volkes entsprochen werde, soll eine Reform, die seit einem Menschenalter und mehr dringend ist, noch weiter hinausgeschoben werden, weil der Chef des preußischen Militärkabinetts sich mit ihr nicht einverstanden erklären kann? Ist denn das Urteil des Militärkabinetts bedeutsamer als das Gutachten des Kriegsministers und des Staatsministeriums? Und hat nicht der Kriegsminister versichert, mit der Reform zu stehen und zu fallen? Indessen die Nation soll warten. Vielleicht wird im Herbst die Vorlage über die Umgestaltung des Militärprozesses dem Reichstage zugehen, vielleicht auch nicht. Wenn bis jetzt noch keine Gewißheit geschaffen werden konnte, weshalb sollte nicht im nächsten November abermals eine Krisis mit einer Vertagung auf sechs Monate abschließen?

Es ist ganz lehrreich, auf diese ministeriellen Erklärungen über diese Reform zurückzublicken. Wir schlagen die amtlichen Berichte des Abgeordnetenhauses auf und, siehe da, am 2. September 1862 erklärte der preußische Justizminister, Graf zur Lippe, im Namen des Ministeriums: „Das gegenwärtige Verfahren in Zivilstrafsachen gilt offenbar für einen Fortschritt gegen das frühere, und ich müßte mich jeder Entwicklung unserer Verhältnisse verschließen, wenn ich nicht anerkennen wollte, daß das seit langer Zeit bestehende Verfahren der Militärstrafgerichte auch einer Verbesserung fähig ist . . . Nachdem, was ich gesagt habe, glaube ich eine Revision der Bestimmungen über das Strafverfahren bei den Militärgerichten in eine gewisse Aussicht stellen zu können." Dazumal erklärte der Abg. Reichensperger: „Ich habe das Gesetz über das Militärstrafverfahren Paragraph für Paragraph durchgenommen und muß gestehen, daß es mir scheint, als ob kaum ein einziger Paragraph dem entspricht, was man von dem heutigen Stande der Kriminalrechtspflege billig erwarten kann." Im Jahre 1870 saß Herr v. Roon auf der Ministerbank. Er erklärte die Reform für durchaus notwendig, nur möchte man warten, bis die neue Strafprozeßordnung geschaffen sei, da es

selbstverständlich sei, „daß sich die Militärstrafgesetzgebung der all=
gemeinen Landesgesetzgebung anzuschließen hat." So gesprochen
am 30. März 1870. Einige Jahre später war Herr v. Kameke
Kriegsminister. Im Reichstage wurde beantragt, den Reichskanzler
aufzufordern, mit thunlichster Beschleunigung den Entwurf einer
Militärstrafprozeßordnung einzubringen, in der das Strafverfahren
mit den wesentlichen Formen des ordentlichen Strafprozesses um=
geben und die Zuständigkeit auf Dienstvergehen beschränkt wird.
Der Kriegsminister v. Kameke erhob sich am 21. Dezember 1876
und bat nur, den Zusatz über die Zuständigkeit fortzulassen. Der
Verzicht auf diese Forderung werde es den Regierungen er=
leichtern, „dem Reichstage eine neue Militärstrafprozeßordnung
womöglich schon in der nächsten Legislaturperiode vorzulegen."
Vielleicht kann man einst das fünfzigjährige Jubiläum der mini=
steriellen Zusage der Reform feiern, ohne daß sie durchgeführt ist.
Jedenfalls sind wir nicht vertrauensselig genug, zu glauben, daß
mit der Vertagung der Krisis auf den nächsten Herbst auch die
Durchführung der Reform für den nächsten Herbst gesichert sei.

Wenn man alle offiziösen Erklärungen über den Ausgang
der Krisis der beschönigenden oder verdunkelnden Redensarten ent=
kleidet, so gewinnt man den Eindruck, als ob das Staatsministerium
vor dem Militärkabinett vorläufig die Waffen gestreckt habe. Zwar
wird versichert, der Chef des Militärkabinetts sei in seinem Wider=
stande gegen die Reform gar nicht so weit gegangen, wie allgemein
geglaubt werde, auch sei keineswegs eine Entscheidung im Sinne
des Militärkabinetts schon ergangen. Aber das ändert nichts an der
Thatsache, daß das Staatsministerium die Ermächtigung zur Ein=
bringung des Gesetzentwurfes angelegentlich wünscht, und diesen
Wunsch einmütig zum Ausdruck gebracht hat, daß das Militär=
kabinett auf dem entgegengesetzten Standpunkt steht, und daß bisher
die Ermächtigung nicht erteilt, ihre Erteilung auch nicht einmal
für den Herbst in sichere Aussicht gestellt ist. Das Staats=
ministerium mag Gründe haben, seinen Rücktritt, der als das
notwendige Ergebnis dieser Lage erscheinen sollte, noch zu vertagen.

Welche Gründe es hat, ist der Öffentlichkeit unbekannt. Angesichts der sattsam bekannten Vorgänge hinter den Kulissen aber wird jedes Gefühl der Sicherheit der innern Lage schwinden. Die Krisis ist chronisch geworden. Die Einheit in der Leitung der Politik ist nicht festgestellt. Ob der Reichstag unter diesen Umständen den Gesetzentwurf über die vierten Bataillone genehmigen kann und wird, steht dahin. In dem Kampfe für eine freiheitliche Reform zu fallen, wäre jedenfalls für das Ministerium heilsamer, als zu einer Zeit entlassen zu werden, wo es nicht mehr gebraucht und für die Niederlage nach oben nicht einmal durch die moralische Unterstützung von unten entschädigt wird."

So die „Voß'sche". Als es sich im Reichstage um die Umwandlung der vierten Bataillone handelte, wurde die Frage, ob endlich mit Bestimmtheit auf die in Aussicht gestellte Reform gerechnet werden könnte, zum Prüfstein für den Anspruch der gegenwärtigen Regierung auf Vertrauen des Landes und der Volksvertretung. Am 18. Mai gab Fürst Hohenlohe im Reichstag folgende Erklärung ab:

„Der Herr Abg. Lieber hat sich über den langsamen Gang der Arbeiten der Reform der Militärstrafgerichtsordnung beklagt und den Wunsch ausgedrückt, über diesen Gegenstand eine bindende Erklärung vom Tische des Bundesrates aus zu erhalten. Obgleich ich nun einen innern Zusammenhang zwischen der Ihrer Beratung unterstehenden Vorlage und der Militärstrafgerichtsordnung nicht anzuerkennen vermag, so bin ich doch bereit, die Anfrage des Herrn Vorredners zu beantworten. Es ist seit lange allgemein anerkannt, daß unsere Militärstrafgerichtsordnung der Verbesserung bedarf, und daß die deutsche Armee ein einheitliches Strafgerichtsverfahren nicht entbehren kann. Dieses hat dazu geführt, daß schon vor längerer Zeit, wie Sie wissen, mit der Ausarbeitung einer neuen Militärstrafgerichtsordnung begonnen worden ist. Der Entwurf einer solchen ist nunmehr soweit vorbereitet, daß ich die bestimmte Erwartung hegen darf, denselben im Herbst dieses Jahres den gesetzgebenden Körperschaften des Reiches vorlegen zu können.

Derselbe wird — vorbehaltlich der Besonderheiten, welche die militärischen Einrichtungen erheischen — auf den Grundsätzen der modernen Rechtsanschauungen aufgebaut sein. Im übrigen muß ich es selbstverständlich ablehnen, näheres über den Inhalt des Entwurfes mitzuteilen, so lange derselbe nicht im Bundesrate zur Annahme gelangt ist."

Gegenüber derjenigen Kritik dieser Erklärung, welche in derselben eine Mitteilung über die Zustimmung des Kaisers zu der Reform vermißte, wurde in der Presse bemerkt, ein vorsichtiger und erfahrener Staatsmannn, wie Fürst Hohenlohe, würde sich nicht so äußern, wenn er der Billigung des Kaisers nicht sicher zu sein glaubte. Die Beruhigung der Gemüter hielt gleichwohl nicht lange vor.

Ungeachtet der wiederholten Dementis der „Nordd. Allg. Ztg." wonach zur Zeit alle Gerüchte über Veränderungen im Ministerium der Begründung entbehrten, erhielten sich die Nachrichten über den zu gewärtigenden Rücktritt des Kriegsministers und die „Leipz. Neuest. Nachr." ließen sich aus Berlin „aus sicherster Quelle" melden, daß Herr General v. Bronsart „seine Demission eingereicht habe." Zu den Differenzpunkten, die hinsichtlich des vom Kriegsminister vertretenen Standpunktes der Zulässigkeit der Öffentlichkeit im Militärstrafgerichtsverfahren bestehen sollten, schienen sich noch einige andere administrativer Natur gesellt zu haben, und es wäre, falls der Kriegsminister in der That auf seinem Rücktritt bestehen sollte, nicht unmöglich, daß diese Gesichtspunkte für ihn nicht minder bestimmend in die Wage fallen. Ein nicht auf der Militärstrafgerichtsordnung begründetes Ausscheiden würde auch verhüten, daß durch diesen Schritt in den Regierungskreisen weitere Folgen hervorgerufen werden.

Am 8. August befand sich der Reichskanzler Fürst Hohenlohe in Wilhelmshöhe beim Kaiser, er war, von Alt-Aussee zurückkehrend, von München aus über Frankfurt nach Wilhelmshöhe gereist. An sich war in dem Umstande, daß der erste Berater des Monarchen, nachdem dieser von seiner Nordlandsfahrt zurückgekehrt und bevor er sich zu dem Marine-Manöver begab, mit ihm eine Aussprache über die politische Lage und über die gesetzgeberischen Vorarbeiten für den Herbst hatte, nichts auffallendes; es konnte sogar fast selbstverständlich erscheinen. Indeß die Thatsache, daß der Kaiser plötzlich die beabsichtigte Reise nach Wesel, Ruhrort, Essen aufgegeben hatte, schien neben anderen Anzeichen dafür zu sprechen, daß es sich nicht bloß um die regelmäßige Verständigung zwischen dem Herrscher und dem ersten Minister handelte, sondern daß Entschließungen von besonderer Wichtigkeit zu treffen waren; die Erkältung des Kaisers, welche als Grund des Verzichts auf die Reise nach Wesel ꝛc. angegeben wurde, war jedenfalls nur unbedeutend, da gemeldet wurde, daß der Kaiser Spaziergänge gemacht hatte; die politischen Verhandlungen, mit denen die Ankunft des Fürsten Hohenlohe in Wilhelmshöhe zusammenhing, dürften danach an dem Entschluß des Kaisers, dort zu bleiben, nicht ohne Anteil gewesen sein. Der Chef des Militärkabinetts, General von Hahnke, war schon vor dem Reichskanzler in Wilhelmshöhe, wo sich bis dahin nur Herr von Lucanus beim Kaiser befand, eingetroffen.

Fanden in Wilhelmshöhe politische Erörterungen von besonderer Tragweite statt, so konnte es wohl keinem Zweifel unterliegen, daß sie in erster Reihe die Reform des Militärstrafverfahrens betrafen. Es mochte sich wohl nur darum handeln, daß Fürst Hohenlohe sich vergewisserte, ob er imstande sein werde, in der im November wieder beginnenden Reichstagssession das Versprechen vom 18. Mai d. J. einzulösen. Hiervon mußte allerdings die weitere Entwickelung der inneren Politik abhängen. Es war schwer einzusehen, wie ohne Erfüllung des damaligen Versprechens irgend eine Regierung die Geschäfte weiterführen könnte, es wäre denn vermöge vollständiger Unterwerfung unter den Willen des Centrums, welches für entsprechende kirchliche Zugeständnisse freilich ebenso auf die Reform des Militärstrafverfahrens wie jede andere seiner weltlichen Forderungen verzichten würde.

Als der frühere Kriegsminister von Bronsart Ende Juni oder Anfang Juli den erbetenen längeren Urlaub antrat, machte er

seinen Vertrauten gegenüber kein Hehl daraus, daß er amtsmüde
sei infolge der andauernden Konflikte mit dem Militärkabinett, und
vermutlich hatte er schon damals den Reichskanzler nicht im Zweifel
gelassen, wenn es einer besonderen Mitteilung überhaupt noch bedurfte. Aber als sicher ist anzunehmen, daß Herr von Bronsart
von der Einreichung seines Entlassungsgesuches alsbald auch dem
Reichskanzler in Aussee Mitteilung machte, und als ebenso
sicher, daß der Kaiser nach seiner Rückkehr von der Nord-
landsreise dem Reichskanzler seine Absicht kund that, das
Entlassungsgesuch anzunehmen. Fürst Hohenlohe reiste nach
Wilhelmshöhe und würde zweifellos nicht gezögert haben,
auch seinerseits das Entlassungsgesuch einzureichen, wenn er
sich überzeugt hätte, daß die Verabschiedung des Herrn von
Bronsart gleichbedeutend sei mit einer Zurücklegung der Militärstrafprozeßreform ad calendas graecas. Diese Überzeugung brachte
Fürst Hohenlohe jedenfalls nicht mit nach Berlin zurück. Personen,
welche Gelegenheit hatten, den Fürsten vor seiner Abreise nach
Aussee zu sprechen, versicherten übereinstimmend, daß sie ihn nach
seiner Rückkehr von Wilhelmshöhe in weniger gedrückter Stimmung
angetroffen hätten. Inzwischen reiste der Reichskanzler nach Rußland, die Entlassung des Herrn Bronsart wurde veröffentlicht, und
es erschien die bekannte Auslassung im Reichsanzeiger. Wie Blitz
und Donnerschlag hatte doch die allgemeine Überraschung gewirkt,
welche durch die Entlassung des Herrn v. Bronsart hervorgerufen
wurde, und der Artikel im „Reichsanzeiger" hatte die Bestimmung,
abzuwiegeln. Aber wie es geschah, das wirkte noch viel über-
raschender. Wer die Erklärung im „Reichsanzeiger" über die
Stellung des Militärkabinetts verfaßt hat, entzieht sich der öffentlichen Kenntnis, daß sie überhaupt erschien, schien jedoch in etwas
zu der Hoffnung zu berechtigen, die Krise werde sich in Wohlgefallen auflösen und einer normalen Entwicklung Platz machen.

Kaum hatte der Reichskanzler Berlin verlassen, so meldete
der „Staatsanzeiger" (am 15. abends) die Entlassung des Kriegsministers. An den General Bronsart von Schellendorf richtete

der Kaiser das folgende, im nichtamtlichen Teile des „Reichsanzeigers" mitgeteilte Handschreiben:

„Ich entspreche nunmehr der Ihnen in Meiner Order vom
9. d. M. zu erkennen gegebenen Absicht, Ihrem Mir zugegangenen,
durch Ihren Gesundheitszustand begründeten Gesuche vom 15. Juli
d. J. um Verabschiedung Folge zu geben, dadurch, daß Ich Sie
— nachdem Ich Sie in Meiner anderweiten Order vom heutigen
Tage von dem Amte als Staats- und Kriegsminister entbunden
habe — unter Belassung à la suite des Großherzoglich Mecklen-
burgischen Grenadier-Regiments Nr. 89 und unter Ernennung zu
Meinem Generaladjutanten mit der gesetzlichen Pension zur Dis-
position stelle. Ich spreche Ihnen sogleich gern Meine besondere
warme Anerkennung für die Verdienste aus, welche Sie sich in
Ihrer fast dreijährigen Thätigkeit in der bisherigen schweren und
verantwortungsvollen Stellung erworben haben. Lebhaft bedauere
Ich, Sie aus derselben scheiden zu sehen, hoffe aber, daß Ihr
Gesundheitszustand es bald zulassen wird, Ihre bewährte militärische
Kraft durch Ihre Heranziehung zum Dienste als Mein Generaladjutant Mir und der Armee, in deren Anciennetätslisten Sie
auch ferner geführt werden, noch weiter nutzbar zu machen.
Wilhelmshöhe, 14. August 1896.

Wilhelm R.

An den Staats- und Kriegsminister
General der Infanterie Bronsart v. Schellendorf."

In der Presse gab es große Bewegung ob dieses Vorgangs.
Wir zitieren wieder die „Köln. Ztg.":

„Der Rücktritt des Generals Bronsart von Schellendorff
ist ein Ereignis von ganz hervorragender Bedeutung, denn er
kennzeichnet sich auch äußerlich in so offenkundiger Weise als ein
Zurückweichen vor einer militärischen Nebenregierung, daß daraus
Befürchtungen für unser Verfassungsleben erwachsen, nicht minder
aber Besorgnisse für das harmonische Arbeiten der militärischen Faktoren, in dem wir eine der wichtigsten Grundbedingungen
unserer militärischen Kraft erblicken.

Daß General von Bronsart nicht aus Gesundheits= oder Ermattungsrücksichten seinen Posten verläßt, ist unbestreitbar. Im Reichstag hat man bis in den Sommer hinein reiche Gelegenheit gehabt, seine feste Gesundheit, seine große körperliche und geistige Frische zu bemerken. Noch an dem letzten parlamentarischen Abend beim Reichskanzler, am 22. Juni, hat er im regsten Verkehr mit den Gästen davon erfreuliche Proben gegeben. Am folgenden Tage trat er einen mehrmonatlichen Urlaub an, den er zunächst auf seiner holsteinischen Besitzung zubrachte und der alle Spuren einer etwaigen Ermüdung weggewischt haben würde, wenn solche, anderen unmerkbar, doch vorhanden gewesen sein sollten.

Auch das Schicksal der Militärstraforordnung kann seinen Rücktritt nicht zur Folge gehabt, ja ihn nicht einmal beeinflußt haben, denn so wie die Dinge heute liegen, ist diese Reform eine noch schwebende Frage, und, wenn es auch wahr ist, daß sich ihrer Erfüllung Hindernisse in den Weg stellen, so ist es nicht minder wahr, daß man noch keinen Grund hat, an ihrer Durchführung zu verzweifeln. In förmlicher Weise ist der Reichskanzler für diese Reform vor dem Reichstage eingetreten, und er hat in der Reichstagssitzung vom 18. Mai d. J. ausdrücklich und wörtlich folgendes erklärt: „Es ist seit lange allgemein anerkannt, daß unsere Militärstrafgerichtsordnung der Verbesserung bedarf, und daß die deutsche Armee ein einheitliches Strafgerichtsverfahren nicht entbehren kann. Dies hat dazu geführt, daß schon vor längerer Zeit, wie Sie wissen, mit der Ausarbeitung einer neuen Militärstrafprozeßordnung begonnen worden ist. Der Entwurf einer solchen ist nunmehr soweit vorbereitet, daß ich die bestimmte Erwartung hegen darf, denselben im Herbste dieses Jahres den gesetzgebenden Körperschaften des Reiches vorlegen zu können. Derselbe wird vorbehaltlich der Besonderheiten, die die militärischen Einrichtungen erheischen, auf den Grundsätzen der modernen Rechtsanschauungen aufgebaut sein."

Wir haben kein Recht zu der Unterstellung, daß es dem Reichskanzler Fürsten Hohenlohe mit dieser Erklärung nicht tiefer

Ernst gewesen sei, auch halten wir es für ausgeschlossen, daß
er sie abgegeben haben würde, wenn er sich nicht vorher der
Zustimmung des gesamten Staatsministeriums versichert hätte.
Wir sind gewohnt, daß Fürst Hohenlohe offene und unzweideutige
Bahnen geht: so wie er willig dem Rufe seines Kaisers folgte,
als dieser ihn an die Spitze der Reichsverwaltung berief, so
klebt er doch auch nicht an diesem Amte, und wird sicherlich aus
demselben scheiden, wenn es ihm unmöglich gemacht werden sollte,
sein in diesem Amte und zur Erzielung wichtiger Zugeständnisse
abgegebenes Wort vor dem Reichstage einzulösen. So lange er
im Amte bleibt — und mit ihm das Staatsministerium — ist
ein Zweifel daran nicht gerechtfertigt, daß er die Einlösung dieser
seiner Zusicherung nach wie vor für möglich hält.

Die Militärstrafgerichtsordnung scheidet also unter den
Gründen, die den Kriegsminister zu seinem Rücktritt veranlaßt
haben könnten, von vornherein aus; auch er ist für diese Reform
eingetreten, aber diese seine Stellungnahme konnte nicht entscheidend
sein, da, wie schon gesagt, die Aussicht auf ihre Durchführung
heute noch nicht geschwunden ist. Wenn er trotzdem jetzt zurück-
weicht, so kann kein anderer Grund vorliegen als der, daß er es
für ausgeschlossen hält, im Kampfe mit dem Militärkabinett weiter
erfolgreich zu wirken und für die Leitung des Kriegsministeriums
die verfassungsmäßige Verantwortung zu tragen. In dieser Hinsicht haben die Erörterungen in der Presse während der letzten
Zeit ein helles und nicht erfreuliches Licht auf die bestehenden
Verhältnisse geworfen. Zunächst scheint es sicher, daß die kommandierenden Generale von Schlichting und von Blume, beide hervorragende Heerführer und überzeugte Stützen der Militärgerichtsreform, trotz des Widerspruches des Kriegsministers und gegen
seinen Willen in den Ruhestand versetzt worden sind. Ferner soll
auch der Departementschef im Kriegsministerium General von
Spitz, obwohl er sich bereit erklärt hatte, trotz der Anciennetäts-
verhältnisse zu bleiben, gegen den ausdrücklichen Widerspruch des
Kriegsministers aus einem der wichtigsten Zweige des Ministeriums

herausgenommen worden sein. Ebensowenig wurden die Wünsche
des Ministers berücksichtigt, als man den Chef der Central=
abteilung des Kriegsministers, Generalmajor Haberling, aus dem
Ministerium herausnahm und in die Front versetzte. Diese Vor=
gänge sind in letzter Zeit wiederholt in der Presse besprochen
worden. Beruhen sie auf Wahrheit, so ist es klar, daß schon
eine einzige dieser Thatsachen genügte, um einen seiner Ver=
antwortung bewußten Minister zum Rücktritt zu veranlassen. In
der That ist es doch wohl das mindeste, was ein Minister ver=
langen kann, daß ihm niemand gegen seinen Willen diejenigen
Kräfte wegnimmt, deren er zur Ausführung der ihm gestellten
Aufgaben zu bedürfen glaubt. Es giebt Leute, die da glauben,
ein Kriegsminister sei allmächtig, wie es scheint, war er nicht
einmal mehr Herr im eigenen Hause.

Fragt man sich, wie eine solche Lage im preußischen Heere,
das sich sonst durch klare Abgrenzung der Befehlsbefugnisse vor
allen anderen ausgezeichnet, entstehen konnte, so wird man
vielleicht weniger die Personen, als die Institution, so wie sie
historisch geworden ist, verantwortlich machen müssen. In früheren
Zeiten war das Militärkabinett einfach eine Abteilung des
Ministeriums und unterstand als solche dem Kriegsminister,
später erfolgte eine Trennung aus ausschließlich persönlichen
Gründen. General von Albedyll, der langjährige Chef des Kabinetts,
war zu einem Dienstalter gelangt, das erheblich höher war, als
das seines Vorgesetzten, des Kriegsministers. Der Wunsch, diesen
General an seiner Stelle zu behalten, ferner auch die bekannte
Abneigung Kaiser Wilhelms I., sich von alten Mitarbeitern zu
trennen, führte dazu, daß man eigentlich eigens und persönlich
für Albedyll die Stellung des Militärkabinetts zuschnitt. Als
Albedyll nach Jahren sich ins Privatleben zurückzog, ließ man es
aber bei der einmal getroffenen Anordnung bewenden und aus
der ausnahmsweisen wurde eine ständige Einrichtung. Wir haben
gesehen, daß sie sich nicht bewährt hat, denn eine Einrichtung, die
einen so anerkannt tüchtigen Minister wie Bronsart von Schellen=

dorff zwingt, auf sein Amt zu verzichten, kann keine tadelsfreie sein. Wir suchen dabei den Fehler weniger in den Personen als in der Einrichtung selbst, die einen Dualismus bedeutet, einen Dualismus in der Armee, wo grade straffe Disziplin und Zentralisation eine Hauptbedingung ist. Als oberster Kriegsherr muß die Spitze der Kaiser sein und seine Befehlsbefugnis kann und soll nicht eingeschränkt werden. Aber ein Monarch, wie befähigt er auch sein mag, wird niemals in der Lage sein, bei einem so gewaltigen Organismus wie der Armee und seinen sonstigen Obliegenheiten allein in militärischen Dingen zu entscheiden.

Er wird zu diesem Behufe Ratgeber haben müssen, und es fragt sich nur, woher er sie nimmt. Hierzu scheint uns vor allem der Kriegsminister geeignet, der persönlich oder durch seine Untergebenen dem Kaiser diese Vorschläge zur Beschlußfassung zu unterbreiten hat. Dieses Verhältnis bestand vor Albedyll und weit bis in dessen Thätigkeit hinein. Es hat tadellos funktioniert, die Maschine arbeitete zur vollsten Zufriedenheit und ohne Anstoß, was man von der jetzigen nach den neuesten Vorgängen nicht mehr sagen kann. Auch glauben wir, daß schon früher manchmal Schwierigkeiten entstanden, die nicht an die Öffentlichkeit gedrungen sind und wohl auch nicht die Bedeutung hatten, wie der jetzt vorliegende Fall. Sollte das nicht ein Anlaß sein, der Erwägung näher zu treten, ob nicht im Interesse der Armee auf die früheren Zustände zurückzugreifen wäre? Wir haben nicht immer mit Kriegsministern unbedingtes Glück gehabt. Jetzt, wo wir einen hatten, der auf allen Seiten als hervorragend tüchtiger Mann vollste Anerkennung fand, muß er stürzen über einer Einrichtung, deren Nützlichkeit in der augenblicklichen, vom Organismus des Kriegsministeriums losgelösten Form vielen erfahrenen Militärs mindestens fraglich erscheint."

In dem Sinne der „Köln. Ztg." sprach sich fast die gesamte Presse aus. Geschah es nun auf Befehl des Kaisers, oder auf Veranlassung des Militärkabinetts, es wurde amtlich versucht, der allgemeinen Unruhe durch eine beruhigende Auslassung ent-

gegenzutreten. Dies geschah im Staats- und Reichsanzeiger durch
folgende anonyme Erklärung:

„Das Ausscheiden des Generals der Infanterie Bronsart
von Schellendorff aus seinen Funktionen als Kriegsminister hat
in der Presse zu den mannigfachsten Kombinationen über die Be-
weggründe geführt, welche für den Rücktritt des verdienten Generals
bestimmend gewesen sind. Dem gegenüber darf auf die Thatsachen
verwiesen werden, unter welchen sich das Ausscheiden des Generals
von Bronsart aus seiner Stellung vollzogen hat. Schon gegen
Ende dieses Frühjahrs hat General von Bronsart seine Entlassung
als Kriegsminister unter Berufung auf seinen angegriffenen Gesundheitszustand nachgesucht. Um den Minister möglichst seinem
Amt zu erhalten, ist ihm ein Urlaub bis Ende August d. J.
erteilt worden. Noch vor Ablauf desselben hat der bisherige
Kriegsminister sein Entlassungsgesuch erneuert unter der Begründung, daß sich sein Gesundheitszustand in der Zwischenzeit
nicht so gekräftigt habe, um die Funktionen der arbeitsreichen und
verantwortungsvollen Stellung als Kriegsminister wieder übernehmen zu können. Infolgedessen sahen Se. Majestät der König
sich genötigt, dem Gesuch des Generals zu entsprechen. Zugleich
aber ernannten Se. Majestät denselben zu Allerhöchstihrem General-
Adjutanten und sprachen die Hoffnung aus, daß es sein Gesundheitszustand baldigst gestatten möge, seine bewährte Kraft wieder
für Allerhöchstsich und die Armee dienstbar zu machen. Inzwischen
hat sich General von Bronsart auf Anraten der Ärzte zu einer
Kur nach Neuenahr begeben. Für jeden Unbefangenen müßten
diese einfachen und klaren Thatsachen genügen, den Rücktritt des
bisherigen Kriegsministers völlig motiviert erscheinen zu lassen.
Es ist daher ein eitles Bemühen, hinter diesen offenkundigen Vorgängen nach verborgenen Motiven zu suchen. Völlig verkehrt
aber ist es, den eigentlichen Grund des Rücktritts des Generals
von Bronsart in einem Gegensatz zwischen Kriegsminister und
Chef des Militärkabinetts erblicken zu wollen. Das Militärkabinett ist nicht, wie es in der Presse vielfach dargestellt wird,

eine selbständige Behörde, und Anordnungen gehen von demselben überhaupt nicht aus. Das Militärkabinett ist nichts als eine Kanzlei Sr. Majestät des Kaisers und Königs, in welcher Se. Majestät diejenigen persönlichen Militärangelegenheiten bearbeiten läßt, welche als Ausfluß der nach Geschichte und Verfassung dem Könige zustehenden Kommandogewalt anzusehen sind, sodaß der Chef des Militärkabinetts selbständig Verfügungen überhaupt nicht treffen kann, sondern nur die Ausführung der Befehle Sr. Majestät zu vermitteln hat. Der Chef des Militärkabinetts kommt daher gar nicht in die Lage, einen Einfluß auf die Allerhöchste Entschließung in denjenigen militärischen Angelegenheiten zu üben, welche zum Ressort des Kriegsministers gehören, wie denn auch letzterer selbst regelmäßig Vortrag bei Sr. Majestät hat. Am allerwenigsten aber wird dem Chef des Militärkabinetts ein Einfluß in politischen Dingen gewährt. Es ist zu hoffen, daß diese Darlegung dazu beitragen wird, die mannigfachen Mißverständnisse und Mißdeutungen, welche sich an den im Kriegsministerium vollzogenen Personenwechsel angeknüpft haben, zu zerstreuen."

Den Eindruck, den diese Erklärung allgemein machte, konnte man eher als eine erheiternde, denn als etwas anderes bezeichnen. Wir wollen uns nicht bei den Blättern aufhalten, die darin den Ton angaben, und lassen wieder die „Köln. Ztg." sprechen:

„Die Erklärung des „Reichsanzeigers" über den Rücktritt des bisherigen Kriegsministers verfolgt den Zweck, den Preßerörterungen über den Zwiespalt zwischen Kriegsministerium und Militärkabinett ein Ende zu machen. Aber wer zuviel beweisen will, kommt von vornherein in eine schlimme Lage, und so ergeht es auch dem „Reichsanzeiger". Gegenüber der Behauptung, daß lediglich der Gesundheitszustand des Generals von Bronsart den Anlaß zu seinem Rücktritt gegeben habe, wie das ja auch aus seinem Entlassungsgesuch und der genehmigenden Kabinettsorder hervorgehe, läßt sich auf die ganze einstimmige Haltung der Presse verweisen, von der, soviel uns bekannt, auch nicht ein ein-

ziges Blatt der angeblichen Krankheit irgendwelche Bedeutung beigelegt hat. Nur einige gingen soweit, sie als eine nebensächliche
Begleiterscheinung der Entlassung hinzustellen. Aber auch wenn
man von der Presse absieht, so ist doch von den wahren Vorgängen
im Laufe der Zeit so viel nachgesickert, daß bei keiner auch nur
einigermaßen unterrichteten Persönlichkeit ein Zweifel darüber
herrscht, daß sich der Rücktritt des Kriegsministers nicht in so
harmloser Weise erklären läßt, wie es jetzt der „Reichsanzeiger"
versucht. Was die amtliche Darstellung der Thätigkeit des Militärkabinetts anlangt, so finden wir es erklärlich, daß man es gegen
recht reichliche Angriffe in Schutz zu nehmen versucht; aber wenn
wir schon aus der Vergangenheit wissen, daß die Rolle des
Militärkabinetts eine höchst bedeutsame gewesen ist, die sich nicht
immer auf Erledigung rein technischer Fragen beschränkte, so wird
das auch heute nicht wesentlich anders sein, wo diese Behörde durch
Lostrennung vom Kriegsministerium zu noch höherem Einfluß
gelangt ist. Richtig ist allerdings, daß nicht das Kabinett als
solches, sondern einzelne zu ihm gehörende Persönlichkeiten auf
Grund ihrer Stellung in der Lage sind, von ihrem Einfluß einen
Gebrauch zu machen, der unseres Erachtens nicht im öffentlichen
Interesse liegt. Schon aus den heute vorliegenden Auslassungen
der Presse ist zu ersehen, daß die im „Reichsanzeiger" aus-
gesprochene Hoffnung, die amtliche Darlegung werde dazu beitragen,
„mannigfache Mißverständnisse und Mißdeutungen zu zerstreuen,"
nicht in Erfüllung gegangen ist. Ja, es ist geradezu das Gegenteil dessen eingetreten, was man wohl beabsichtigt hatte: die schon
etwas eingeschlafenen Erörterungen über den Rücktritt des Kriegsministers sind aufs neue belebt worden, und die Ausführungen
zeigen — eine seltene Erscheinung in der deutschen Presse — eine
kaum durch Schattierungen hin und wieder abgetönte Einmütigkeit.
Es ist nach keiner Seite hin angenehm, daß der „Reichsanzeiger"
sich von einer Reihe von Zeitungen sagen lassen muß, daß man
seinen Erklärungen keinen Glauben schenkt.

Blätter der verschiedensten Richtungen schreiben, daß es keinen

Menschen in Dentschland gebe, der die Ausführungen des „Reichs=
anzeigers" als zutreffend hinnähme, und wenn andere zugestehen,
daß vielleicht ein Dutzend Menschen daran glauben würden, so ist
das auch nicht viel besser. Sehr richtig wird der Artikel des
„Reichsanzeigers" als der „stilgerecht verhüllende Vorhang" be=
zeichnet, hinter dem man verbergen will, was sich in Wirklichkeit
zugetragen hat. Der Versuch, die vollständige Harmlosigkeit des
Militärkabinetts zu beweisen, fällt ebenfalls auf dornigen Boden
und muß als um so gewagter betrachtet werden, als für das Gegen=
teil schon aus der Vergangenheit klassische Zeugen angeführt werden
können."

„Als gegen die Ausführungen des „Reichsanzeigers" sprechend,
wird auch vielfach eine Mitteilung unseres Blattes angeführt, die
sich dahin aussprach, daß man den wahren Thatbestand verdunkle,
indem man die Sache so darzustellen suche, als ob der Konflikt
nicht zwischen Minister und Kabinett, sondern zwischen Kaiser und
Minister bestanden habe. Auffallenderweise, aber einer schlechten
und gedankenlosen Gewöhnung entsprechend, bezeichnen die „Neust.
Nachr." und so auch andere Blätter diese unsere Angaben als
offiziöse und stellen sie als solche den offiziellen des „Reichs=
anzeigers" gegenüber. Im allgemeinen stören wir die Blätter,
denen es beliebt, Artikeln der „Köln. Ztg." willkürlich den offiziösen
oder gar ‚hochoffiziösen' Stempel aufzudrücken, nicht in solchem
harmlosen Vergnügen; bei dieser schroffen Gegenüberstellung aber
müssen wir doch unsere Verwunderung aussprechen, wenn die falsche
Kennzeichnung auch noch nach der Erklärung im „Reichsanzeiger"
auftritt. Von verschiedenen Seiten wird die Frage aufgeworfen,
von welcher Behörde die Erklärung ausgehe. „Daß," so schreibt
die „Nat.=Ztg.", „Fürst Hohenlohe, der sich auf seinen russischen
Gütern befindet, nicht um die Genehmigung der obigen Veröffent=
lichung angegangen worden, kann wohl als sicher gelten; unter
wessen politischer Verantwortlichkeit — wir sprechen natürlich nicht
von der des verantwortlichen Redakteurs des „Reichsanzeigers"
— wird also dem Lande eine derartige Darstellung vorgelegt?

Verfügt etwa das Militärkabinett bereits über den „Reichsanzeiger?" Wir können dem Artikel nur die eine Bedeutung bei-
messen, daß er ein Anzeichen der in den betreffenden Kreisen obwaltenden, sehr begründeten Empfindung ist, einer ungewöhnlichen,
tiefgehenden Erregung der öffentlichen Meinung gegenüberzustehen.
Soviel wir uns erinnern, ist bei keinem der 19 Ministerwechsel
seit dem Tode Wilhelms I. der Reichsanzeiger zur Erläuterung
derselben in Bewegung gesetzt worden."

Ist ein Konflikt in Aussicht? Diese Frage drängte sich auf,
wenn man die Vorgänge der letzten Wochen und insbesondere die
Preßäußerungen über dieselben sich vergegenwärtigte. Die „Voßsche
Zeitung" erörtert noch am 22. August die Frage ganz offen in
einem Leitartikel ihrer Sonntagsnummer, welcher die Überschrift
trug: „Ein Konflikt" und folgendermaßen begann: „Die Lage,
worin das Deutsche Reich sich augenblicklich befinde, sei eine höchst
ungewöhnliche. Eine Entscheidung, wie sie von solcher Wichtigkeit
im Deutschen Reiche seit dessen Begründung noch niemals gefallen ist, stehe bevor. Sie sei lediglich verschoben worden, weil
in vierzehn Tagen eine glänzende Hoffestlichkeit, die mit dem Besuche eines mächtigen Fürsten in Verbindung steht, abgehalten
werden soll, und während dieses Zeitraumes wolle man sich jede
Störung fernhalten. Sei diese Festlichkeit vorüber, so dränge
alles auf die Entscheidung hin. Die Frage, um die es sich
handle, sei die, ob der Reichskanzler die Ermächtigung erhalten
solle, eine von ihm ausgearbeitete Militärstrafprozeßordnung beim
Reichstage einzubringen. „Erhält er diese Ermächtigung nicht, so
geht er." „Nun sind freilich im Laufe der Jahre viele Kanzler
und Minister, unter ihnen Fürst Bismarck, gegangen und andere
an ihre Stelle getreten, ohne daß das Reich aus den Fugen
gegangen wäre und Fürst Hohenlohe ist keine bedeutendere Persönlichkeit, als eine derer, die vor ihm gegangen sind. Legte er sein
Amt aus Gründen seines hohen Alters nieder, so würde dadurch
nicht die geringste Erregung hervorgerufen werden. Aber in
diesem Augenblicke liegt die Sache so, daß, wenn Fürst Hohen-

lohe mit seinen sämtlichen Mitarbeitern aus dem Amte scheidet, nur Männer eintreten können, die entschlossen sind, in offenem Konflikt mit dem Reichstage die Geschäfte zu führen. Selbst eine solche Lage wäre nicht völlig neu. Sie ist vor 34 Jahren dagewesen, als Herr von Bismarck zum preußischen Minister= präsidenten bestellt wurde, um die neue Militärorganisation im Widerspruche mit der Volksvertretung durchzusetzen, und es leben noch viele, die diese erregte Zeit durchlebt haben."

Das Blatt erinnerte daran, daß der Verfassungskonflikt vom Jahre 1862 nur überwunden wurde durch einen glücklichen Krieg und es zweifelte auch nicht daran, daß Fürst Bismarck, als er den Konflikt aufnahm, sicher darauf gerechnet habe, durch einen auswärtigen Krieg aus den inneren Verlegenheiten sich zu retten. In ähnlicher Weise könnten auch heute leichtsinnige Menschen spekulieren. Der Unterschied sei aber der, daß damals die Volks= vertretung, welche dem alten Hohenzollernhause gegenüberstand, erst 14 Jahre alt gewesen sei, heute dagegen würde das deutsche Kaisertum einem Reichstage gegenüberstehen, welcher genau so alt sei, wie es selbst, und dessen Rechte aus derselben Urkunde sich herleiten, wie die Rechte des Kaisertums. Die „Voß'sche Ztg." schloß ihre Betrachtung:

„Man kann nicht daran denken, dem Deutschen Reiche einen Kanzler aufzudrängen, dessen Ziele mit den Anschauungen des deutschen Reichstages in schroffem Widerspruche stehen, ohne zum Staatsstreich, zum Verfassungsbruch, zu kriegerischen Abenteuern gerüstet zu sein. Es ist noch nicht an der Zeit, Befürchtungen sich hinzugeben, daß ein solcher Ausgang eintreten könnte, aber es ist hoch an der Zeit, an diese Sachlage mahnend zu erinnern. Noch ist die Möglichkeit gegeben, durch ein einziges Wort alle trüben Gedanken an die Zukunft auszulöschen, und wir hoffen, daß dieses Wort gesprochen werden wird."

Da kam der 24. August. Die „Kreuzzeitung" hatte Recht, als sie den schwirrenden Krisengerüchten und den aufgeregten Tagesbetrachtungen gegenüber bemerkte: „Abwarten sei zwar eine langweilige Kunst, aber von allen Methoden doch die einzig probate. 48 Stunden später fand diese Weisheit ihren Lohn.

Als der „Reichsanzeiger" die Erklärung über den Rücktritt des Kriegsministers von Bronsart brachte, deren Veröffentlichung zu dem Zweck erfolgte, „Mißverständnisse und Mißdeutungen zu zerstreuen", durfte man sagen, daß diese an sich löbliche Absicht durch jene Kundgebung gewiß nicht erreicht werden würde. Die Beunruhigung habe zu tief in weiten Bevölkerungskreisen Wurzel geschlagen, als daß sie mit Worten wegzudekretieren sei; dazu seien Thaten nötig. Eine solche That war die am 24. August publizierte zweite Erklärung des „Reichsanzeigers", es sei die Willensmeinung des Kaisers, daß dem Bundesrate wegen der Militärstrafprozeßordnung ein der vom Reichskanzler am 18. Mai im Reichstage abgegebenen Erklärung entsprechender Gesetzentwurf in diesem Herbste vorgelegt werde.

Durch eine seltene Verkettung der Umstände ist die Militär= strafreform seit Jahr und Tag der Angelpunkt der inneren Politik geworden. Als Minister von Köller im vorigen Herbst zurücktrat, war der Grund darin zu suchen, daß er über einen kurz vorher gefaßten Beschluß des preußischen Staatsministeriums in Sachen dieser Reform seine abweichende Meinung hohen Militärs aus der nächsten Umgebung des Kaisers mitteilte, in denen man Gegner oder doch wenigstens keine Freunde solcher Maßnahmen vermutete. Schon ein halbes Jahr vorher hatte der Kriegsminister im Reichs= tag eine Andeutung gemacht, daß der Widerstand gegen diese Reform in der nächsten militärischen Umgebung des Kaisers wurzele. Und als im April d. J. die Preßerörterung dieses Thema wieder aufgriff, und Einzelheiten über den Stand der Dinge bekannt wurden, bestärkte sich in der öffentlichen Meinung die Besorgnis, daß hier die Einflüsse unverantwortlicher Ratgeber über die Vorschläge des preußischen Staatsministeriums, die seit Monaten im kaiserlichen Kabinett ihrer Entscheidung harrten, siegen könnten.

Durch die Erklärung des Reichskanzlers vom 18. Mai wurde

diese Befürchtung zwar für eine Zeit abgeschwächt, aber nicht völlig gehoben. Und mit neuer Gewalt drängte sie sich laut in die Öffentlichkeit bei dem Rücktritt des Kriegsministers von Bronsart. Die Umstände, unter denen er erfolgte, und die daran anknüpfende Diskussion sind noch frisch in aller Gedächtnis. Man sagte sich: wenn ein so bedeutender Mann wegen Differenzen mit dem Militärkabinett ausscheide, so liege die Gefahr nahe, daß auch die weitere Entwickelung unseres politischen Lebens unter dem Zeichen solcher Einflüsse stehe. Allgemein war die Annahme, daß die Reform des Militärstrafverfahrens der entscheidende Punkt sei, an dem sich zeigen müsse, ob unser Verfassungsleben gesund in dem Sinne sei, daß die konstitutionellen Sphären der Krone, der Regierung und des Parlaments durch keine unverantwortlichen Ratgeber eine Störung erführen.

So wenig glücklich nun die erste Erklärung des „Reichsanzeigers" war, deren Fiasko mit seltener Einmütigkeit in der Öffentlichkeit konstatiert wurde, so wirksam konnte diese zweite sein. Sie war thatsächlich ein Zugeständnis, daß die Beunruhigung vorhanden war; mit der Kundgebung wurde indirekt sogar eingeräumt, daß sie nicht ohne Grund war. Dies war eine Rücksichtnahme auf die öffentliche Meinung, die sehr löblich, aber auch sehr weise war. Und die Mitteilung, zu der das Amtsblatt ermächtigt war, daß des Kaisers Willensmeinung darauf ginge, die Militärstrafreform noch im Herbste dem Bundesrate vorzulegen, war so klar und bestimmt, daß an diesem Worte selbst Zweifler und Pessimisten sich genügen lassen mußten, wie an einer That. Was die erste Erklärung verfehlte, mußte diese zweite in gewissen Grenzen sicher erreichen.

Das Kapitel von den unverantwortlichen Ratgebern, das diese ganze Zeit seit dem Monat April ausfüllte, ist bis heute nicht verstummt. Wir können es uns nicht versagen, auf die politische Korrespondenz in dem Oktoberheft der preußischen Jahrbücher zu verweisen, welche dieselbe Frage behandelte, und lassen hier die beiden bezeichnendsten Stellen aus dieser Korrespondenz

folgen. Der Schluß kennzeichnet diejenigen, welche als Wort=
führer zugleich in dem früheren Kampfe gegen die Vertrauens=
stellung des Fürsten Bismarck, wie in dem jetzigen Kampfe gegen
das selbständige, persönliche Regiment, wie es im Reiche wie in
Preußen Rechtens ist, aufgetreten sind; fragt man cui bono, so
gelangt man zu dem Schlusse, daß wenigstens für sie die Stärkung
der Parlamentsherrschaft auf Kosten der Monarchie die gemeinsame
Triebfeder beider Aktionen war.

Die betreffenden Stellen lauten:

„Diese Anklage (gegen die unverantwortlichen Ratgeber) ist
ein Erbstück aus der alten konstitutionellen Doktrin, das in die
Rumpelkammer gehört. Wie stellt man sich denn einen Monarchen
vor, der keine „unverantwortlichen Ratgeber" neben seinen Ministern
hat? In England hat man allerdings die Doktrin so weit ge=
trieben, daß jeder Schusterjunge eine politische Ansicht haben und
äußern darf, nur ein Mensch im ganzen Lande nicht, nämlich der
Souverän, der immer nur gutheißen soll, was die ihm von der
Parlamentsmajorität gesetzten „verantwortlichen Ratgeber" unter=
breiten. Ein solcher Souverän kann allerdings andere Ratgeber
als seine Minister nicht gebrauchen. Aber selbst in England ist
diese Theorie keineswegs durchgeführt, sondern erleidet in der
Praxis recht erhebliche Einschränkungen. Nun gar der König von
Preußen und deutsche Kaiser, der sich die Minister nicht vom
Parlamente setzen läßt, sondern sie selbst setzt, der bildet sich auch
seine politischen Anschauungen nicht bloß nach den Eingebungen
dieser Minister, sondern ebensowohl im Verkehr mit ihnen wie mit
anderen Personen, sei es seiner Umgebung, sei es sonst aus dem
Volke. Nimmermehr können die Minister oder die öffentliche
Meinung beanspruchen, ihm dieses Recht zu beschränken; das hieße
den Monarchen unter die Vormundschaft seiner Minister stellen.
Wenn der Kaiser auf Grund der Besprechung mit irgend einem
Dritten, sei es der Chef des Militärkabinetts oder des Großen
Generalstabes, oder ein kommandierender General oder ein sonstiger
Beamter oder Privatmann, Industrieller oder Landwirt sich eine

Ansicht bildet und an ihr trotz des Widerspruches eines Ministers, wozu dieser ja Gelegenheit hat, festhält, so ist die Ansicht, um die es sich handelt, nicht mehr die Eingebung eines „unverantwortlichen Ratgebers", sondern die Ansicht des Monarchen als eines Mannes, der imstande ist, sich selber eine Ansicht zu bilden. Vermag der Minister nicht, sich ihr anzuschließen, so muß er seinen Abschied nehmen." . . . .

„Wenn man näher zusieht, so ist es ein Maskenspiel auf beiden Seiten: Die öffentliche Meinung, wenn sie mit der Entlassung eines Ministers unzufrieden ist, schilt auf „unverantwortliche Ratgeber", „Hofintriguen", „Kamarilla" und „Flügeladjutanten", unter Umständen auf Dr. Hinzpeter oder Herrn von Stumm; der Amtsstil mit etwas ärmlicher Phantasie weiß immer nichts anderes, als daß die Minister „aus Gesundheitsrücksichten" abgehen. In Wirklichkeit handelt es sich um die ewig oszillierende Ponderation in dem Gegenspiel des Monarchen und der Minister, die jener zwar selbst setzt, aber als „verantwortlich" mit solcher Selbständigkeit ausstattet, daß sie mit ihm selbst in einen gewissen Widerstreit geraten. Mehrfach ist es schon in Preußen geschehen, daß der Monarch in große Abhängigkeit von einem Minister geraten ist; dann klagte man über „Hausmeiertum". Heute ist der Monarch der bei weitem stärkere Teil; jetzt klagt man über „unverantwortliche Ratgeber." Eine von den beiden Klagen muß der Natur unserer Verfassung nach immer da sein."

Das Recht der Krone, dort Rat einzuholen, wo sie sich gut beraten glaubt, wird selbst in solchen konstitutionellen Staaten, in welchen die Macht der Krone sehr eingeschränkt ist, als unbestreitbar betrachtet. Hat man wohl je gehört, daß in Belgien die Presse sich über König Leopold 1. darüber beschwert hätte, daß dieser in allen wichtigen Angelegenheiten den Rat seines vertrauten, persönlichen Freundes, des Freiherrn von Stockmar, einholte? Ist, was England betrifft, unseren Liberalen die vielgenannte Bedchamber question unbekannt? Als Sir Robert Peel im Mai 1839 berufen wurde, ein neues Ministerium zu bilden, war er der Ansicht, es würde seine Verwaltung gefährden, wenn Damen, die im Haushalte Ihrer Majestät ursprünglich auf Empfehlung des Whig-Ministeriums angestellt und fast alle mit den Führern der Opposition verwandt waren, in der unmittelbaren Umgebung der Königin blieben; namentlich bezeichnete er als solche die Gemahlin des Lordleutnants von Irland und die Schwester des Staatssekretärs von Irland wegen der Politik, die er im Gegensatz von seinen Amtsvorgängern in Beziehung auf Irland verfolgen müsse. Er verlangte deshalb ehrfurchtsvoll, aber nachdrücklich von der Königin einen Wechsel in jene Hofstellen. Ihre Majestät erwiderte, ein solcher widerstrebe ihrem Gefühl wie dem Herkommen, sie könne sich daher hierzu nicht entschließen. Darauf gab Peel den empfangenen Auftrag wieder zurück und die Königin setzte die früheren Minister wieder ein. In dem am folgenden Tage gehaltenen Kabinettsrat erklärte der bisherige Premierminister Lord Melbourne, er habe seiner Gebieterin diese Antwort geraten, sämtliche Minister stimmten ihm zu und übernahmen die volle Verantwortlichkeit für dies Verfahren. So verfuhren die Königin Victoria und ihr Whigministerium. Es ist wahr, daß die Königin Victoria später Peel alles bewilligte, was sie im Jahre 1839 verweigerte, aber wie kam das? Es geschah auf Rat des auch ihr vertrauten, persönlichen Freundes Frhrn. von Stockmar, der auch zu den unverantwortlichen Ratgebern gehörte. Als zu Ende des Jahres 1853 Prinz Albert von der englischen Presse wegen seines Einflusses auf die Entschließungen der Königin und dadurch indirekt auch auf die der Minister heftig angefeindet ward, schrieb Stockmar unterm 5. Januar 1854 ausführlich an den Prinzen und setzte auseinander, wie notwendig es gerade in einem konstitutionellen Staate sei, daß der Regent nicht als willenlose Null neben dem Ministerium dem Lande gegenüber stehe. Selbst der zur Eigenmacht so geneigte Lord Palmerston habe ihm kurz vor der Thronbesteigung der Königin als derzeitiger Minister geklagt: „Wir werden ein schwaches Ministerium sein. Die Prinzessin kommt aus der Kinderstube

auf den Thron; die Nation weiß daher, daß sie ihrem Kabinett
gegenüber die Königliche Autorität nicht gehörig vertreten kann,
und das ist eine Sache, die der Nation nicht genehm ist! Am
besten, meinte Palmerston, würde es sein, wenn die Königin
bald einen fähigen Prinzen heirate, der, als ihr quasi Geheim=
sekretär, dem Kabinette und der Nation gegenüber der Königin
die durchaus nötige Autorität verschaffe. — Stockmar sagt nun
weiter:

„Da die Rechte der Krone in England mehr durch die
Tradition des Herkommens und des Gebrauchs, als durch ge=
schriebene Gesetze gewahrt sind, so ist deren vollständiger Bestand
unaufhörlich bedroht. Die alten Tories, die vor der Reform über
fünfzig Jahre regierten, hatten ein prinzipielles Interesse, die
Prärogative der Krone zu verteidigen, und sie thaten es männlich.
Diese Tories sind als Rasse ausgestorben. Unsere heutigen Whigs
aber sind nichts als teils bewußte, teils unbewußte Republikaner,
die sich zur Krone verhalten, wie der Wolf zum Lamme. Und
diese Whigs müssen eine natürliche Neigung haben, jene zwar
herkömmlich konstitutionelle, aber in sich gefahrschwangere Fiktion
zu übertreiben: die Fiktion nämlich, daß es unkonstitutionell sei,
den Namen und die Person des unverantwortlichen Monarchen in
den öffentlichen Debatten zu nennen und zu gebrauchen. Wenn
nun die englische Krone den whiggistischen Ministern erlaubt, die
Fiktion in praxi als Regel ohne Ausnahme zu befolgen, so soll
sie sich nicht wundern, wenn sie selbst nach kurzer Zeit schon die
Majorität des Volkes zu dem Glauben herangezogen findet, der
König sei dem Rechte nach nichts als eine Pagode, die nach dem
Willen ihrer Minister zu nicken oder zu schütteln habe."

Im Mai 1891 erschien die Broschüre: „Was für einen Kurs
haben wir?" Sie blieb nicht unbeachtet. So hob die „Nat.=Ztg."
hervor, daß ein großer Teil der Broschüre sich mit der Frage,
welcher Art seit dem Rücktritt des Fürsten Bismarck das Ver=
hältnis zwischen dem Kaiser und seinen Ministern sei, insbesondere

mit dem starken persönlichen Hervortreten des Monarchen in der
Öffentlichkeit und fuhr fort:

„Der König darf Gehorsam heischen kraft seines angestammten
Königlichen Berufs; aber auch dem begabtesten und erfahrensten
König gegenüber darf kein verantwortlicher Minister den Stand=
punkt einnehmen, daß der König seines Rates bedürfe. Nichts
wäre in allen konstitutionellen Staaten verhängnisvoller für die
Krone, als wenn sich die Überzeugung im Volke einnistete, man
könne Minister nur um den Preis werden oder bleiben, daß man
sich vorher das Mark aus den Knochen ausblasen lasse. In
diesem Zusammenhange vertritt die vorliegende Schrift freilich auch
eine Ansicht, welche wir für verfehlt halten; daß das persönliche
Hervortreten des Kaisers unter dem Rat von Personen erfolge,
die hinter den Kulissen das Ohr des Monarchen haben, und daß
deshalb die Minister sich nötigenfalls unter Einsetzung ihres Porte=
feuilles gegen die Konkurrenz derartiger unverantwortlicher Ratgeber
verwahren müßten. Daß solche in der Weise, wie die Broschüre
es voraussetzt, gehört würden, ist eine Vermutung, für welche kein
Beweis erbracht, nicht einmal eine Wahrscheinlichkeit vorhanden
ist; aber es kommt darauf unseres Erachtens auch sehr wenig an.
Wenn der Herrscher — was doch unbestritten ist — eine eigene
Meinung nicht nur haben darf, sondern haben soll, um auf Grund
derselben mit seinen Ministern die Staatsgeschäfte zu leiten, so ist
es ziemlich einerlei, auf welche Art er sich diese seine Meinung
bildet: ob im Verkehr mit Personen, welche nicht Minister sind, ob
durch Studien, durch die Lektüre von Zeitungen, oder wie sonst.
Die ganze Auffassung von der Gefährlichkeit von „unverantwortlichen
Ratgebern" gehört einer veralteten konstitutionellen Doktrin an,
die sich selbst in dem parlamentarisch regierten England als un=
durchführbar erwiesen hat: es wurde dort z. B. versucht, sie geltend
zu machen, als die junge Königin Victoria durch die Heirat mit
dem Prinzen Albert einen beständigen „unverantwortlichen Rat=
geber" erhielt, aber die unhaltbare Theorie wurde sehr bald fallen
gelassen. Wollte man sie ernstlich durchführen, so müßte es am

Ende sogar für unkonstitutionell erklärt werden, daß der Herrscher Zeitungen zu Gesicht bekäme, in denen die Politik seiner jeweiligen Minister bekämpft würde. Der Schwerpunkt der Frage, mit deren rückhaltloser Erörterung die Broschüre aber in der That ernsten Gedanken weiter Kreise Ausdruck giebt, liegt nicht in dem Vorhandensein oder Nichtvorhandensein unverantwortlicher Ratgeber, sondern in dem Verhalten der verantwortlichen. Gleichviel, woher der Herrscher seine Ansichten und den Impuls zu seinem Auftreten nehmen mag, seine Minister sind durch ihre Ämter verpflichtet, wenn sie anderer Meinung sind, diese geltend zu machen, und wenn sie in wichtigen Fragen die Zustimmung des Monarchen nicht erlangen können, zurückzutreten. Dies hätte beispielsweise Herr von Goßler thun müssen, als der Kaiser der Konferenz für das höhere Schulwesen eine Richtung vorschrieb, mit welcher der verantwortliche Minister nicht einverstanden war. Darin hat die Broschüre recht: „Kein Minister darf den Anschein aufkommen lassen, als fühle er seiner konstitutionellen Verantwortlichkeit Genüge gethan, wenn an die Stelle seiner eigenen pflichtmäßigen Überzeugung der entgegenstehende Entscheid der Krone tritt." Und dies gilt nicht bloß von dem einzelnen Minister für die speziellen Fragen seines Ressorts, sondern von der gesamten Regierung bezüglich ihrer Pflicht, die Krone über alles zu beraten, was auf den Gang der öffentlichen Angelegenheiten Einfluß üben kann."

Fürst Bismarck hat allerdings stets die Ansicht vertreten, es müsse im öffentlichen Interesse verlangt werden, daß die thatsächlichen Ratgeber der Krone auch die verfassungsmäßige Verantwortlichkeit übernähmen. Kein Ministerium könne die Geschäfte des Landes mit Erfolg führen und die Verantwortung dafür tragen, wenn außeramtlicher Rat das Ohr des Monarchen besitzt. Moltke hat einen Ausspruch in demselben Sinne gethan. Desgleichen Kaiser Wilhelm I.: „Ich brauche keinen Witzleben." Kaiser Wilhelm II. zeichnete dagegen den General Hahnke in besonderer Weise aus, indem er ausdrücklich betonte, daß er sich das Recht, selbst zu bestimmen, wen er in irgend einer Angelegenheit nach seiner Meinung fragen wolle, nicht nehmen lassen werde.